JN089386

天王寺舞楽

小野真龍

法藏館

天王寺舞楽　＊目次

序　東儀俊美先生の手紙……7

第一章　「天王寺楽人」の原像……13
重要無形民俗文化財「聖霊会の舞楽」――現存する雅楽伝統における「天王寺舞楽」
聖徳太子と伎楽
触穢――古代の天王寺楽人像
「散所楽人」の再解釈

第二章　『聖徳太子傳記』における天王寺楽人――中世神話の天王寺楽人像……48
中世神話潮流における天王寺楽人像――『伝暦』から『傳記』へ
展開される「法音」の原理
『傳記』に基づく近世『聖徳太子伝記』の聖霊会観

第三章　天王寺楽人の祖先神「秦河勝」とは何者か……67
秦氏と「散楽」
神となる秦河勝
秦氏と多氏の親密な関係――多村秦庄と円満井座
天王寺楽人の河勝崇敬

第四章　躍動する中世天王寺楽人……92
「都に恥ぢず」――『徒然草』が語る天王寺楽人
厳島神社の舞楽と天王寺舞楽
中央の舞楽の衰退と天王寺楽所の地方伝播
第五章　三方楽所体制下の天王寺楽人……110
「天正の楽道取り立て」における天王寺楽人の変移
形成される三方の共演体制
制度の一角としての天王寺楽所
四辻家による三方楽人統制
第六章　近世の「聖霊会」……128
連星としての四天王寺「涅槃会」と「聖霊会」
江戸期聖霊会の次第（1）壮麗な冒頭の御幸と舞台前庭儀
江戸期聖霊会の次第（2）舞楽四箇法要の理念型
令和四年に復興された聖霊会の「大行道」

第七章　近世天王寺楽人の生態……152
「蘇利古」と「京不見御笛」
「京不見御笛」を廻る争い
「抜頭」伝承についての騒動
住吉大社と天王寺楽所
第八章　雅亮会への「秦姓の舞」の継承……183
明治維新期の大変動――宮廷雅楽からの仏教排除
明治十二年の聖霊会復興と「雅亮会」創立
小野樟蔭への天王寺舞楽伝授
第九章　天王寺舞楽の本質……207
天王寺舞楽伝承の連続性
「秦姓の舞」（天王寺舞楽）の舞態とは
天王寺舞楽の思想的根底――『大樹緊那羅王所問経』の構成
大乗仏教の音楽思想の原型
菩薩道への感応

注……235
天王寺舞楽年表……266
あとがき……271
索引……*1*

序　東儀俊美先生の手紙

平成十四（二〇〇二）年四月二十二日、当時芸術院会員となっておられた元宮内庁首席楽長の東儀《とうぎ》俊美《としはる》先生は、奥様とともに、大阪の四天王寺をお訪ねになり、聖徳太子の御霊《みたま》をお慰《なぐさ》めする舞楽法要である「聖霊会《しょうりょうえ》」に参詣され、そこで披露される「天王寺舞楽」を初めて鑑賞されました。東儀俊美先生は、聖徳太子の側近であった秦河勝《はたのかわかつ》を祖先とする天王寺楽人《がくにん》の末裔《まつえい》で、俊美先生の御先祖は、御祖父にあたる東儀俊鷹《としたか》の代までは、四天王寺の側に住み、まさしく聖霊会をはじめ四天王寺での奏楽・奏舞に活躍されていました。明治三（一九七〇）年以降は、俊美先生の一流は、東京の宮廷楽人となられて、それ以来、代々皇室に仕えて来られました。明治以降は、民間の雅楽団体「雅亮会」が天王寺舞楽を受け継いできましたが、宮内庁楽部の春季演奏会の時期がちょうど四月二十二日の聖霊会の頃と重なるため、退官後初めて現在の天王寺舞楽を御覧になる機会を得られたのでした。
その後、俊美先生は、四天王寺に感謝の意を込めたお手紙を出されましたが、このお手紙に重要な内容が含まれていると感じた四天王寺が、俊美先生の許可を得て、寺誌『四天王寺』第六九〇号（平成十四年七・八月号）に掲載しました。本書のテーマである天王寺舞楽についてよき導きになろうかと思われますので、まず全文を左に掲げたいと思います。

拝啓
先般は「聖霊会舞楽大法要」に参詣させて頂きまして、まことに有り難うございました。荘厳華麗なうちにも和気に満ちた法会《ほうえ》でございました。
そのただ中に身を置き、梵音と雅音に浸されながら、強く思いましたのは、「ここに、もう一つのほんとうの雅楽がある」ということでした。齢《よわい》七十を過ぎて、やっとこのようなことを申し上げるのは不勉強の至り、お恥ずかしい限りでございますが。
私が勤めてまいりました宮内庁楽部の雅楽は、明治の廃仏毀釈《はいぶつきしゃく》によって根幹の一つを失ったものであることが痛切に感じられました。三方楽所の東京集結という出来事は、ただ単に楽人の移動や、楽曲の取捨選択、譜面の統一といった、目に見えるものだけではなく、雅楽を最大の精神的基盤から切り離した大事件であったということを、この度改めて感得いたしました。「御神楽《みかぐら》」と「饗宴雅楽」と「大法会雅楽」という三本の柱から成るべきものを、その重要な一本を欠いてよくも、今日まで来られたものだと思います。

それに引きかえ四天王寺の地では、明治以来、お寺様と雅亮会の皆様のご精進と情熱によって、平成の今もなお、仏様のみ教えの遍満する「果てもなく広大深遠な大世界」の音楽としての雅楽が伝承されています。この勁《つよ》い精神に支えられた舞楽を拝見して、今、私が思いますのは、宮内庁楽部の楽生《がくせい》たちを一度はこの四天王寺の寺域に立たせ、「聖霊会舞楽大法要」の一部始終を参観させたいということでございます。雅楽の精神を、何かの書物から学ばせるより、天王寺の街を歩み、界隈《かいわい》の人々の雰囲気に触れ、堂・塔を巡りつつ仏様と太子さまに詣でる。そして法礼と雅楽が渾然一体となった時空に身を浸し、身を揺す振られる。それが教課の一部になればと、夢想しております。

敬具

平成十四年五月十日

東儀俊美
道子

幸いにも、俊美先生は、天王寺舞楽を「もう一つのほんとうの雅楽」であると感得してくださいました。そしてその「もう一つ」という理由を、「仏様のみ教えの遍満する「果てもなく広大深遠な大世界」の音楽としての雅楽」と評されています。というのも、明治の神仏分離によって、宮中祭祀《さいし》から仏教的要素が排除されてしまいました。ですので、宮中祭祀で演奏される宮内庁楽部は、正統な雅楽を伝承する日本最高峰の楽団ですが、国家神道が制度として存在していた時代はもちろん、第二次世界大戦後に国家神道制度が解消された後も、宮中祭祀のあり方に大きな変化がなかったため、仏前で演奏することはありません。俊美先生は、このことを「最大の精神的基盤から切り離した」場で演奏されるものとなってしまっているといわれています。すなわち、「「御神楽」と「饗宴雅楽」と「大法会雅楽」という三本の柱から成るべきものを、その重要な一本を欠い」たものとされるのです。

現在の日本人の多くは、雅楽といえば宮中や神社で演奏されるものとイメージしておられ、仏教法会で雅楽が演奏されるということには意外な印象を持たれます。しかし、日本で宗教式楽としての雅楽が形成されることになった端緒は、そもそも、聖徳太子が仏教を広めるべく、外来芸能である伎楽《ぎがく》を導入し、その後積極的に輸入された外来音楽が法会で用いられたことにあるのです。天平勝宝四（七五二）年の東大寺大仏開眼供養会は、伎楽、唐楽をはじめ、高麗楽《こまがく》、林邑楽《りんゆうがく》など遣唐使が持ち帰ったり、外来僧がもたらした外来の音楽や芸能によって盛大に催されました。これらの外来の芸能や音楽が素材となって平安時代半ばに現在の様式の雅楽が形成されることになり、宮中祭祀や神道儀礼にも用いられることになっていきます。「大法会雅楽」は、いわば雅楽形成の基盤となったものなので、このような雅楽の歴史を熟知されている俊美先生（**図1**）は、その法会雅楽の様式を今日まで忠実に伝承している聖霊会を目のあたりになされて、現在の宮内庁楽部とは異なる「もう一つのほんとうの雅楽」のあり方に強い関心を持たれたのではないかと思います。

図1　御神楽の人長舞を舞う東儀氏
（東儀道子氏提供）

現代の「雅楽」という芸術の歴史を全体的に見た場合、現代の宮中の雅楽の流れを補完するものとも考えられる「勁い精神に支えられた舞楽」、すなわち天王寺舞楽とはどのようなものでしょうか。それを理解するためには、まずは、俊美先生と同じように、聖霊会と四天王寺周辺の「法礼と雅楽が渾然一体となった時空に身を浸し」ていただくことが最上ではないかと思います。なぜなら、天王寺舞楽は、書物だけ読んでいては伝わらない深い時空を持っていることは間違いないからです。しかしながら、そのような天王寺舞楽の時空に浸っていただく前のガイドとして、また、浸っていただいたあとに反芻《はんすう》するよすがとしての書物は必要ではないでしょうか。そのような想いを込めて、本書において天王寺舞楽の時空を考察してみたいと思います。

第一章　「天王寺楽人」の原像

重要無形民俗文化財「聖霊会の舞楽」――現存する雅楽伝統における「天王寺舞楽」

現在、宮内庁式部職《しきぶしょく》楽部《がくぶ》を中心に伝承されている日本の「雅楽」は、約千四百年にわたって途切れることなく伝承されてきた世界でも類を見ない芸能といわれています。また、雅楽は、平成二十一（二〇〇九）年にはユネスコの無形文化遺産に登録されており、地球規模でその伝承に配慮すべき文化にもなっています。近年は、インターネット上で気軽に雅楽の動画を見たり、雅楽に関する情報を得られるようになっていますので、多くの人が雅楽に関心を持ち、多くの雅楽演奏グループがあります。

しかし、文化財としてその固有の価値を認められている雅楽伝統は、さほど多くありません。まず、雅楽の分野において、宮内庁式部職楽部が、重要無形文化財の総合認定を受けています。演劇、音楽、工芸技術など無形の「わざ（文化的所産）」のうち、国にとって歴史上または芸術上価値の高いものが「無形文化財」とされるわけですが、そのうちの重要なものが「重要無形文化財」とされます。

その認定の仕方には、「各個認定」と「総合認定」[1]、及び「保持団体認定」の三種があります。「各個認定」は特定の個人が認定されるもので、この認定者はいわゆる「人間国宝」です。楽部の場合の「総合認定」は、文化財価値を体現している団体の構成員が認定されるもので、「人間国宝」とは少々異なりますが、楽部の構成員として演奏をされる際には、楽部の楽師方の演奏は重要無形文化財となります。現在の雅楽の世界においては、重要無形文化財の指定を受けているのは宮内庁式部職の楽師が演奏される雅楽一件のみです。

しかし、重要無形民俗文化財として指定されている雅楽伝統は、いくつかあります。無形の民俗文化財とは、法律の言葉でいうと「衣食住、生業、信仰、年中行事等に関する風俗慣習、民俗芸能、民俗技術（中略）で、我が国民の生活の推移の理解のため欠くことのできないもの」を指します。要は、雅楽などの芸能の分野でいえば、芸能の変遷などを知るうえで必要である歴史的民俗資料になるものを指すといえましょう。その中で特に重要なものが重要無形民俗文化財として指定されています。そして、雅楽伝統に関わる重要無形民俗文化財で最も古い伝統を持つと思われるものが、本書が主題としている四天王寺の

図2　聖霊会　舞台前庭儀

「聖霊会の舞楽」（天王寺舞楽・図2）です。歴史的に厳密な検討は後ほど行いますが、「四天王寺の聖霊会は聖徳太子の死の直後から始められ、そこで音楽を演奏する楽団は、聖徳太子が秦河勝の子孫を中心にして構成した」という伝承が、鎌倉時代初期までには成立していました。

さらに、「聖霊会の舞楽」とは異なり、雅楽伝統のみの指定というわけではないですが、「春日《かすが》若宮《わかみや》おん祭の神事芸能」も重要無形民俗文化財に指定されています。この神事芸能は、毎年十二月十七日に、春日大社の摂社である春日若宮社の例祭「春日若宮おん祭」において奉納される各種の芸能で、夕刻から夜更けにかけて、若宮の御《お》旅所《たびしょ》の神前芝舞台（図3）で、社殿神楽、東遊《あずまあそび》、田楽、細男《せいのう》、猿楽《さるがく》、和舞《やまとまい》、舞楽が次々と演じられます。これらの奉納芸能の中でも舞楽は十一曲演奏され、時間的に見ても三分の二近く（東遊・和舞含む）を占めています。また、若宮が御旅所へ遷幸《せんこう》される際、また反対に御旅所から若宮社へ還幸《かんこう》される際の神聖な行列には雅楽奏楽が伴います。それゆえ、おん祭における雅楽伝統はこの文化財の柱となっています。

これらの文化財的価値を持つ雅楽伝統は、それぞれ平安時代以来の雅楽の正統な伝承を保っています。雅楽は、明治維新まで、京都の宮廷内におかれた大内楽所《おおうちがくそ》、四天王寺の天王寺楽所、南都の大寺社の法要や神事に参仕してきた南都楽所の三つの楽所、すなわち「三方楽所」において正統に伝承されてきました。右に紹介した三つの文化財の雅楽伝統は、この三方の楽所の演奏伝統を現代に引き継ぐものです。

他方、これらの畿内の都心文化圏の雅楽伝統から地方へ伝播して、地域の仏教法要や神事の祭礼に根を下ろし、独特の形態で伝承されてきた芸能の中に重要無形民俗文化財に指定されているものがあります。「大日堂舞楽」（秋田県）、「林家《はやしけ》舞楽」（山形県）、「糸魚川《いといがわ》・能生《のう》の舞楽」(2)（新潟県）、「遠江森町の舞楽」（静岡県）、「弥彦《やひこ》神社燈篭《とうろう》おしと舞楽」（新潟県）、「越中の稚児舞」（富山県）を挙げることができます。これらはいわゆる「鄙《ひな》舞楽」というカテゴリーを構成しており、楽器編成や装束などは正統な舞楽と異なっていたり、省略さ

図 3　春日若宮おん祭　御旅所での舞楽「萬歳楽」（撮影：桑原英文）

図 4　遠江森町の舞楽（小国神社の十二段舞楽）

れていたり、むしろ里神楽《さとかぐら》に近い形に変容しているものも多くありますが、畿内の雅楽伝統からの伝播といい伝えられているものです。実際、本来の舞楽と同じ、あるいは類似した名称を持つ舞楽曲が中心となって構成されており、装束や舞の手もそれらを彷彿《ほうふつ》とさせるものが少なくありません。

これら三方楽所の伝統と鄙舞楽までを、文化財的価値を持つ雅楽伝統と考えた場合、四天王寺の伝統が、これらの雅楽文化形成に特殊なエネルギーを与えていることに気が付きます。のちほど詳しく見ていきますが、右に挙げた鄙舞楽のうち、「大日堂舞楽」以外のものは、すべて天王寺舞楽が伝播したものとの伝承を持っています。反対に、一定の文化財的価値を持った現存する鄙舞楽の伝統で、大内楽所や南都楽所から伝播したものはほとんどありません。過去にはあったのかもしれませんが、時代を超えて伝承されているのは天王寺楽所の系統のものばかりです。天王寺舞楽の地方伝播のエネルギーは際立っています。

聖徳太子と伎楽

さて、四天王寺におけるこのような雅楽伝統はいつどのように始まったのでしょうか。

江戸時代以降の天王寺楽所の動向については、『林家楽書類』、『新撰楽道類集大全』、『楽所日記』などの重要な文献からうかがえるのですが[3]、残念ながら、天正四（一五七六）年四月の織田信長の石山本願寺攻め、そして慶長十九（一六一四）年十月の大坂冬の陣による二度の伽藍炎上により、江戸時代以前の雅楽伝統についての文献は四天王寺にはほとんど残っていません。

それゆえ、他所に残る記録から天王寺楽所の古い姿を確認していかねばならないのですが、確実な手がかりになる記録が一つあります。それは『吉野吉水院楽書』の安貞二（一二二八）年の記事です。吉野吉水院は、現在吉野の吉水神社となっていますが、もとは吉水院といい、白鳳時代に役行者《えんのぎょうじゃ》が創建した修験道《しゅげんどう》の僧坊でした。南北朝の争乱の際に、延元元（一三三六）年に後醍醐天皇がここを行宮《あんぐう》に定め、南朝の皇居とされたことで有名です。その吉水院の院主が音楽に関わる諸事を書き留めた文献がこの書で、「天王寺聖霊会舞楽日記」と題して安貞二年の聖霊会の鑑賞記録が残されています。記載は舞楽曲の目録だけなのですが、原文の曲目の記載は、省略されていたり、現代の曲目と少し異なった表記をされていますので、現代の楽曲表記に改めて、補足も加えて見やすくして示してみます[4]。

振鉾《えんぶ》　蘇利古《そりこ》　鳥（迦陵頻《かりょうびん》）　蝶《ちょう》（胡蝶《こちょう》）
法会舞《ほうえまい》　萬歳楽《まんざいらく》　延喜楽　央宮楽《ようぐうらく》　綾切《あやぎり》
入調舞《にゅうじょうまい》　春鶯囀《しゅんのうでん》　退宿禿《たいしょうとく》　太平楽《たいへいらく》　皇仁庭《おうにんてい》　皇麞《おうじょう》　崑崙《こんろん》（八仙）　五常楽《ごしょうらく》　狛桙《こまぼこ》
採桑老《さいそうろう》　新靺鞨《しんまか》　三臺塩《さんだいえん》　敷手《しきて》　散手《さんじゅ》　貴徳《きとく》　陵王《りょうおう》　落蹲《らくそん》　陪臚《ばいろ》

この記録は、安貞二年の時点で四天王寺に旧暦二月二十日に行われる「聖霊会」と呼ばれる法会が確実に存在していたことを示しています。くわえてその内容に関しても目を見張るものがあります。儀礼的な舞である「振鉾」から始まり、聖徳太子の御霊をお目覚めさせる呪的な舞の「蘇利古」、「迦陵頻」と「胡蝶」といった童舞《わらべまい》、法会中に左右の番舞《つがいまい》（必ずペアで上演される曲のセット）が二組の四曲、法会後の法楽《ほうらく》（お楽しみ）の入調舞を十七曲も演じています。これは、安定して伝承されていた江戸期の聖霊会の演奏手順と同じであり、曲数などのボリュームもそれに匹敵するものです。鎌倉時代の初期にすでにこれだけの大規模な舞楽の演奏をする楽団が存在していたことを示すとともに、吉野からわざわざ見物に行くほどに聖霊会が広く知られていたことがわかります。このおよそ百年後に吉田兼好が『徒然草』第二二〇段において「「何事も、辺土は賤しく、かたくななれども、天王寺の舞楽のみ都に恥ぢず」と云ふ」[5]と記し、都での天王寺舞楽の風評を書き残しています。平安時代末期から鎌倉時代にかけての中世初期には、天王寺舞楽は、京都と奈良の両都の貴人たちの持っていた「何事も地方は品がなく、粗野である」という先入観をも覆し、彼らの鑑賞眼にも堪える、壮麗なものであるとする認識が定着していたと考えられます。

では、それ以前はどうだったのでしょうか。ここで重要になってくるのが、『日本書紀』（以下『書紀』と略記）の推古天皇二十年条の記述です。

この年、百済から日本を慕ってやってくる者が多かった。（中略）百済人の味摩之《みまし》が帰化した。「呉《くれ》の国に学び、伎楽《くれがく》の舞が出来ます」といった。桜井に住まわせて、少年を集め伎楽の舞を習わせた。真野首弟子《まののおびとでし》・新漢済文《いまのあやひとさいもん》の二人が習って、その舞を伝えた。これが今の大市首《おおちのおびと》・辟田首《さきたのおびと》の先祖である。(6)

『書紀』は奈良時代の、養老四（七二〇）年に成立したといわれており、日本の正史として扱われてきた書物です。推古天皇二十年は六一二年にあたりますので、この記述は、『日本書紀』成立までに、すでに百年ほど経った過去の出来事についてです。ここで味摩之が伝来させたのは「伎楽」であるとされています。味摩之は百済人ですが、「呉《くれ》」の国の音楽を学んだので、『書紀』では「くれがく」と訓じられています。「呉の国」については、中国南部の「呉《ご》」を指すとする説、当時の日本における中国の総称であるとする説、朝鮮半島の付け根に位置する地方とする説など諸説あって確定していませんが、伎楽は東南アジア諸国、シルクロード諸国の諸芸能を集成した芸能と推測されていますので、それらの文明が交錯し集積していた場所であったということはいえます。

この「伎楽」は「雅楽」とは異なる系統の芸能で、奈良時代から平安時代前期にかけて、藤原京、平城京で隆盛しました。外国から導入した芸能を管理・伝承する役所であった雅《が》楽寮《がくりょう》でも、大同四（八〇九）年三月二十一日の太政官府によって、この頃まで伎楽師二名が置かれていたことが確認できます（『類聚三代格《るいじゅうさんだいきゃく》』）。しかし、弘仁年間（八一〇～八二三年）後の記録では、伎楽が雅楽寮で伝承されていたことが確認できず、鎌倉時代には中央ではすでに衰微していたと思われます。

伎楽に用いられた仮面は、現在も正倉院や東大寺、法隆寺等に残存し、これら大寺院の古代の資材帳などから装束や仮面の種類についてもある程度推測することができます（**図5**）。しかし、その芸態については、今日では鎌倉時代の楽書『教訓抄』のわずかな記述からしか推測することができません。これらによれば、笛と腰鼓《ようこ》、銅拍子《どびょうし》（小さなシンバル）だけで伴奏された、大きな仮面を着ける無言劇であったようです。時代によって演目に差異があるようですが、「師子」「呉公《ごこう》」「金剛」「迦楼羅《かるら》」「婆羅門《ばらもん》」「崑崙《こんろん》」「力士」「大孤」「酔胡《すいこ》」といった曲と舞が奏され、なんらかの仏教的世界観を提示するものであったようです。

伎楽は、飛鳥・白鳳時代には、もっぱら外交使節の接受に用いられたようです。『書紀』朱鳥《しゅちょう》元（六八六）年四月壬午条《じんごのじょう》には、川原寺《かわらでら》の伎楽調度を新羅の使者のもてなしのために筑紫へ送ったことが明確に記録されています。また、飛鳥寺の西に宴席を設けて多禰島《たねじま》（種子島）の人（天武十〈六八一〉年九月）や隼人《はやと》（天武十一年七月）に対して「種々の楽」が奏されたとの記録が残りますが、これらの「楽」には伎楽が含まれていたであろうと推測されています。[7]ただ、当時寺院は迎賓館でもあったので、伎楽調度が主に寺院に置かれたことはわかりますが、『書紀』においては、ことさらに仏教法会と結びついていたことを示

図5　伎楽面　上から南倉1木像47号酔胡、同88号崑崙、同130号獅子（正倉院）

す記述は見られません。

しかし、奈良時代から平安時代の前期には、伎楽は、次第に仏教によって人心を慰撫するという鎮護国家思想の重要なツールとなっていきます。天平二（七三〇）、三年頃から、大安寺、薬師寺などの南都の諸大寺や筑紫観世音寺等に、聖武天皇の勅施入《ちょくせにゅう》として伎楽調度が配され、『教訓抄』によれば、右記の二寺とともに「七大寺」と呼ばれた寺院（東大寺・興福寺・元興寺《がんごうじ》・西大寺・法隆寺）にも同じく伎楽を「移シ置テ」[8]、仏教寺院の年中行事や法会と結びつけて盛んに行われることになりました。[9]例えば東大寺では、奈良時代から大仏殿で四月八日（仏生会《ぶつしょうえ》）と七月十五日（安居結願《あんごけちがん》）の年中行事として「伎楽会」が催されていた[10]ようですし、興福寺でも専属の伎楽楽人が置かれ、寺役が舞人を担当して上演されていたことが『教訓抄』に記録されています。[11]なにより天平勝宝四（七五二）年の東大寺大仏開眼供養会では、六十人もの楽隊が伎楽の鼓を打ったとされています。[12]

平安時代に至っても、南都ではもちろんのこと、平安京の東西二寺においても伎楽は演奏されます（『延喜式』「雅楽寮」）。しかし、この頃から、伎楽とはルーツを異にする種々の外来音楽が日本で再編成され始めます。そして、平安時代半ばに現代まで伝承されている「雅楽」が成立し、さらに平安後期に貴族階級に浄土教が隆昌し、雅楽が仏世界の音楽であるという観念が確立してくると、伎楽は、仏教法会における主要な芸能の位置を雅楽に取ってかわられることになり、鎌倉時代になると衰退していきます。
さて、奈良時代から平安時代において伎楽が仏教法会と深く結びついていたという、このような現実を前提として、平安時代中期頃に成立したと考えられている[13]『聖徳太子伝暦』（以下『伝暦』と略記）の推古天皇二十年条では、そこに対応する前述の『書紀』における伎楽伝来の記述部分が大きく増補されています。

百済の味摩之が化来して、みずから言った。呉国に学んで伎楽の舞を得ました、と。それゆえ桜井の村に少年を集めて、習い伝えさせた。〈今の諸寺の伎楽の舞がこれである〉。太子は奏上して言われた。諸氏に勅を出されて、子弟壮士を献上させて、呉の鼓を習わせましょう、と。〈これが今の財人《たからびと》のはじめである。〉太子は、さらに落ち着いた様で、側近におっしゃられた。三宝を供養するには、諸蕃《しょばん》の楽を用いよ。場合によっては、学び習う事を嫌がるものや、習っても上手くならないものもあるだろうが、永く業として習い伝えるものには、課役を免れさせればよいであろう。すぐに大臣に奏させて、課役を免じた。[14]

『伝暦』では、伎楽を桜井で伝習させることの発案者が、明確に太子であったことが示され、しかもその目的が、三宝（仏・法・僧）、すなわち仏教の供養であったことが記されています。また、おそらく仏教が外来の教えであるため、従来の日本古来の音楽ではなく、「諸蕃の楽」（外国〈三韓・中国の音楽〉）を用いることを示唆している点が非常に重要です。仏教の法会に用いるために、伎楽にとどまらず、積極的に外国の音楽を移入させるという国策がとられ、その方途についてもきめ細やかに太子が指揮していることが描かれています。

日本には外来音楽を管理伝承する役所である雅楽寮が、大宝律令成立以前から置かれていたと考えられていますが[15]、国策として外来音楽を持ち帰って日本で保有するという政策が七世紀において決定された結果であろうと思われます。しかし、そのことは『書紀』でははっきりと示されていません。平安時代中期には、遣隋使や遣唐使によって持ち帰られた唐楽《とうがく》、朝鮮半島系の高麗楽、また、大仏開眼の導師であった菩《ぼ》提僊那《だいせんな》（インド僧）に従って来日した林邑《りんゆう》（インドシナ半島東南部）の僧仏哲《ぶってつ》がもたらした林邑楽などの外来音楽が、統合整理され、現代の雅楽に近い姿へと改変されていきます。そしてそれらの外来音楽も、仏教法会で盛んに奏されていきます。この実状を踏まえて、『伝暦』では、伎楽だけではなく「諸蕃の楽」すなわち諸々の外来音楽ないし現代の雅楽の元型となった音楽も「三宝の供養」に用いるべきものと、太子の権威を持って裏書きすることになっています。

一方の伎楽についても、『伝暦』は、太子と伎楽の深い関わりに踏み込んでいます。鎌倉時代の楽書『教訓抄』は、左記のように、伎楽と聖徳太子の建立《こんりゅう》した寺との深い関係の伝承を掲げています。

古記に曰く。聖徳太子が我が国に生まれ来たられて後、百済国より舞師の味摩子が渡りきて、伎楽を写し留めて、大和国橘寺一具、山城国太秦寺一具、摂津国天王寺一具、寄せ置いたところである。(16)

味摩之（味摩子）が来日したときからすぐであるかどうか不明ですが、太子ゆかりのこれら三つの寺院でも伎楽が盛んに伝承されていたことは間違いないでしょう。これらの寺院は、いわゆる聖徳太子建立七大寺に含まれているもので、『教訓抄』のこの一文は、あたかも太子の直接の指示あるいは遺訓によって伎楽を「寄せ置いた」ように解釈できます。『伝暦』が編まれた平安時代においては、伎楽の舞がなされている「今の諸寺」には東大寺や興福寺などの南都の諸大寺の他、これらの三寺も含まれていたことでしょう。それゆえ、平安時代以前より四天王寺にもなんらかの楽団が置かれていたことが推測されます。

このことに関連して、『書紀』天武二（六七三）年九月庚辰《こうしんのじょう》条の、新羅が天武天皇の即位祝いに贈った使者金承《きんじょうがん》元の接受の記事を掲げましょう。「金承元らを難波で饗応された。

種々の歌舞を奏し、それぞれへの賜物があった」[17]。上町《うえまち》台地とその東西に広がる半島形の土地であった難波《なにわ》の東部は、難波大郡《おおごうり》といわれ、そこには欽明天皇の時代から外交使節の接待所があったことが確認されています[18]。右の記事も難波大郡でのことと思われます。そして、ここの「種々の歌舞」の中には伎楽が含まれていた可能性があります。この難波での饗宴に注目して新川登亀夫氏は次のようにいわれます。「伎楽は、他の例から推して周辺の寺院にその管理が委ねられていたものと思われる。その寺院は『教訓抄』四に引かれた「古記」が示唆するように四天王寺であった可能性がたかい」[19]。この新川氏の推論にしたがうならば、天武期には、四天王寺に伎楽を演ずる楽団が存在していたと考えられます。ただ、四天王寺の伎楽が難波大郡の饗宴で催されるようになったのは、やはり孝徳朝（六四五～六五四）以降とされます。というのも、孝徳天皇は都を飛鳥から外交拠点である難波に移し、上町台地の北端に壮麗な宮殿の造営を開始されました。難波長柄豊崎宮《ながらとよさき》です。「この新たな宮殿造営と併行して進められたのが、難波宮を荘厳する大寺としての性格を付加された四天王寺伽藍の再整備」[20]でした。おそらく歴史学的には、この時期に合わせて四天王寺の楽団も本格的な再整備がなされ、それと同時に伎楽の一具が寄せ置かれたと見ることが妥当なのでしょう。

その後、『日本後記』の延暦二十三（八〇四）年十月四日条に次のような記述があります。

桓武天皇は前日の三日に和泉国《いずみのくに》へ行幸され、その夕方に難波にある行宮に到着されました。そして翌日四日の記事には、「摂津の国司は衣を下賜された。天皇は舟を出して江に浮かべられていたところ、四天王寺が楽を奏した。これは国司の奉献である（賜摂津国司被衣。上御舟泛江。四天王寺奏楽。国司奉献。）(21)」とあります。これによれば、九世紀の初めには、四天王寺には、天皇の鑑賞にも堪える演奏をする楽人集団が存在していたと考えられます。

また、舟に乗った天皇に遠方から聴こえるように演奏していると思われるので、これは伎楽ではなく、宮廷儀式に使われるような現在の雅楽に近いものであったのではないでしょうか。天王寺楽人は、伎楽のみを演奏するのではなく、宮廷で形成された雅楽をも常に取り入れていたと思われます。『教訓抄』にも伎楽の項目の最後に「（伎楽が伝わった後）雅楽が伝来して後は、公家にその一具が寄進せられた。今の南北二京の雅楽、その舞人楽人がそうである。天王寺にも一具寄せ置かれて、天王寺の仏事の供養の資材とした。今、秦氏楽人舞人が天王寺に住んでいる(22)」と記述しており、鎌倉時代には、天王寺が伎楽のみを伝承していたのではなく、「雅楽」の演奏団体としても京都・奈良の二流に伍して、一つの伝統として認知されていたことがうかがえます。この『教訓抄』の記述については後にあらためて詳しく考察したいと思います。

しかしながら、古代の天王寺楽人は、当時の雅楽界においては、強い差別的な視線を向けられていました。七世紀後半に雅楽寮が設けられると楽人は国家的な秩序において序列付けられることになります。平安中期に至って内裏《だいり》に大内楽所《おおうちがくそ》ができ、そこで朝廷内に役職と官位を持って、禁裏に侍《はべ》って雅楽を代々伝習する者が現れると、天王寺楽人は次第に疎外され、卑賤視されるようになっていきます。この差別の理由として、林屋辰三郎氏は三つの理由を挙げておられます。一つ目は、「四天王寺じしんが国家的保護を離れ、むしろ太子の遺跡として社会的事業に重点をおきかつ浄土信仰の中心となった」ということです。二つ目には「四天王寺の地理的環境からも、中国からの帰化人がこの付近に多く居を占め、天王寺楽人もほとんど秦氏であったという点」です。ただ、帰化人であることがただちに疎外されるということではなく、重要なのは三つ目で「音楽の提供という一種の労役に従う奴隷的境遇にとりのこされ」、「ながくそのような状態におかれていた」こととされます[23]。すなわち、当初は、国家が指定した場所に住まわせて課役を免ずるかわりに音楽の労役に従事させる制度である楽戸《がくこ》制《せい》によって設置されていたと推測される四天王寺の楽団が、この関係性はそのままに平安時代には、国家ではなく一寺院である四天王寺に隷属する「散所楽人《さんじょ》」になったといわれます。

藤原宗忠《ふじわらのむねただ》の日記『中右記《ちゅうゆうき》』元永元（一一一八）年三月二一日条は、宇治平等院における一切経会《いっさいきょうえ》の模様を書き残していますが、そこには少なからぬ天王寺楽人が、両都の楽人に混じって参加しており、天王寺楽人であった秦公定《はたのきみさだ》（公貞）も招かれ「採桑老《さいそうろう》」を舞っています。法会後に殿上人たちから楽人たちに、纏頭《てんとう》（褒美の反物）の下賜が行われたところ、大内楽所の楽頭格の豊原時元《とよはらのときもと》、辻行高《つじゆきたか》の両名は、五領（反物の数）の纏頭を受けましたが、公定には一領のみでした。このことについて『中右記』には次のように記されています。「散所楽人は、これまでこのような事、すなわち纏頭に関わることはなかった。しかるに今日は議があって、採桑老に感興を催すことがあったので、纏頭がなされた。（散所楽人先々不関此事、然而今日有議、感採桑老有纏頭也）」。この資料は、天王寺楽人が「散所楽人」と称されていたことを示す最も古いものとされています。これだけを見ると「散所楽人」が纏頭を受けられなかったのは、単に技術が劣っていたからである、とも考えられるのですが、天王寺楽人に対する差別があったことを示す他の資料が存在します。源師時《みなもとのもろとき》が記した『長秋記《ちょうしゅうき》』の元永二年十月の舞御覧《まいごらん》の記事によれば、この時も秦君定（公貞）が採桑老を舞ったのですが、それとペアになって引き続いて舞われる舞、すなわち番舞《つがいまい》である林歌《りんが》について大内の楽人らから次のような申し立てがありました。「舞人たちが申し立てるには、天王寺の舞の番舞は勤仕しない事にしている、と。しかし許容されなかったので、これを舞った。（舞人等申云、天王寺舞答舞不勤仕事也、雖然無許容、仍舞之）」。

天皇も出座される舞御覧において、演目の次第について楽人が文句をつけるということ自体が極めて異例なことです。それほど天王寺楽人の舞った舞楽曲とペアであるとされる番舞を舞うことを忌避したかったという強い意思がうかがえます。

また、『楽所補任』天養元（一一四四）年条には、大内楽人の狛行貞《こまのゆきさだ》についての次のような記載があります。

「八月十五日の放生会の日に、左右舞人等がともに議論をして行貞を用いず、追放することとした。行貞は最近天王寺に居住しており、かの寺の舞人と、楽人が同座行列することは例の無いことである。集会前にたびたび制止を加えたにもかかわらず、あえて承知しなかった。それゆえ、追放となった。（八月十五日放生会之日。左右舞人等相議不用。擯出了。近来居住天王寺。為彼寺舞人。楽人同座行列無例故也。於集会前度々雖加制止敢不承引。擯出了）」。

これら二つの事例を見てみると、番舞を舞うことは観念上の近接を意味し、「同座行列」はまさしく物理的な近接を意味します。つまり、中央の楽人が天王寺楽人との近接を拒否したことの本質は、林屋氏がいう「散所楽人」である身分の問題もさることながら、私は、むしろ平安時代に高まった触穢忌《しょくえき》避《ひ》観念が拡張した結果ではないかと考えています。そもそも律令国家は祭祀に携る者については「穢悪の事には預からず」（『神祇令』散斎条）と規定し、始祖神話の世界とそれを祀る場面においては、徹底したケガレ（穢悪）の排除が企図されています。これは「王権が祀る王権始祖の神々の世界つまり高天原には、その始源の時代に神々の不撓の努力によってケガレが完全に排除され、以来当時にいたるまで、至浄な世界として王権を支えつづけているという神話[24]」が、律令国家の基礎に据えられていたからです。律令国家の成立とともに王権の始祖神話が、『古事記』や『書紀』によって権威を持って明確に確定されました。そこで示された王権始祖によるケガレ排除の神話とは、まとめていうと「イザナミの死によるケガレの発生、イザナギによるケガレの払拭、その結果出現する至浄の神アマテラスと彼女による高天原統治の開始。そのさいケガレの残骸を背負ったかたちで出現するスサノオの乱行、八百万神とアマテラスによるスサノオの追放[25]」といった、波乱に満ちた、高天原という清浄な空間の形成神話です。

　このケガレ忌避観念は、平安時代に入り九世紀から十世紀にかけて、祭祀のみならず、「王権と貴族の政治から日常生活に及ぶ聖俗領域全般にまで拡大されて[26]」いきます。ケガレの排除の方法もケガレを祓う祓除《ばつじょ》に加えて、さらに強力な「物忌《ものい》み」が制度化されるようになりました。最初にケガレ忌避の方法として物忌みを制度化したのは『弘仁式』（八二〇年撰進、八三〇年施行）とされます。式とは律令の施行細則にあたるもので、漠然としていたケガレの対象を「人の死」「産」「六畜の死」「その肉の食」「弔喪」「問疾（病気見舞い）」など、細分化・明確化しています。これらの規定の合理化が進んだ『延喜式』（九二七年撰進、九六七年施行）における、忌みの問題が多く取り上げられている臨時祭式についての規定を見てみましょう。

「凡触穢悪事応忌者。人死限卅日。自葬日始計。産七日。六畜死五日。産三日。鶏非忌限。其喫宍三日。此官尋常忌之。但當祭時。餘司皆忌。[27]」

試みに意訳すると、「悪しき穢《けがれ》に触れたものは忌みを行わねばならない。人の死の場合は三十日。葬儀の日より計測する。人のお産の場合は七日。六畜（馬・牛・羊・犬・豚・鶏の六種の家畜）の死の場合は五日。六畜のお産の場合は三日。鶏の場合は忌む必要はない。食肉の場合は三日。神祇官は常時、他の諸司は祭時に当たって忌むべし」となります。畜死の忌日を人の出産より二日減じたり、「喫宍《きつじく》（食肉）」の忌みを一箇月から三日に大幅に減じたり、畜産については鶏の場合を除くなど、それまでの式の忌みの規定より「生活の実態に応じながらも合理化の方向」が進められています。また、最後の限定は、「喫宍（食肉）」のみにかかると見ることができましょう。[28]このように、以前は忌むべき事態であったものがそこから外れるという変化が生じるということは押さえておく必要があります。そしてわれわれの考察にとって重要なことは、触穢の状態は展転する、すなわちケガレは伝播するということです。『延喜式』は触穢の伝播について次のように規定しています。

凡甲処有穢。乙入其処。謂著座下亦同。乙及同処人皆為穢。丙入乙処。只丙一身為穢。同処人不為穢。乙入丙処。人皆為穢。丁入丙処不為穢。其触死葬之人。雖非神事月。不得参著諸司幷諸衛陣及侍従所等。(29)

これも意訳すると、「穢となった甲の所（甲とその家族集団）に、乙が入ると、（其の所に入る、とは着座を謂う）乙及び乙の同所人は皆、穢となる。その乙の所に丙が入ると、ただ丙だけが穢となり、丙の同所人は穢とはならない。乙が丙の所に入ると、丙の所の人はみな穢となる。丁が丙の所に入っても穢とはならない。死葬に触れる人は、神事の月ではないときでも、諸司、衛陣、侍従所に参着してはならない」となりましょう。

ここで注意すべきは、「触穢が物理的な接触によるのではなく同座に着くことによって引き起こされる」(30)ということです。穢の伝播は、観念的であることになります。その証左に、乙が甲所に入った場合、自動的に乙所の者も触穢になるとされるように、「穢はまさって集団性を帯び、穢の発生は当該家族集団に自動的に伝播し汚染する性能」[31]を持つことになります。この自動的伝播は、丙が第二次的な触穢者である乙所に入った場合は無効であるように、第一次的な穢との間接性いかんによっては免れるものでもあります。また、触穢者が動く場合については、乙が丙所に入った場合のみ規定されていますが、この場合丙所全体が触穢になるので、当然甲が乙所に入った場合も乙所全体が触穢になるでしょう。

後半の死葬に関わる部分は、前掲のように三十日の忌がかかるため、祭事の有無にかかわらず、諸所への出入りを禁じたものと解されますが、前半部分とともに不明確な点が多く、古来議論となってきたようです。ただ、ここでは大内楽人が天王寺楽人を忌避した理由について論ずれば足りるので、これ以上は立ち入りません。

さて、先に、平安時代に天王寺楽人が差別されていた事例についていくつか挙げましたが、その大きな理由は、この触穢規定の観念が大内の楽人たちに影響していたからではないかと私は思うのです。天王寺に居住し、天王寺楽人と「同座行列」した狛行貞は追放処分となりました。天王寺楽人は死穢に携る僧侶とそれこそ同所に著座することが多く、仮に天王寺楽人が穢となっていれば、それと「同座行列」した狛行貞は延喜式の規定でいえば、乙（天王寺楽人）の同所人あるいは丙の立場になります。行貞自身が穢となった場合に、彼が大内の楽人と同座すれば大内楽所全体が穢となる可能性があります。触穢となると大内楽人の本領である、内裏での神事に参加することが困難になりますし、そもそも内裏にいられなくなるかもしれず大内楽所の存立に関わることになります。「専業の地下楽家舞人・楽人は、殿上・地下の寄人（召人）とともに楽所に祇候し、御遊や管絃の興など公私の管絃の機会に奏楽を行うこと」[32]が仕事であったわけですが、触穢規定が強く機能する内裏にその活動場所を持つ彼らは、穢となった者と一緒に演奏するリスクについて、細心の注意を払っていたことと考えます。一緒に演奏するということは「着座」に他ならず、楽所メンバーは家族と同じく一所のものと観念しうるからです。そんな彼らから見れば、天王寺楽人と一緒に「同座行列」することは極めてリスクの高いことであったと思われます。

先ほどの林屋氏が挙げられている、天王寺楽人が差別された一つ目の理由には、「四天王寺じしんが国家的保護を離れ、むしろ太子の遺跡として社会的事業に重点をおきかつ浄土信仰の中心となった」とありました。四天王寺の社会的事業の中心であった悲田院や施薬院には、病者や死者が多くいたでしょうし、死期の近い者が極楽往生を願って四天王寺西門に多く集まっていたことでありましょう。平安時代後期の天王寺楽人は、触穢の状態になりやすい客観的な環境であるうえに、国会的保護から離れて律令体制と疎遠になったのだから、律令体制内部の敏感な集団は、触穢についての天王寺楽人の感性は必ずしもそうではないであろう、と推定していたと思われます。

この点、同じ寺院所属の楽人であっても、南都における興福寺の狛氏、薬師寺の玉手氏、また東大寺所属の楽人は、奈良に都があったときから、律令体制の中で演奏をしており、また、奈良仏教には古来の神祇信仰と結合した仏教儀礼が多いため、触穢の領域についての知識や穢に対する身の処し方についても通暁していたと思われます。それゆえ、平安京に移ってからも南都の楽人はしばしば内裏で演奏していますし、場合によっては大内楽所へ補任されることに大きな問題はなかったのでしょう。

また、すでに見たように触穢についての伝播性は、観念的なものであり、ある人が触穢となった場合、ケースによっては自動的にその同居家族も触穢になります。これは、その同居家族は常時、精神的にも時間的にも密接しているという考え方を前提にしています。上掲の『長秋記』記載の元永二（一一一九）年十月の舞御覧において、天王寺楽人の「番舞」を舞うことを大内の楽人たちが拒んだという背景には、触穢の観念性に基づく恐れがあったのだと思います。舞楽曲は左方《さほう》唐楽と右方《うほう》高麗楽に分類されますが、それぞれから一曲ずつ選び、例えば左方唐楽のある舞楽が奏されるときは必ず、続けて右方高麗楽のある舞楽が演奏されるような舞楽曲のペアが作られています。これを「番舞《つがいまい》」というのは述べたとおりですが、雅楽を演奏する者にとっては、番舞の二曲は演奏機会においては常に続けて舞われるために一体であり、どちらかを念頭に置くともう片方が常に連想されるものです。この場合は、秦公定が舞った左方唐楽の「採桑老」と大内楽所の舞人が舞うべき右方高麗楽の「八仙」が番舞の関係にあります。もちろん、一緒に楽器を演奏する場合とは異なって、採桑老が終了してから、八仙が舞われるのですから、舞台上で同座したり接触することはありません。仮に公定が穢となっていたとしても、規定上は触穢とはなりません。しかし、雅楽演奏者にとっては、番舞を舞うことは観念上同座したことと同じであると解釈したとしてもおかしくはないでしょう。ある舞御覧の同じ機会に違う舞を舞うことまでを同座と解釈しえないまでも、番舞については同座したと解釈する観念的な密接性があるのです。ただし、令の触穢の規定には抵触しないので、さすがにこの申し立ては却下されたのでしょう。

「散所楽人」の再解釈

さて、前述の林屋氏は天王寺楽人が差別を受けた理由の二つ目に「四天王寺の地理的環境からも、中国からの帰化人がこの付近に多く居を占め、天王寺楽人もほとんど秦氏であったという点」を挙げておられますが、これは自身も言及しておられるように「帰化人であったということが、直ちに疎外される理由にはもちろんなりえない(33)」と私は思います。

触穢の観点から見ると、山城（京都）の秦氏は、松尾大社、伏見稲荷社、賀茂社などの由緒に深く関わっており、日本の神祇信仰にも馴染み、ケガレの観念には敏感であっただろうと思います。ただ、天王寺の秦氏がどうであったかは定かではありませんし、秦氏を取り巻く四天王寺周辺の帰化人にとっては日本独特の触穢の観念に慣れ親しんでいなかった可能性もあります。その意味で、天王寺楽人が帰化人の末裔であったということは、都の楽人が、天王寺楽人は触穢に敏感でないのではないかと疑う理由の一つにはなっていたとも考えられます。

林屋氏が重視するのは三つ目の理由で、天王寺楽人が「音楽の提供という一種の労役に従う奴隷的境遇にとりのこされ」、「ながくそのような状態におかれていた」ことです。当初は、国家が指定したという土地から、課役を免ずるかわりに音楽の労役に従事する制度である楽戸制で土地に結びつけられた者たちが、関係性はそのままに、平安時代には、四天王寺に隷属する「散所楽人」になったといわれます。そして、この「散所」については、林屋氏は次のようにいわれます。

「散所は、元来領主がその住民に対して清掃・駕輿丁・運搬その他の雑役を負担せしめるために、領主の直下や交通の要衝、さては荘園内部におかれた年貢免除の土地をいうのであるが、やがてその住民じたいを指すようになったのである。ところで、天王寺もまた散所をその付近に設けており、天王寺楽人はその散所に属せしめられていたのであった[34]」。そして、「天王寺の楽人が、大内の楽人のように官人でないことはもとよりとしても、天王寺じしんがこれを散所として隷属させたために、このように特別に卑賤視されることになってしまった[35]」。

ここで、林屋氏は散所を、①古代律令制における奴隷的立場の者たちが、荘園制へ移行してもそのままの関係性を、私的なものとして維持された者たちないしその土地、として捉え、②それゆえ散所の者たちは卑賤視された、ということを前提に論じておられます。しかし、『中世芸能史の研究』以降に、散所研究は大きく進展し、散所とは「正規のあるいは中心的な場所である本所にたいし、臨時あるいは散在の場所[36]」と理解されるようになっています。また、散所民であるからといって、必ずしも卑賤視されたわけではないことも明確になっています。天王寺楽人が卑賤視されたことの論拠として、彼らが「散所楽人」と呼ばれたから、あるいは四天王寺の散所に居住していたから、と立論することは、説得力が薄れてきているように思われます[37]。

では、上掲の『中右記』において天王寺楽人が「散所楽人」と呼ばれていることをどう考えればよいのでしょうか。また、卑賤視されていたからこそ、天王寺楽人は、秦公貞が下賜を受けるまでは、本来纏頭の対象とされていなかったのでしょうか。一つの手がかりになるのが、先ほども挙げた『教訓抄』の伎楽の項目に添えられている次の一文です。「又雅楽習写シ給ヒテハ、公家一具被寄進　今ノ南北二京、舞人楽人。天王寺一具被寄置。彼寺仏事供養料。今秦氏舞人楽人住天王寺。寄進後三箇［度］絶了。（また伎楽に続いて、雅楽を習って日本に伝来させられ、公家に一揃えを寄進された。今の奈良京都の二つの京の舞人楽人である。さらに、天王寺に一揃えを寄進して置かれた。かの寺の仏事供養に供する資材である。現在は秦氏の舞人楽人が天王寺に住んでいる。寄進された後、三度絶えた。）[38]」。この文の主語ははっきりしませんが、その直前に聖徳太子が伎楽を日本に留め置いたという記事があり、また敬語が用いられているので、主語は聖徳太子であり、太子が両京と天王寺に――「伎楽」だけではなく――「雅楽」も寄進して置いたという趣旨であるように読めます。今日私たちが知る歴史的事実からいえば、太子の時代にはまだいわゆる「日本」の雅楽は成立していませんでしたから、この『教訓抄』の記述は史実を伝えているとはいいがたいです。ただ、当時の雅楽界には「公家に寄進された雅楽（奈良・京都）」と「天王寺に寄置された雅楽」の二種があるという認識があったことは読み取れます。そして、公家に寄進された二地点の雅楽は、本質的に同質であり、大内楽所及び南都楽所として、人脈的に複合体を形成し、まさに公家のお膝元の正規の場所である「本所」と考えられていたのではないでしょうか。そう解釈すれば、天王寺の雅楽は「散所」となります。天王寺楽人が散所楽人と呼ばれたのは、居住した場所が楽戸が崩壊した散所であったということよりは、雅楽団体が、散在した周縁的な存在である「散所」だったからではないでしょうか。[39]

林屋氏によれば、多久行《おおのひさゆき》自筆の「番舞目録」（十三世紀）には、大内楽所の狛氏や多氏が勤仕しない舞として、左方ならば「還城楽《げんじようらく》」（図6）「蘇《そ》莫者《まくしや》」「猿楽」、右方ならば「胡徳楽」（図7）「吉簡《きかん》」などが挙げられ、「已上、中古以降、以末輩令勤仕之（以上の舞は、中古以降は、末輩にこれらを勤仕させた）」と記載されています。他方で、『続古《ぞくこ》事《じ》談《だん》』の諸道の条に、「蘇莫者」について「此舞ハ天王寺ノ舞人ノホカハマハヌ舞也」との記載があることから、天王寺楽人は「末輩」として扱われたのであると結論されます。「蘇莫者」以外の右に挙げられた舞楽についても、「還城楽」は蛇を食す西域の胡人が蛇を取って喜悦する様をかたどったグロテスクな舞であり、「胡徳楽」も胡人の酔態を模して、笑いを誘う舞楽です。「猿楽」「吉簡」などは相撲《すまい》節会《のせちえ》で散楽として行われた演目で、いずれも本来の舞楽とは異なり近衛の舎人が余芸として行った、アクロバットやジャグリングなどを含む雑芸です。天王寺楽人は、おそらく都では、このようなあまり雅やかとはいえない、いわば褒賞に値しない演目ばかりを担当した「散所」の「末輩」であったのでしょう。いずれにせよ、中央の公家にとっては、官位もあり正規の本所楽人である大内楽所の楽人がまずは纏頭の対象となりうるような演目をこなし、その結果「散所楽人」は纏頭を授かるこ

図6　還城楽（天王寺楽所雅亮会 雅楽公演会）

図7　胡徳楽（同上）

とはなかったのでしょう。

しかし天王寺楽人は「末輩」といっても「散所」である以上は雅楽界の一員であり、たとえ大内楽所の左右の「一者」である狛氏や多氏が舞わない曲を舞っていたとしても、都で演ずる機会を持っていたことは間違いありません。現に、秦公信とその子公貞は、本来大内楽所の多家《おおのけ》の家の舞であった「採桑老」の相承系譜に名を連ね、多家でその伝承が絶えかけたときに、公貞は、多近方《おおのちかかた》に伝授し戻しています。(40)天王寺楽人が、散所居住者であるゆえに絶対的な卑賤視をされていたのではなく、雅楽界における本所に対する散所の楽人であると考えるならば、彼らはある意味相承者と認められてもよい形式的な資格があったわけであり、理解できないことではありません。そして、本所でも多家において採桑老が相承されていたので大きな問題はありませんでした。公貞の多近方への再伝授は、本所である採桑老が一旦絶えるという大問題が起こったからこそ『続古事談』などのもろもろの文献で言及されたのであろうと思います。

したがって、雅楽界の一員である「散所」に属する公信の子公貞が正規の舞である採桑老を、感興を催せしめる技量で舞ったのですから、纏頭を出すことは絶対的には否定されなかったのでしょう。ただし、官位もなく、本所と同じ評価をすることはできません。ですので、纏頭の数を減ずることはやむをえないことで、不当な差別とまではいえなかったのではないでしょうか。つまり、本所に対する散所の相対的な差別は当時の身分意識としては当然だったと思います。

結論として、近年の「散所」研究の進展を加味して考えると、天王寺楽人が、「散所楽人」といわれた意味も「本所」＝大内楽所（京都楽人・奈良楽人）と「散所」＝天王寺楽所（天王寺楽人）という関係性から再検討する必要があり、また大内楽人が天王寺楽人と同席を拒んだことも、あからさまな差別意識に基づく卑賤視というよりも、触穢のリスクという観点から再解釈する必要があるのではないかと思われます。

このように中央の楽人から忌避されつつも、天王寺楽人は着実に雅楽界の中で大きな存在感を示し続けていきます。先に、舞楽曲二十五曲を一挙に披露している、『吉野吉水院楽書』の安貞二年の聖霊会の記録を掲げましたが、このような規模の舞楽法会は都でも行われることはほとんどありません。大内楽所や南都楽所が参加していたと思われる、『舞楽要録』に収録されている平安時代後半の主要な舞楽法会における舞楽曲数は、朝覲行《ちょうきんぎょう》幸《こう》、御賀《おんが》などでもおおよそ七番・十四曲であり、最大曲数である雲林院塔供養（応和三〈九六三〉年三月十九日）の際でも八番・十六曲です[41]。三方楽所から五十一人が結集して催していた江戸時代の宮中舞御覧でさえ、十六曲を上回ることはありません。一回の法会で二十五曲の舞楽を次から次へと演奏できるということは、当時の奏楽団の演奏能力としては非常に高かったに違いありません。平安時代の末期には、このような聖霊会の形式が成立していたとするならば、天王寺の舞楽は当時の都でも大きな関心事となっていたといえます。

また、天王寺には早くから伎楽が置かれていたことが、推測されていますが[42]、それにとどまらず平安時代の楽制改革の変革にも取り残されることなく都と同じ「雅楽」を演奏して、しかも都に劣らない質や曲目数を誇っていました。ということは、天王寺楽所は、やはり都の楽所である雅楽の「本所」に対応する「散所」であり、忌避されつつも、なんらかの接点を「本所」とも保っていたと見るべきではないでしょうか。つまり、都の雅楽から徹底的に排除され、隔離させられていたのではなかったと考えるべきであると思います。

このような背景があったからこそ、しばしばなされた熊野詣の途上で、鳥羽上皇が四天王寺に立ち寄り舞楽を鑑賞した記録が残されていますし、厳島神社においても、平清盛がその整備を行った際に、天王寺舞楽を導入したという伝承が成立することもできたのでしょう。そして、これらの積み重ねから吉田兼好が『徒然草』で記したように天王寺舞楽は「都に恥ぢず」という評判が定着していったのであると思われます。

第二章　『聖徳太子傳記』における天王寺楽人——中世神話の天王寺楽人像

中世神話潮流における天王寺楽人像——『伝暦』から『傳記』へ

日本中世における宗教思想の潮流の一つとして、「中世神話」という言葉で語られる事象があります。「記紀神話や仏教神話などの、先行する神話物語に取材し、すべからくそこから出発していること、またこの営み＝神話的思考が、神道書や縁起・物語という作品世界を根底で支えている」[1]思想潮流で、山本ひろ子氏によれば、中世神話は、おもに①「日本紀に云う」という形で始まる、『書紀』に仮託した「中世日本紀」、②本地《ほんじ》垂迹《すいじゃく》説が確立したことによって生じた民衆の新たな信仰的要請にこたえるべく創造された新たな「中世神道の神話的世界」、③神々の本地や前生を物語る本地物語の「三つのジャンル」を骨格としているとされています。そして、これら「三つのジャンルを往還しつつ形成されていった中世神話は、注釈活動から唱道までという広がりと質を持って(2)」います。平安時代後半における本地垂迹という神仏習合の論理の完成や、それに基づいて民衆が諸神を通して仏の救いを求めるという日本宗教の独自形態の形成に対応するべく、もっぱら中世の神道諸流を中心に、「現実世界を意味づけるべく神の本源への飛躍接近を志向する、神典創出という宗教者の営為(3)」が湧出したのです。そして、仏教的な立場からも、このような中世神話運動の背景となったものと同様のエネルギーによって、聖徳太子という神的な「聖霊《しょうりょう》」の本地を明らかにし、太子という「神」についての新しい神話を創造するという試みが、大胆に展開されていきました。

『書紀』においてすでに、聖徳太子は常人離れした能力を持つ聖者として描かれていましたが、この傾向は平安時代に入ってますます顕著になり、『上宮聖徳太子伝補闕記《ほけつき》』を経て、『伝暦』でさらに強められます。「聖徳太子を、あくまで「歴史的」偉人ないし聖者とする視点に立つ『書紀』に対し、救世《ぐぜ》観音の化身であり垂迹であってこの世に仮にあらわれた姿とする『伝暦』(4)」では太子の神秘化の傾向が強く打ち出され、太子の伝記物語は、『伝暦』をベースとしつつ、次第にその傾向を持つ補注が増やされ、やがて本文に組み入れられるという具合に、鎌倉時代まで増広していきました。「平安末(没後五〇〇年)より鎌倉・南北朝時代にかけては、とりわけ太子信仰の著しい昂揚をみた時期(5)」であったと思われ、太子信仰を普及せしめた唱道の営みである、伝絵の「絵解き」と深く関わりを持ちつつ、「法隆寺・四天王寺等の太子ゆかりの諸寺院を中心にして、「秘事」「口伝」類を重重加説し」(6)多くの伝記類・注釈書類が現れました。

その成立年代がわかり、中世で最も流布したと考えられている醍醐寺本『聖徳太子傳記』（以下『傳記』と略記）は、文保二（一三一八）年成立とされていますが、この書において中世神話運動の流れにおける太子の神話化の一つの完成態を見ることができます。『書紀』をベースとした『伝暦』冒頭でも、太子は「救世（観世音）菩薩」が、母后の胎内に宿ったとの伝承が見えますが、『傳記』冒頭では「夫れ、聖徳太子は三世諸仏の慈悲の色を顕せる救世観音の垂迹なり。即ち仏体にして人体なり。人体にしてまた十善の儲君なり」(7)と、神仏習合の観念を基礎として、その「本地」が明確に示されます。久遠実成《くおんじつじょう》の本地である救世観音が、インドにおいては勝鬘夫人《しょうまんぶにん》、中国においては南岳慧思《なんがくえし》として垂迹して、衆生済度《しゅじょうさいど》の慈悲を示され、ついには七百年前にわが国、日本朝日域に太子として来臨された、とまとめています。それまでの太子前生譚伝承を、本地仏の垂迹という論理によってまとめあげるという壮大で精細な神話が形成されています。

このような宗教的情熱は、すでに『伝暦』で守屋の首を取るほどの武人として太子を補《ほ》弼《ひっ》する、象徴的な側近として描かれた秦河勝のさらなる神話化や、当時すでに「聖霊会」

として結実していた太子のもたらした仏教音楽的業績の詳らかな由来の創造にも及んでいくことになります。『傳記』の「太子四十一歳御時」条には、中世以降の天王寺楽人のルーツや天王寺舞楽の存在理由についての認識を示す伝承が現れてきます。重要ですので、該当する部分全文の現代語訳文を左に掲げてみます。

（聖徳太子四十一歳の）夏の頃に、百済国より初めて伶人十八人が来朝した。天竺の東北の方角に国があり、呉と呼ばれていた。昔この国に妙音菩薩《みょうおんぼさつ》が出現して、一切の音楽を弘めて、人民を教化なされた。それゆえ、かの国には楽人が多い。その中で優れた者が震旦（中国）、百済などの国を経巡って、いままた我が朝にも来たということだった。太子は大いに悦ばれて、天皇に次のように奏上された。

「およそ管絃は梵天、忉利天のすぐれた遊びであり、極楽世界の神妙な楽しみ（妙《みょう》翫《がん》）でございます。それゆえ、欲界・色界の天人は、百千無数の曲を奏して、帝釈《たいしゃく》天《てん》は遊戯し、妙音菩薩は十万種の伎楽をもって雲雷王音仏《うんらいおうおんぶつ》を供養されます。この伎楽をまた人間に伝えて、最上の褒めるべき楽しみ（賞翫）となされました。

古《いにしえ》より、天竺震旦の賢王や聖君は、礼楽をもって天下を治める者であり、これらはみな、中国の古書の三典五墳に見ることができます。まことにこれは世間の俗事を超越した美芸であります。しかも、陛下の明賢によって、かの楽者たちがこのようにわが国に留まっていることは、天の賜《たまもの》です。請い願わくば、この曲を本朝に留め、神《しん》冥《みょう》の法楽、王者の歓賞を本朝に備えたまいますように。

太子がこのように申し上げられたところ、天皇にすぐさま叡感があり、この上奏にしたがって、かの伶人を大和国桜井村に住居させ、十五人の童子を選んで、この舞楽を学ばせた。秦川勝（河勝）の子五人と孫三人、秦川満の子二人と孫三人の以上十五人である。

また太子がいうのは、「すでに西蕃《せいばん》の音楽が伝わっており、東域の法式を行うのがよろしいでしょう。この音楽は、権力者や実力者の出家の心を慰めるのみではなく、さらには仏天が納受し、鬼神も感応するものであり、三宝を供養し奉るに、伎楽を調えなければ、功徳は至って少なく、これは仏事をなさず、法会をなさないことになります。しかるに、如来説法の砌《みぎり》に、大樹緊那羅《だいじゅきんなら》は珠玉の笛を奉って、法性真如の音楽を吹いて、乾闥婆《けんだつば》王《おう》は瑠璃の琴を抱いて、未来成仏の曲を調えました。ゆえに、法華経には次のようにいわれています。〈簫・笛・琴・箜篌《くご》・琵琶・鐃・銅鈸《どうはち》、これらもろもろの妙音をことごとく集めて持ち、それらでもって供養せよ〉と。まず私がこれを執行し、三宝供養をすべきであります」。

太子はこう述べられて、四天王寺について三十二人の伶人を調え置き、毎年大法会を行い、この舞楽の儀式を調えられた。太子が御存生《ごぞんしょう》の際には、これを法華会と名付け、お亡くなりになった後は、これを聖霊会と名付けた。まさに当今の諸寺、諸山の仏事法会、一切堂塔や宮社の供養に、舞楽管絃をもって、宗となすことは、之に則っている。(8)

このように、『伝暦』の記事に比べると、『傳記』はおおいに増幅されて、細かな点も詳細になっています。まず、伎楽をもたらした「味摩之」ではなく、来朝したのは「伶人十八人」となっています。(9) ただし、これらの楽人の出身は、天竺の東北の呉国ということになっていて、『書紀』では謎であった百済からきた味摩之が伝えた伎楽が「呉楽」といわれたことに対する一定の解釈が示されています。呉は、中国の呉の国であって、そこから中国本土、百済を経てやって来たというのです。

また、伝えられた音楽は、伎楽ではなく、「管絃」でありまた「舞楽」とされています。つまり、伎楽と味摩之には触れることなく、平安時代に成立した雅楽・舞楽が、太子の時代に外国から伝えられたような説話になっています。もっとも、「伎楽」の語も使われていますが、ここでは仏教の音楽一般を指す「伎楽」の意味で用いられており、正倉院などにその仮面が残り、通常の雅楽とは区別して記述されている特定の芸能である「伎楽」の意味ではないでしょう。

そして、これらの伶人が伝えた音楽が、そもそも仏世界に由来するものであることが強調されている点も大きな変化です。すなわち、この音楽は呉の国に出現した妙音菩薩が、仏教を弘めるために用いた音楽であるとされています。そして、「管絃（雅楽）」が、仏世界由来であることを強調するべく、これが梵天・忉利天の音楽であり、さらには阿弥陀仏の極楽世界の音楽であることも主張されています。

また、妙音菩薩は、「十万種の伎楽」でもって雲雷音王仏を供養したともいわれていますので、『法華経』巻第七「妙音菩薩品」に登場する妙音菩薩を指していると思われます。「妙音菩薩品」は、浄光荘厳国《じょうこうしょうごんこく》にいる妙音菩薩が、娑婆世界の耆闍崛山《ぎしゃくつせん》へ、釈迦牟尼仏を供養し、法華経を聴くためにやってくる物語です。妙音菩薩は種々の三昧を得ていますが、なかでも、あらゆる存在に姿を変える神通力の根源である「現一切色身三昧《げんいつさいしきしんさんまい》」が重要で、三十四通りの存在に姿を変えられます。妙音菩薩は、過去に種々の人や神々に姿を変じて、衆生のために法華経を説いたこともあるのです。そのような三昧を得ることを可能にした、過去に積んだ功徳の一つに、「十万種の伎楽をもって、雲雷音王仏を供養し（以十万種伎楽。供養雲雷音王仏。）(10)」ということがあったと釈迦牟尼仏が語っています。妙音菩薩は、三十四相を持ち、西方極楽浄土と娑婆世界を自在に往還して、さまざまに人間を救済する観音菩薩に相応する東方仏世界の菩薩といえましょう。ですので、妙音菩薩が呉の国に現れたとすることも理論上可能なのです。雲雷音王仏を供養した天上の音楽が、その妙音菩薩によって今度は、人間世界に弘められた。それこそが、聖徳太子が奏上して大和国桜井で修習させた音楽のルーツであるというのです。『書紀』においては、味摩之が伝えた伎楽が桜井で修習されたと記述されていましたが、ここでは伎楽は、「管絃（雅楽）」に置換されており、しかも管絃が元来は仏世界の音楽であり、仏や菩薩がたしなむものであることが強調されています。

また、重要なことは、この雅楽に属する「舞楽」を学んだのが「秦川勝（河勝）の子五人と孫三人、秦川満の子二人と孫三人の以上十五人」とされ、天王寺楽人の祖が秦氏であることが語られていることです。『書紀』には「少年を集め伎楽の舞を習わせた」とされ、それは「真《ま》野首《ののおびと》弟子・新漢《いまきのあやひと》済文《さいもん》の二人」であったと明記されています。また、『伝暦』では「諸氏に勅を出されて、子弟壮士《そうし》を献上」させたとのみあり、それが秦氏であったかどうかは記されていません。『傳記』のこの記述は、『書紀』とは矛盾しますし、『伝暦』でも「諸氏」に勅を出したとのことですので、献上されたのは秦氏の子弟壮士のみではなかったはずですので、こちらも両立しがたい記述です。(11)

いずれにせよ、『書紀』や『伝暦』との違いがあるように見えたとしても、この仏世界の音楽を受け継いだのが秦氏であるということを明確にすべきである、という意図が『傳記』に潜んでいるように思えます。おそらく、鎌倉時代の初期までに、天王寺楽人は秦河勝（川勝）の血統で占められているということが、ゆるぎない世間の共通認識となっていたことを示しています。ただ、秦川満については、歴史上名前が現れず不明としかいいようがありません。[12] ただ、河勝と同様に子に加えて孫も修習させているので、河勝と同年代、すなわち弟あるいは従兄弟が想定されていると考えられます。

展開される「法音」の原理

そして、『伝暦』の伝承の核心である、聖徳太子が「三宝を供養するには、諸蕃の楽を用いよ」と指示された部分については、『傳記』においても、踏み込んだ記述になっています。『傳記』において、太子が推古天皇に対して行った雅楽伝習の進言の根拠は、まずは、「天竺震旦の賢王や聖君は、礼楽をもって天下を治める者」であり、この音楽によって上流階層や民衆、出家者らの心を一つにまとめていくべきである、という礼楽思想に依拠する儒教的なものでした。しかし、加えて、「仏天が納受し、鬼神も感応するものであり、三宝を供養し奉るに、伎楽を調えなければ、功徳はいたって少なく、これは仏事をなさず、法会をなさないことになります」と、太子みずからが四天王寺に楽人を据え置くことを定めます。ここで、右記の『伝暦』の記事が、その理由にまで踏み込んで、『傳記』でも再度記述されています。

管絃に仏天や鬼神を供養する力があるからこそ、法会に用いることが定められ、管絃が持つ力の例示が三つなされます。すなわち、①大樹緊那羅王《だいじゅきんならおう》の笛による法性真如の音楽、②乾闥婆《けんだつば》の瑠璃琴による未来成仏の曲、③『法華経』における仏の供養方法としての音楽の記述です。[13] ①については、もっぱら『大樹緊那羅王所問経』（以下『所問経』と略記）に、②については、長阿含経《じょうあごんきょう》『釈 提桓因問経《しゃくだいかんいんもんきょう》』に基づいているように考えられます。しかし、味摩之にまったく言及しない点、先ほど問題にした秦氏の子孫の数と伶人の数が合わない点、本来は「三墳五典」であるはずの中国の典籍の名称を「三典五墳」と表記している点など、醍醐寺本の『傳記』の記述には、少なからぬ混乱や不正確さが垣間見えます。

例えば、『所問経』によれば、音楽神の領袖である大樹緊那羅王が能《よ》くするのは「琴」であり、簫笛《しょうじゃく》を吹くのは仲間の緊那羅達です。ただ、大樹緊那羅王の音楽が真如法性を含む「法音」であることは、この経典で確かに説かれています。また、『釈提桓因問経』においても、釈提桓因（帝釈天）の執楽神《しゅうがくしん》である般遮翼《はんしゃよく》（乾闥婆）は、瑠璃琴の伴奏による偈頌で、釈尊の心を感動させました。般遮翼の歌った内容は、世俗的な恋愛をテーマにしているものでしたが、自分の信仰心や悟りについての内容も含んでいました。ただし、ここでいわれるような「未来成仏」の曲というに値するものであるというには少し難しい偈頌でした。むしろ、大樹緊那羅王の音楽の方が、未来成仏へ導くものであるといえましょう。これら二つの説話が混同されて、混乱した記述になっているように見えます。③については、『法華経』の原文を掲げて説いており、間違いはなく、仏に対しては可能な限りの妙音で供養するべきこと、音楽を仏前で演奏することが仏の供養になることがはっきりと書かれています。

表記の不正確さは別として、経典に基づくであろうこれらの事例から、①『法華経』のいう「妙音」は、衆生だけではなく仏や諸天を供養し得るものである。②また妙音には、悟りへと導く法を込めて法音とすることができ、その音楽でもって衆生を導くことができる。③そのようにして衆生を導くことがまた仏や諸天への供養になる、といった含意があり、太子のいう「三宝を供養するには、伎楽を調えるべし」という主張の根拠を明確にしています。

平安時代の初期に成立したと見られる『伝暦』以降に、横川比叡山僧の源信が寛和元（九八五）年に『往生要集』を著わし、阿弥陀如来信仰が急速に貴族階級の心を捉えていきます。藤原道長は極楽往生を期して臨終行儀を行い、その子である藤原頼通は宇治に阿弥陀如来を本尊とする平等院鳳凰堂を建築しています。源信が依拠した、阿弥陀如来の教説である浄土教経典には、まさに極楽浄土は音楽で満ちた世界として描かれており、そこでの音楽はみな阿弥陀如来の説法であり、悟りへと導くものであると考えられています。源信が活躍した頃は、外来音楽摂取後の楽制改革の終局時であり、日本の「雅楽」が完成されようとしていた時代で、雅楽は、日本人固有の超越的世界に対する感性に適合するような音楽性を湛えた芸術となっていたと推測されます。そこで、雅楽こそが極楽浄土で響いている音楽である、という観念が成立していきます。そこから転じて、雅楽には悟りへ導く「法音」を込めることができ、雅楽を演奏したり聴いたりすることによって、極楽往生し、成仏することができる、という音楽成仏思想にまで展開するまでに至りました(14)。平安時代の終盤には、このような思想に基づき、『傳記』の記述にあるように「当今の諸寺、諸山の仏事法会、一切堂塔や宮社の供養に、舞楽管絃をもって」なすという状況になっていきます。「聖霊会」はこのような盛大な舞楽法会の姿を今日に伝えるもので、その背後には『傳記』が語る「法音」の原理があります。

ただし、浄土教経典には、なぜ音楽が法を含みうるのか、法を含む音楽とはどのようなものかについての具体的な説明はありません。この論点を主題的に扱った経典がまさにここで登場している『所問経』なのです。この経典は、龍樹（一五〇～二五〇頃）の『大智度論』にも言及があることから、[15] 龍樹の活躍する以前にすでに成立していたことがわかり、まさに大乗仏教初期に属するものであると考えられています。また、浄土三部経とほぼ同時期に成立したことも確認できており、[16] 浄土三部経と『所問経』は大乗仏教初期の音楽思想を共有し、相互に影響を与え合っていると考えてよいでしょう。源信も『極楽六時讃』において「アルヒハ天人衆生ニ　交リテ伎楽歌詠セム　香山大樹緊那羅ノ　瑠璃ノ琴ニナゾラエテ　管絃歌舞ノ曲ニハ　法性《ほっしょう》真如《しんにょ》ヲトナフベシ」と歌っており、この経典において説かれる仏教音楽思想と浄土教における音楽思想との関連に深く思いを廻らせていたことがわかります。

　右の源信の例にも見えるように、この経典は、日本に将来されてからも、教養人たちによって相当注目されていたようです。後白河法皇の撰になる『梁塵秘抄《りょうじんひしょう》』にも今様の形式で、次のように大樹緊那羅王の音楽の威力について歌ったものがあります。「香山大樹《こうせんだいず》緊那羅《きんなら》が　瑠璃の琴には摩訶迦葉や　三衣《さんね》の袂《たもと》したがひて　草木も四方《よも》にぞなびきける[17]（香山の大樹緊那羅王の瑠璃琴の音には、釈迦の十大弟子の一人である摩訶迦葉はじめ、出家の大衆たちも袈裟のたもとをひるがえしてわれを忘れて踊り、四方の草木もなびきいる）」。

『所問経』は冒頭で、釈尊の説法の場に現れた大樹緊那羅王の瑠璃琴の音楽が持っている、修行を積んだ釈迦の高弟までも忘我状態で踊らせ、また本来音楽を解さないはずの草木（自然）までも感動させるほどの悪魔的な魅力を描きます。他方、絢爛豪華な舞楽法会の情景を描いた『栄花物語』第十七「おむがく」においてもこの経典への言及があります。

楽所のものの音どもいといみじくおもしろし。これ皆法の声なり。或は、天人・聖《しょう》衆《じゅ》の妓楽歌詠するかと聞ゆ。香山大樹緊那羅の瑠璃の琴になずらえて、管絃歌舞の曲には、法性真如の理を調ぶと聞ゆ（舞楽法要における楽所の奏する音がたいへんすばらしい。これはすべて法の声である。あるいは仏国土の天人・聖衆が歌舞しているように聴こえる。香山大樹緊那羅王の瑠璃の琴のように、管絃歌舞の音楽には、法性真如の理を調べにのせているかのように聴こえる）[18]。

大樹緊那羅王は、これほどまでに魅力を持つ音楽に、仏法の真理を含ませて多くの眷属たちを成道させたことから、釈迦から授記（悟りを開くことの予言）を受けます。これらの記述から見て、平安時代の舞楽法要の発展期において、大樹緊那羅王は、音楽を用いて人々を導く菩薩の祖型であったようです。

また、『所問経』は、聖霊会のような舞楽法要における演奏者に対して、雅楽の音声は真如が込められた法音であり、また仏国土の天人・聖衆の奏でるものであるという理念の理論的支えになっていたのであろうと推測できます。つまり、『所問経』は、浄土三部経ないし大乗仏教の音楽観についての根本経典ともいえるもので、『傳記』で強調されているように、天王寺舞楽の存在理由の根拠の一つともいえます。

聖霊会の舞台は仏国土を模したものと考えられています。中世以降に、四天王寺は西方極楽浄土信仰の有力な拠点になっていきますので、参詣者の目には、聖霊会の舞台は阿弥陀仏の仏国土、すなわち極楽浄土を模していると考えられがちです。しかし、元来は「法《ほっ》華《け》会《え》」と言われていたとの伝承があり、また舞台の四方に釈迦が『法華経』を説法する際に天から降ったとされる曼珠沙華（四花）[19]を飾っていることから、元来は、釈迦が説法を行った霊鷲山を現前させたものであったのでしょう。つまり、聖霊会の舞台は、参詣者にとっては種々の仏国土が重なり合った舞台として現前しています。

それだけに、法華経及び浄土経典の音楽観がともに依拠し、いわば大乗仏教全般における仏法と音楽の根本関係を考察した『所問経』は、聖霊会を支える背景思想としても、極めて重要な経典です。

さて、『傳記』のこの部分の終末には、聖霊会の成立譚が記されています。太子は三十二人の伶人を四天王寺に据え置いて、舞楽の儀式を整えたのですが、呉の国の妙音菩薩の音楽を修習した秦氏の子孫がそのまま四天王寺の伶人になったかについては、明確にされていません。しかし、『傳記』の文脈では、妙音菩薩の音楽の品質をそのまま引き継いだ伶人たちが、聖霊会で音楽を奏さなければ意味がありませんので、三十二人の中には、最初に桜井で修習を受けた、秦氏の子孫を含む十五人ないしその流れを汲む者も含まれていると考えてよいでしょう。実際、『傳記』文保本より以前に成立した『教訓抄』（一二三三年）には、天王寺楽人が「秦氏楽人舞人」と記述されています。そして、この舞楽法会は、『傳記』によれば、太子が生きていた頃から催されていたようで、「法華会」と呼ばれていました。太子が逝去したのちは「聖霊会」と呼ばれており、聖霊会成立譚が歴史に登場するわけです。

最後に、この「法華会」ないし「聖霊会」が、寺社の大儀式で舞楽管絃が演奏されることの「宗」、すなわちおおもとであることが宣せられます。つまり、聖徳太子のみわざによって、宗教儀式において雅楽・舞楽を用いることが始まり、神道も含めた日本の舞楽を用いた宗教儀礼の根源が「聖霊会」にあることが明確にされています。しかも、太子による宗教儀礼観は、思想的には仏教諸経典に則っており、神話的にも、妙音菩薩を介して仏世界・天界などの超越世界と繋がっているのです。このように『傳記』では、平安時代における浄土教の進展や、音楽成仏思想、大寺社での舞楽儀式の盛行を踏まえて、『伝暦』

にはなかった聖徳太子や聖霊会の儀礼観を提示しています。

『傳記』に基づく近世『聖徳太子伝記』の聖霊会観

『傳記』によって確定されたこのような聖霊会観は、以後大きな変化もなく近世まで引き継がれていきます。また『傳記』においては不正確であった点や、『書紀』と平仄《ひょうそく》が合わない点も修正されて、バランスのとれた表記へと変化していきます。江戸時代の代表的な『聖徳太子伝記』における該当箇所（牧野和夫編著『伝承文学資料集成Ⅰ　聖徳太子伝記』〈三弥井書店、一九九九年〉二三二～二三三頁。以下『伝記』と略称。注に該当箇所全文を掲載[20]）と照合して異同のポイントを簡単に挙げておきます。

この『伝記』においては、後半に「弥勒兜率の内院の秘曲灌頂の陀羅尼」とされる舞楽曲「万秋楽《まんじゅらく》」についてのやや長い教説が挿入されている以外は、内容的にはほぼ『傳記』が踏襲されています。前半部分では、『書紀』や『伝暦』に記載のあった、伎楽を伝えた「味摩師（味摩之）」の名称が再択されています。しかし、個人の名ではなく、百済からやってきた楽隊全体の名前であるかのように表記されており、『傳記』の「伶人十八人」という記述との折り合いがつけられています。加えて、舞楽管絃を日本に弘めることは、味摩師らの太子への奏上を発端としており、味摩師らの主体性が表現されています。これは、『書紀』や『伝暦』で味摩之自身が「呉の国に学び、伎楽の舞ができます」と申告をしたことを意識しているものと思われます。この意味でも『書紀』や『伝暦』との擦り合わせが行われているように読めます。

また、この『伝記』の立場によれば、味摩師たちから妙音菩薩由来の舞楽管絃の伝授を受けたのは秦氏だけということになります。したがって、太子が四天王寺に据え置いた三十二人の楽人もほとんどが秦氏の流れを汲む者であったことになります。また、大樹緊那羅王や乾闥婆王の奏楽、『法華経』の音楽による仏供養の一節に言及するのも『傳記』を踏襲していますが、『傳記』では「大樹緊那羅」となっていたのが、「大樹緊那羅王」と明確に『所問経』に基づくことが示され、大樹緊那羅王と乾闥婆王が演奏する楽器の「瑠璃琴」と「珠玉の笛」が、修正されて『傳記』の記述とは入れ替えられています。いずれにせよ、『伝記』の記述は、『傳記』に基づきながらも、『傳記』の記述の不正確さを解消して、『書紀』や『伝暦』との整合性についての批判にできるだけ耐えうるものにしたといえましょう。

ところで、『伝記』では、『傳記』では言及のなかった「万秋楽」という雅楽曲について新たに触れ、大幅に加筆されています。万秋楽は、非常に仏教色の強い楽曲で、『教訓抄』

によれば、「仏世界曲」とされています。しかし、江戸期の聖霊会では、『四天王寺舞楽之記』において確認される貞享元（一六八四）年から安政七（一八六〇）年までの百七十六年間の演奏楽曲において、万秋楽は演奏されることはほとんどなく、嘉永七（一八五四）年の聖霊会の入調曲として一回のみ演奏されています。ですので、万秋楽が極楽浄土ないし兜率天等の仏世界の曲であることは雅楽界をはじめ広く知られていたことではあったようですが、近世においては、天王寺舞楽を代表する楽曲ではなく、天王寺舞楽がいかに仏世界に由来する音楽であるかを印象づけるための記述であったかと思われます。それゆえ、この『伝記』の万秋楽の記述部分については、ここではこれ以上は立ち入らないことに致します(21)。

第三章　天王寺楽人の祖先神「秦河勝」とは何者か

秦氏と「散楽」

さて、『傳記』によって秦河勝（川勝）が天王寺楽人の祖先であることが明記されました。このことは、伝承としては『傳記』成立以前から広く受け容れられていた事柄であったと思われます。しかも『傳記』では、天王寺の秦氏は、太子の上奏に基づいて、妙音菩薩に由来する仏世界の音楽を受け継いだことになっています。『伝暦』では、伎楽を受け継いだのは、まだ「桜井の村」に集められた少年としか記述されておらず、秦氏であるかどうかは明記されていませんでした。『傳記』に至って初めて、秦氏がクローズアップされ、百済国から来た伶人たちから桜井村で直接音楽の伝授を受けています。しかも、『傳記』では仏世界の音楽を修得し、伝承することとなっていますから、それに携る秦河勝の子孫は、半ば仏世界に関わる神聖化された存在として捉えられていることになります。なぜ、『伝暦』以降にこのような方向へ伝承が増幅していったのでしょうか。

まず、平安期を通じて、天王寺楽人が秦姓を名乗るものによって占められていった事実が伝承形成の基盤となったと考えられます。もっとも、古代の正史や主要文献には、秦河勝（図8）やその子や孫が芸能に深く関わった記載や、ましてや天王寺楽人の祖であることを示すものは見当たりません。奈良時代以前では、「秦《はたの》大兄《おおえ》」という「侏儒」がいたこと（『続日本紀』）、正倉院文書に「音声《おんじょう》舎人《とねり》」の「秦《はたの》雷《いかずち》」という名前が見える程度です。しかし、平安時代からは、秦氏と芸能ないし雅楽との深い関わりを示す記録が文献に登場し始めます。『叡岳要記』（十三世紀頃の成立）には、延暦十三（七九四）年九月三日に行われ、桓武天皇も行幸した初めての「延暦寺供養」に、「楽人六十六人　秦氏の人也」が参画したという記録があります。正史（『日本紀略』）には記載を見ないものの、『天台座主《ざす》記』にも同様の記載があり、桓武天皇も行幸されたこのような重要な法会にこれだけの多くの秦氏楽人が参画していたことは事実であろうと思われます。奈良・平安時代において秦氏が楽人として儀礼における奏楽を担当していたことが推測できます。

平安時代半ばになると中央の楽人として多くの秦氏が活躍していたことが記録に残されています。このことについて荻美津夫氏は次のように指摘されています。

九世紀には近衛舎人の中に秦忌寸《いみき》姓の者が数名おり、十世紀以降には多くの秦氏が近衛将監《このえしょうげん》・将曹・府生・番長・舎人に補任されている。このように秦氏ははやくから近衛府の下級官人として神楽や東遊《あずまあそび》に供奉し、十世紀に入りその中から舞人として頭角をあらわす者が輩出することになるのであろう。[1]

例えば、天暦七（九五三）年十月二十八日の殿上菊合《でんじょうのきくあわせ》で舞を舞った秦身高《はたのさねたか》は、十二世紀初頭成立の『続本朝往生伝』には、一条朝（九八六～一〇一一年）の優れた舞人の一人として記載されていますし、その子秦清国も『御堂関白記』寛弘二（一〇〇五）年正月二日条では、大饗《だいきょう》で舞人として登場しています。続いて、藤原頼長『台記』から朝廷の公の諸儀式に関する記事を抄出した『宇槐雑抄』の保延二～三（一一三六～三七）年頃の記述には、「駿河舞や求子を舞った舞人や、競馬や騎射を行っている者の中に、左右近衛府の官人として秦の姓を名乗る者が多数登場している」[2]ことがわかります。

図8　秦河勝像（秦楽寺蔵）

さらに、宮中行事の中核となる神楽の人長舞《にんちょうまい》について『続古事談』（一二一九年）は、「人長コレモ近衛舎人スル事也」とし、これについて「今ノ世ニハ秦氏兼方ガナガレノミスルコトニナリタリ」(3)と伝えています。実際、室町時代の楽書『體源抄《たいげんしょう》』十ノ上では、「人長名人」として、十一世紀末以降に神楽人長を勤めた右近将曹《うこんのしょうそう》秦兼方《はたのかねかた》、右近衛生秦兼久《はたのかねひさ》、同兼弘《かねひろ》、左近府生同兼行《かねゆき》らの名を挙げています。このように、平安時代から鎌倉時代にかけての中央楽界において、大内楽所で「一者」を務めることが多かった多氏や狛氏などに準ずる活躍を、秦氏がしていたことをはっきりと認めることができるのです。つまり、平安時代においては、秦氏といえば雅楽・神楽を代表する姓の一つであったのです。

さらに、奈良時代から平安時代に宮廷芸能において重要な役割を持っていた「散楽」においても、多くの秦氏が活躍していたようです。「散楽」とは「雅楽（正規の音楽）」に対する概念で、俳優《わざおぎ》（セリフのある掛け合い・物真似・セリフ劇）・歌舞（大衆的な歌や舞）・雑奏（種々の娯楽音楽）・雑戯（アクロバット・曲芸）・幻戯（奇術・幻術）全般を総合した芸能尽くしを指し、中国では「百戯」ともいわれました。今日でいえば、サーカスショーの様な総合エンターテインメントにあたるのではないでしょうか。中国では、散楽は周王朝（前十一世紀～前二五六年）の頃からあったといわれていますが、王朝が散楽を本格的に管理し始めたのは、散楽をはじめ新たな諸芸能が西域から絶えず流入してきた後漢朝（二五～二二〇年）の頃です。代々の中国王朝は郊祀《こうし》や宗廟の式楽である「雅楽」を音楽の模範と考えるので、王朝によっては散楽を遠ざけたこともありました。しかし、隋朝（五八一～六一九年）の煬帝《ようだい》が積極的に散楽を外交使節への示威や民衆の慰撫に用いて以来、唐朝（六一八～九〇七年）でも散楽はおおいに隆盛しました。

推古朝での遣隋使派遣以来、音楽・芸能は、持ち帰るべき中国文化のうち、大きな比重を占めていました。散楽も、のちに雅楽の素材となる種々の外来諸楽とともに伝来され、一時期「雅楽寮」でも伝承されていたようです。『令集解』（天平年間頃）に収録されている雅楽寮構成員の一説（尾張浄足説）には、雅楽寮人員に「散楽師一名」と記載されています。また、国家的事業であった東大寺大仏開眼供養会でも、外来の諸音楽とともに、「唐散楽」も演じられています。

ところが、延暦元（七八二）年に散楽戸《さんがくこ》（散楽の財政基盤）が廃止され、国営の伝承はなくなりました。しかし、散楽は、近衛府の官人等による御神楽・相撲節会・遊宴などの際の余興的芸能となり宮中に定着します。「散楽」は、「猿楽」や「散更《さるごう》」などに表記を変えながら、宮廷でなされる芸能としては不可欠なものとして受け継がれました。なかでも相撲節会の終盤では、左方は「剣氣褌脱《けんきこだつ》」、右方は「吉簡《きかん》」といった雅楽楽曲にのり、透撞《とうしょう》（竿を用いた曲芸）、咒擲《しゅてき》（咒師による投擲芸か）、弄玉《ろうぎょく》、一足（一本足の竹馬芸）・高足《こうそく》（高い竹馬芸）・輪鼓《りんこ》（鼓のように銅がくびれたコマを紐で空中に飛ばして操る芸）といった種々の軽業曲芸的な散楽芸が披露されました。(4) これらの散楽諸芸は、舞楽数曲に引き続いて、節会の際に雅楽曲を伴奏として演じられました。雅楽・舞楽と散楽はまさに隣接していたのです。また、神楽の後などに陪従等によって行われた朝廷の猿楽は、「烏滸《おこ》来朝、自為解頤之観（烏滸、来朝して、自ら頤《おとがい》を解く、観たり）」（『本朝文粋』「辨散楽《べんさんがく》」）という滑稽芸を旨としていました。「烏滸《おこ》」は子供を料理して食い、美味しければ君主に送るという中国の南夷《なんい》愚人《ぐにん》の別称であり、愚かでおかしいことの象徴として用いられました。「解頤《かいい》」はあごがはずれるほど笑うことです。愚かで滑稽なことをして、頤《あご》がはずれるほど笑わせる、というのが宮廷散楽の主流で、演劇的な掛け合いによって行われていました。平安時代半ばには、「散楽」のうちこの部分が強調された芸態が、宮廷では「猿楽」と呼ばれるようになりました。(5)

さて、このような都における散楽を演ずる者は近衛の官人や舎人であったのですが、なかでも秦氏が散楽芸能を象徴する名前となっていたようです。十一世紀に編まれた模範文例集である『本朝文粋《ほんちょうもんずい》』（藤原 明衡《ふじわらのあきひら》編）に収録されている「辨散楽《べんさんがく》」は、村上天皇と「散楽得業生《とくごうせい》」である「秦宿禰氏安《はたのすくねうじやす》」との間の対策文（質疑応答文）です。ただ、当時の大学寮式によれば、「文章 得業生《もんじょうとくごうせい》」という立場はありますが、「散楽得業生」は存在しません。(6)

また、「秦氏安」という人物も当時の他の文献には見い出せず実在を確証できません[7]。この書の異本の一つである身延本には、この文章の実際の作者は、この文章が作成されたと考えられている応和二(九六二)年に文章得業生を経た蔵人であった藤原雅材《ふじわらのまさき》であると記載されています。仮に実際に秦氏安という人物が存在していたとしても、村上天皇の策問を受け、文章を作成したのは、実際には藤原雅材と考えられています[8]。藤原雅材が、秦氏安なる者に自分を擬したことには、散楽得業生という架空の散楽の専門家の身分には秦氏が就いていて相応しいということ、しかもその人物は、天皇に下問されるにふさわしいほどの、散楽についての最高の権威を持っているということが含意されています。これは散楽のエキスパートといえば「秦氏」という認識が定着していたことを示しています。

このように平安時代においては、秦氏は、雅楽奏楽・奏舞はもちろんのこと、散楽諸芸においても秀でた氏族でした。極めて謹厳な儀式における芸能からナンセンスな滑稽芸に至るまで、公的な音楽・芸能百般を代表する氏族になっていたわけです。天王寺楽人も、秦公信、公定親子のように、都では秦氏として名が通っていました。平安時代を通じて、そもそも都において大きくなった秦氏の芸能者としての看板は、聖徳太子の建立した四天王寺で活躍する天王寺楽人にとっても有用なものであったといえます。また、散楽や滑稽芸に至る秦氏の芸の広さは、天王寺楽人の舞楽の芸態にも影響したことが推測されます。

神となる秦河勝

それゆえ、秦氏の祖神として祀られた秦河勝は芸能の祖神としても崇められるようになっていきます。散楽諸芸は民間へ流入して、やがて猿楽を生み出していきます。そのような猿楽師の中で、自分たちの祖先を、芸能神としての秦河勝に同定する伝承が展開していったとしても不思議ではありません。実際に、大和猿楽の円満井座の流れに、神格化された秦河勝を自分たちの祖とする伝承が生成してきます。室町時代初期、随一の猿楽師であった世阿弥（秦元清）は、その著『風姿花伝』において、河勝は、大和の泊瀬川《はせがわ》（初瀬川）の洪水の際に嬰児の姿で壺におさまって流れきたった「降り人《ふびと》」（天から降った人）であるとし、みずからを秦の始皇帝の生まれ変わりと称し、欽明天皇の朝廷に仕えたとしています。

そして、聖徳太子の時代に世が乱れたとき、太子が、六十六番の物まね芸を河勝に命じられ、同じく六十六番中楽《さるがく》の面を太子みずからがお造りになって、そのまま河勝に与えられ、橘の地にあった内裏の紫宸殿において、河勝がこれを勤めたところ、世の中は治まり、国々も平穏になった、としています。続けて、これを中楽（猿楽）の始まりであり、中楽は神楽のような呪能を持ったものであり、また、「楽しみを申す」ものである、と申楽の本質論を展開しています(9)。

すでに「秦氏」は、平安時代末期には、中央の芸能者や四天王寺の楽人のブランドネームとして確立していました。このことを踏まえれば、室町時代の十五世紀初頭に成立したとされる『風姿花伝』において、秦氏を名乗る猿楽師が、当時はまだ格式が上と考えられていた雅楽の血統を用いて、自分たちの芸能のルーツを秦河勝であるとアピールすることは十分ありえたことでしょう。また、「この六十六番の物まね芸」に合う「六十六番申楽の面」を太子が河勝に与えることによって、河勝の営みの正統性を裏付けし、申楽の流布を助長しています。聖徳太子と秦河勝の主従説話の中世神話的拡充の延長上に、一連の『風姿花伝』の記述が生まれているとも考えられるでしょう。

さらに世阿弥は、河勝晩年の奇妙な流離譚を書き残しています。

摂津の国の難波江より、うつほ舟に乗って、風のまにまに瀬戸内海に出た。そして播磨の国坂越《しゃくし》の浦に漂着した。浦人が舟を浜に上げて中を見ると、姿は人間とは似つかぬものとなっていた。そして多くの人に憑きたたり、託宣を下した。そこで神としてお祀りすると、国中が豊かになった。「大いに荒れる」と書いて、大荒《たいこう》大明神と名

付けた。今の世にいたるまで霊験あらたかである。本地は毘沙門天である。(10)

ここに至って秦河勝は、本地を毘沙門天とする「大荒大明神《おおさけ》」(神名は、だいこう、おおあれ、とも読む)という障碍神《しょうげしん》となり、豊かさをもたらす祟《たた》り神《がみ》として崇敬されるようになっています。実際、播磨の坂越《さこし》にある大避神社《おおさけじんじゃ》は、その祭神を秦河勝とし、円満井座系列の能楽師や天王寺楽家の末裔の雅楽師の崇敬を受けています。

もとより、播磨地域は、秦氏の大きな依拠地の一つです。それゆえ、現在、坂越にある大避神社をはじめ、旧赤穂郡を中心に、この地域には、秦氏の祖神を祀る多くの大避神社(大酒神社、大辟神社)が存在していました。また、秦氏最大の拠点であった山城国においても、河勝が建立した広隆寺(太秦寺)の境内社(桂宮院の鎮守社)として、大酒神社が存在していました。この山城国で奉斎されていた秦氏の祖神である「大辟神《おおさけしん》」を、有力な社であった広隆寺の大酒神社に倣って、播磨の各地で奉斎していたのであろうと考えられています。(11)

そして、世阿弥が『風姿花伝』で言及したような秦河勝の流離譚伝承が播磨で次第に影響力を増すにつれて、坂越の大避神社の祭神の「大避大明神」は実は秦河勝の変化である、という由縁譚が確立していったと推測されています。天和二(一六八二)年の大避神社文書「播州赤穂郡坂越浦大避大明神縁起」が、坂越の大避神社の祭神は世阿弥が書き残した

図9　秦河勝墓所とされる生島（大避神社対岸）
ここに河勝が流れ着いたとされる。

「大荒大明神」としての秦河勝であることを示す最も古い文書として残っており、もともと大荒大明神（秦河勝）と呼ばれていた祭神を、中古に大避大明神と改名したとも記され、その大荒大明神の縁起譚は、ほぼ世阿弥の『風姿花伝』の記載をなぞっています。

このように、秦河勝が単なる秦氏の祖神や芸能の祖神という枠組みを超えて、より抽象的な性格を持つ神格になったということは、他の多くの神との習合をも許す余地が生じたことを意味します。『風姿花伝』が告げる伝承によって、恵みをもたらす大荒神と見做された秦河勝には、多くの神格と重なりあえる融通性が付与されました。

それを実現した最たるものが、世阿弥の女婿である金春禅竹《こんぱるぜんちく》が著わした『明宿集《めいしゅくしゅう》』です。『明宿集』は、昭和三十九（一九六四）年になって初めて金春宗家の筐底《きょうてい》から発見された文献で、優れた猿楽師であるとともに、伏見稲荷に参籠する奇想の宗教思想家でもあった禅竹の構想力に充ちた謎の書です。この書では明確に、秦河勝は、「翁」とも「宿神」と呼ばれ、また「大荒神」であり、「猿楽の宮」であるともされ、河勝とさまざまな神格が習合されてます。(12) 現在の坂越の大避神社や、播磨国にあった多くのオオサケ神社のことにも言及があり、禅竹の時代には、すでに大荒神となった秦河勝を祭神としていたことをうかがわせる記述です。

さて、『明宿集』が想定している「宿神」とは、宇宙の根源の表現である「星宿神」ですが、喜田貞吉氏は、大正九年に『民俗と歴史』四巻五号に収録された論文「宿神考」において、奈良坂の夙《しゅく》の者たちが、猿楽の祖であることを指摘したうえで、彼ら夙（宿）の者のシュクノカミ、すなわち「宿神」は、一族の守護神であり、また当道における守瞽神《しゅごうしん》（守宮神《しゅぐうしん》）とも根源を同じくすることも指摘して、宿神とは、歌舞芸能や諸芸道の守護神であることを指摘していました。この議論を発展させて、柳田国男が、その論攷「毛坊主考」で、シュクのもとの音をスクと推定し、「ハチと同じく都邑の境又は端《はず》れを意味した語である」としたうえで、それらの語が、各土地によって発音の訛りと独自の意味づけを付与されているにもかかわらず、シュクシンの根源は一つであり、「地境鎮護の神」であるとしました。この柳田の指摘によって、「宿神」は、全国各地に存在する正体不明のシャグジ・シャゴシ・シャクジン・サグジなどの小さき諸神とも通じる神格領域へと掘り下げられていきました。

ところで、喜田や柳田は、『明宿集』を知らずにこれらの「宿神」論を展開していました。しかし、服部幸雄氏は『文学』に次々と発表した論攷「後戸《うしろど》の神」（一九七三年）と「宿神論」（一九七四〜七五年）において、『風姿花伝』に記述されているインドにおける猿楽起源譚における釈迦の示唆によって行われた「六十六番の物まね芸」（猿楽）が、「後戸」でなされていることに着目して、芸能の聖域としての後戸の意味を明らかにしました。そのうえで、天台宗常行三昧堂の後戸に祀られている摩多羅神《またらじん》と猿楽芸能、特に翁面との結びつきを文献に基づいて明らかにし、さらに、『明宿集』における「（星）宿神」としての「秦河勝」の神格概念を、喜田・柳田の「宿神」論を媒介することによって、秦河勝＝宿神＝翁＝摩多羅神という神格の習合関係が成立する可能性を指摘しました。服部氏のこの業績によって、秦河勝を摩多羅神から捉え返す、あるいは、両者の合一を当然の前提とする議論が大きく展開しました。しかし、その後進展した摩多羅神についての研究によれば、元来は念仏の守護神であり、また中世以降は玄旨帰命《げんしきみようだん》壇の本尊であったとされる摩多羅神は、天台系の寺院においても、必ずしも「後戸」だけではなく「奥殿」や「コク部屋」にも安置され、また、後戸ではあるものの本尊に直角に設置されるなど、多様な奉斎形態があり、「摩多羅神は「後戸」の護法神にあらず[13]」との指摘がなされています。現時点においては、服部氏の摩多羅神論の大前提は揺らいでいるようです[14]。

さて、『明宿集』は前述のように、昭和三十九年に初めて世に知られた文献なのであり、天王寺楽人の目に触れることもなかったので、秦河勝論における、近年の宿神・摩多羅神との習合関係をめぐる議論には、ここではこれ以上立ち入らないことにします[15]。しかし時代がかなり下りますが、天王寺楽人たちも、播磨の坂越の大避神社が秦河勝を祭神とする神社であり、また播磨地方が神格化された河勝に縁の深い地域であることは明確に認識していたことを推察できる文献が残されています。

大避神社に伝わる、寛延二（一七四九）年八月の日付のある「道楽につき一礼」文書によれば、大避神社の役人が、太秦（林）廣基《ひろもと》、太秦（東儀）兼里《かねさと》、太秦（岡）昌名《まさな》の天王寺楽人三名に、氏子と思われる人物五名に雅楽を伝授して、それを永世にわたって神事に用いることの許可を依頼したようです。この文書はその際に、三人の連名で発行した相伝の認許状です。そこでは、「太秦系図」に基づいて、坂越浦鎮座の神社（大避神社）は、「始皇帝第十五代河勝廣隆郷所祭祀之社《ひろたかごうしょさいしのやしろ》」であると定めたうえで、次のように相伝の許可の経緯が示されます。

そうであれば、今われわれも河勝の苗裔《びょうえい》であるがゆえに、どうして（大避神社を）崇敬しないことができようか。ここに今般、かの社の役人が尋ね来たって、当家において、神役のために永世に音楽を相伝することを許容してもらいたいと懇望された。かえりみれば、この神はまさにわれらの祖宗でもある。かつ、彼らの謂うところは切なるところがある。これらの点から辞退することが難しく、ついに懇望に任せて相伝させることとした。永世にわたり神役に雅楽を用いて勤めることを許容相伝したのは、このような経緯であることをこの書簡において示す(16)。

江戸時代においては、天王寺楽所は三方楽所の一方として、幕府と禁裏の統制下にあり、一定の手続きを取らないと民間に雅楽を伝授することは難しかったはずです。上記の三名の太秦姓の天王寺楽人が、それらの手続きをきちんと取ったかは、この文書からは定かではありませんが、当時の大避神社の御祭神の「大酒大明神」は、太秦姓を持つ自分たちからしても、同じ祖神であり、それへの崇敬の念と神社の切なる懇望があったので、相伝を

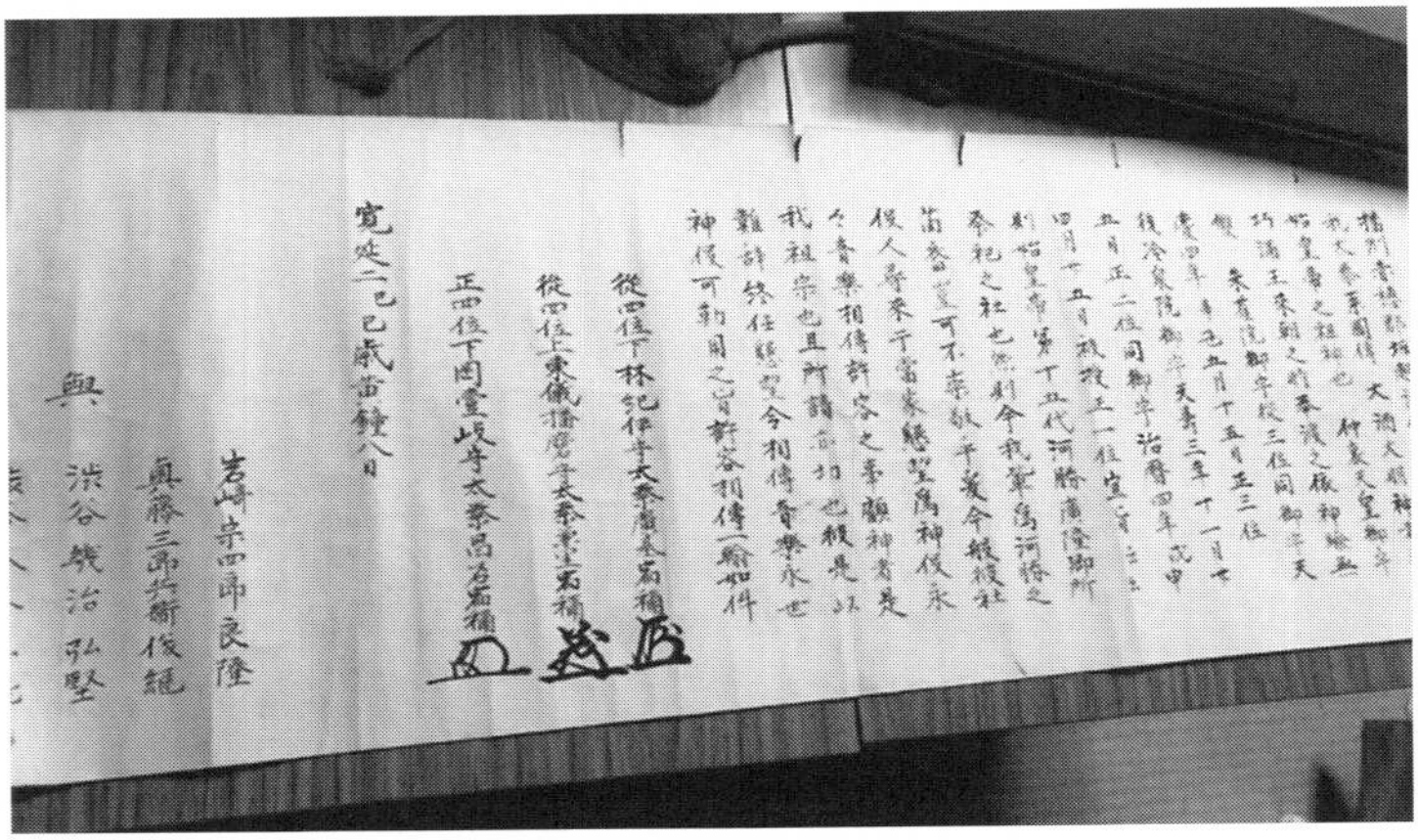

図10　大避神社社人への奏楽許可状

許容したとしています。もっとも、この文書においては、世阿弥の『風姿花伝』の伝承に依拠するというよりは、河勝を始皇帝から十五代目であるとする「広隆寺由来記」系統の「太秦系図」に基づいて、同じ苗裔《びょうえい》と認識しています。しかし、大避神社のことを「始皇帝第十五代河勝廣隆郷所祭祀之社」と呼んでいますので、[17] この神社が秦河勝ゆかりの社であることは認識しており、それゆえ、『風姿花伝』における河勝の諸伝承についても認知していたと思われます。

　つまり、江戸時代半ばの天王寺楽人は、自分たちは秦河勝という祖先を猿楽師と共有しており、その河勝は、大酒大明神と同体の存在ないしは、それを播州で祀った決定的な祖先であり、「播州赤穂郡坂越浦鎮座之神社」

での祭祀を基礎づけている存在である、という認識を持っていたといえましょう。それゆえにでしょうか、右の認許状に名を連ねている天王寺楽人の岡昌名《おかまさな》は、自身が著わし、享保から延享年間にかけて成立した思われる『新撰楽道類集大全』において、播州が秦河勝の魂魄が鎮まっている場所であるという認識を前提とする説話も収録しています(18)。昌名においては、楽祖の秦河勝は播州に鎮まっている大荒大明神とする伝承が息づいていたのでしょう。

秦氏と多氏の親密な関係――多村秦庄と円満井座

ただ、金春禅竹は『明宿集』において、秦河勝の子孫について次のように述べています。

河勝の子供は三人いて、一人には武を伝え、一人には伶人を伝え、一人には猿楽を伝えた。武芸を伝えられた子孫は、今の大和の長谷川党である。伶人を伝えられた子孫は、河内天王寺伶人の始まりである。これは、太子が唐の舞楽を仰せつけてなさしめなさったものである。仏法最初の四天王寺に於いて、百二十調の舞を舞い初めたのである。猿楽の子孫は、われわれの座である、円満井《えんまんい》金春太夫《こんぱるだゆう》である。秦氏安より、今は四十余代に及んでいる。[19]

これは 円満井座内での猿楽師たちの伝承であると思われますが、天王寺楽家における伝承（文久二年『東儀季直記』）では、秦河勝の三男の家筋が林家、四男が薗《その》家、五男が東儀家、七男が岡家になっていったとされています。[20] 矛盾するとまではいえませんが、円満井座における河勝の後裔の伝承と、天王寺楽家におけるそれとは、少し異なっているようです。また、天王寺楽家側においては、猿楽師の秦河勝の血統との関連については沈黙されています。天王寺楽家にとっては、猿楽師の血統は大きな意味を持たなかったのでしょうか。しかし、それでも円満井座のあったとされる竹田の地（現在の田原本市）は、楽人としての天王寺の楽統に対しても、京都方の楽家の多家との関係性を介して、大きな影響を与えています。

多家は、神武天皇の子で、二代目の天皇である綏靖《すいぜい》天皇の兄にあたる神、神八井耳命《かむやいみみのみこと》を祖とするとされています。一方、秦氏は新羅系の渡来人であり、血統としてはまったく異なる源流を持つ氏族同士になります。平安時代の雅楽界の状況においては、すでに見たように、秦氏の天王寺楽人は、都の雅楽界からは疎外されていましたが、多氏は大内楽所では代々右方舞人の「一者」を務め、「従来からの神楽のほか右舞や採桑老・胡飲酒を相承し、奏舞する」[21]、大内の楽家の中核でありました。いわば、大内の多氏と天王寺の秦氏は、楽家としては、大きな格差があったわけです。それにもかかわらず、多氏は、天王寺楽人の秦氏に対して、しばしば、奇妙な親近感を示してきました。

平安時代半ばに、多資忠《すけただ》が山村正連《まさつら》に殺害されて、多家の家の舞の伝承が絶えかけたときに、天王寺楽人の秦公貞が、堀河天皇の勅によって、多家の家の舞であった「採桑老」を、多近方《ちかかた》へ伝授し直したエピソードにはすでに触れました。この際に、天王寺楽所において保存されていた「採桑老」の舞は、そもそも多資忠の曾祖父である多好用《おおのよしもち》（好茂）が、秦公貞の父である公信に伝えていたものです。その伝承の機縁は特異なものでした。寛仁二（一〇一八）年二月十九日に、公卿殿上人や下級官吏に至るまでが左右に分かれて収集した珍物・奇物を見せ合って勝負を定める競技会（種合《くさあわせ》）が行われました。負けた方が舞楽を披露する準備もされていました。前の摂政藤原道長が牛車に乗ってお忍びで鑑賞していたところ、左右の勝負が定まるまえに、突然勝手に右方から舞楽「納蘇利」を多好茂が舞い始めました。そのような振る舞いに道長は人を召して咎め、好茂を「搦《から》めよ（制止して舞をストップさせよ）」と命じたところ、好茂は本当に「搦《から》められる（拘束されて処罰される）」と解釈して、正体がばれぬように面装束をつけたまま馬に乗ってその場から遁走したのです。「納蘇利」の面は、鬼のような相貌の面なので、好茂が逃走する姿を目撃した都の人々は、鬼を見てしまったと逃げ惑い、病に伏せる者までいたようです(22)。

この出来事については、鎌倉時代の『教訓抄』の巻第五の舞楽「納蘇利」の項目に言及があり、好茂の逃走後の動向まで記しています。それによると、「納蘇利」の舞人は、多好茂とその子の政方であったとし、政方は捕えられ柱にくくりつけられたが、そのあいだに好茂は、人の馬を盗って遁走した。その後、好茂は、「天王寺にくだって、隠れていた。御堂(道長)は「金青鬼《こんじょうき》は逃げ隠れするものなのか、堂々と参上せよ」と言われて、召そうとされた。しかし、どのように思ったのだろうか、好茂は参上せず、天王寺に居て「採桑老」をこの寺に伝え留めた(23)」とのことです。つまり『教訓抄』は、この種合の機会に遁走した多好茂は天王寺に匿《かくま》われていて、道長の召し出しにも応じず、天王寺に居続けてこの際に「採桑老」を天王寺楽人秦公信に伝授したとするのです。この天王寺楽人への「採桑老」伝授の経緯の物語は、雅楽界ではそのまま受け継がれ、江戸時代に京都方楽人の安《あ》倍季尚《べのすえひさ》が著わした楽書『楽家録』巻之十六第十二「舞曲多氏相伝系図」における「採桑老」の系譜にも、その最終的な様態の伝承が残されています(24)。

そもそも、格差があり、疎外された存在であった天王寺楽人に、都落ちしたとはいえ多氏がその家の舞である「採桑老」を伝えるということが破格のことです。加えて、遁走後の身を隠す場所として天王寺を選んだということ、また、好茂は終生天王寺に住んだということから、多家と天王寺楽家との特別な親近性がこの出来事の背後にあったことが推測できます。『楽家録』によれば、その後も天王寺楽人秦（薗）公廣《きみひろ》が、近方の曽孫である多久行《おおのひさゆき》に「採桑老」を相伝したり、永享年間（一四二九〜四一年）にも、天王寺舞師《まいし》から、幼少時に相伝者であった父を亡くした多久時に同じく「採桑老」を相伝しています。

このような多氏と秦氏の親近性の基盤には、かつて両氏の間に存在していた空間的な近さが潜んでいるのではないかと考えられています。奈良県田原本町に秦楽寺《じんらくじ》という寺院がありますが、『奈良県磯城《いそき》郡誌』（奈良県磯城郡役所編、大正四年）によれば、秦楽寺の所在はかつて多村秦庄《おおむらはたしょう》といわれる地で、「此地は聖徳太子の臣秦川勝の住居地にして、川勝、太子より賜りたる観音像を安置して一寺を建立し、名付けて秦楽寺と言ふ。秦庄の名此《これ》に基《な》く」とされています。実際に、秦河勝が居住していたかは確かめようがありませんが、この地に多くの秦氏が住みついており、それゆえ秦庄といわれたことは間違いないでしょう。

しかも、秦庄に住みついていた秦氏の多くは、芸能に関わっていたことが推測できます。というのも、秦楽寺の「楽」は神楽・音楽などの「楽」であり、「秦楽寺とは、秦の楽人の寺の意」(25)と考えられるからです。実際、秦氏の末裔を自認する円満井座の宗家である金春家は、秦楽寺の門前に金春屋敷を構えていました。さらにさかのぼると、秦楽寺は秦庄にあっただけではなく、かつては伎楽の楽戸が置かれた地にあったとも考えられています(26)。

さて、この多村秦庄の南一キロほどのところに「多坐弥志理津比古《おおにいますやしりつひこ》神社」、通称「多《おお》神社」があり、多氏の祖先神を祀っています。また、この多神社は、秦楽寺からは西一キロの場所に位置しています。このように、芸能民である秦氏が多く住んでいた秦庄の周辺は、元来多氏の本拠地でもあり、ここに多氏と秦氏の繋がりを見い出す基盤があります。この点について最初に明確に指摘したのは林屋辰三郎氏で、『中世芸能史の研究』において次のように述べています。

秦氏を祖先とする「円満井座は竹田の毘沙王権守《びしゃおうごんのかみ》の座であったという伝承は、大いに注意を要する。竹田というのは、磯城郡平野村（現在は田原本町）なる西竹田の地に比定されているのであるが、この附近は飯富《おお》郷の地に接し、多村（現在は田原本町）には多氏の祖神をまつる多神社があり、古くは楽戸郷と知られた杜屋郷の秦楽寺もまた多村秦ノ庄に存している。この地理的環境において、これらとおそらく深い関係をもって存在していたものと考えられる(27)」。

楽人としての多氏の系譜は、多臣自然麿《おおのおみじぜまろ》に始まるとされており、自然麿は雅楽系譜においては「舞楽神楽等元祖」ともいわれ、宮中神楽の祖ともいうべき重要人物です。自然麿につながる系譜には、『古事記』編纂に関与した太安万侶《おおのやすまろ》も加わります。自然麿は仁明天皇の承和年間に活躍し、舞人の「一者」を三十九年務め、仁和二（八八六）年に亡くなっています。その後多氏は代々右近衛将監を務めて宮中の雅楽・神楽の中核をなし、天王寺に居住して秦公信に「採桑老」を伝えた多好用（好茂）は自然麿から五代のちの子孫になります。

この自然麿については、既述の秦氏と多氏の根拠地の重なりを前提として、多神社の祭神と秦氏系祭神との共通性があること、秦氏系氏族が多氏系に入り込んで多氏と同祖になっている例があること、多氏と同祖の神八井耳命を仰ぐ小子部《ちいさこべ》氏が、史書においては秦氏と密接な関連を持っていることなどを傍証として、「宮内庁雅楽寮の多氏は楽家多氏の子孫であるが、雅楽寮の多氏の祖の自然麿は、秦氏系が多氏を名乗ったのである」(28)と結論づける論者もいます。いずれも状況証拠的な論拠であるので、このように結論づけられるかは疑問がないわけではありませんが、多氏と天王寺楽人のあいだに存在していた親近性の由来を探求するには、さらに掘り下げていく価値のある論点だと思われます。

天王寺楽人の河勝崇敬

いずれにせよ、「秦河勝」という存在は、天王寺楽人においては、その末裔であるという矜持の源でした。特に江戸時代の半ば以降は、大避神社に残る天王寺楽人の伝授状からも読み取れるように、河勝が猿楽をも含む芸能の祖神としての崇敬の対象であることも認知されていたことは明らかであると思います。江戸時代には在京の天王寺楽人たちは、河勝の冠位名を付した「大花講《だいかこう》（秦講）」と称する天王寺方の楽人たちによる河勝の法事の会合を催したり、広隆寺の秦河勝年忌法要として行われる「大花講」の奏楽にも参加していました。明治以降、天王寺楽家の末裔は、宮廷付楽師として東京で活躍しますが、やはり秦河勝の影像を架け、その前で奏楽を行う「秦講《はたこう》」なる天王寺系楽師の集会を続けてきています。(29)現代の天王寺方の楽師の末裔の方も、戸惑いなく「秦河勝の子孫」と自称されます。それゆえ、天王寺舞楽の芸態には、天王寺楽人自身が持つ秦河勝についての存在理解が大きな影響を与えていると考えられ、他の楽所の芸態との差異を生じせしめている重要な要素の一つでもあると思われます。

『傳記』以降は、味摩之が伎楽を伝えた少年たちの存在が、雅楽をなす秦河勝の子孫にすり替わりますが、そこには、秦河勝の血をひく天王寺楽人こそが日本で最古の歴史を持つ雅楽の楽人である、という認識が反映されています。この認識は天王寺楽人に芸能者としての矜持を持たせるとともに、日本に伎楽が導入された目的、すなわち仏教の流布・興隆に自分たちの芸態の起源があったということを絶えず自覚させたであろうと思われます。

加えて、天王寺楽人たちは、秦河勝を祖神として仰ぐことを通じて、聖徳太子に精神的に近侍していたのではないかと思われます。正史である『書紀』においては記述の乏しい秦河勝に、『伝暦』、『傳記』において具体的な像が与えられ、さらには神格化されていくのですが、それは聖徳太子の伝説化・神格化と軌を一にしています。河勝が軍神になりえたのは、太子とともに戦って、太子が射貫いた守屋の首を、太子のかわりに獲ったからです。そして日本で雅楽が形成され、河勝が天王寺の楽祖となりえたのも、太子が「伎楽」でもって仏教を荘厳せしめようとして、日本で伝習させ、それを河勝の子孫に継がせたからです。このように秦河勝の神格化の根拠となる種々の始祖的事業は、およそ太子の神聖性の圏域内で行われており、その神格化は太子の神聖性を分有するところから生じているように思われます(30)。天王寺楽人が秦河勝を自分たちの祖神として仰ぐことは、河勝は聖徳太子という神聖な存在の音楽・芸能による仏法興隆という意思を直接に受け継いだ、という始元に絶えず立ち返ることになります。このことは、聖霊会の維持という実際に彼らの行ってきたことを権威づけるとともに、そのような太子の意思を民衆に伝え仏法との縁を深める芸能という天王寺舞楽の芸態の基軸を形成していくことになります。

第四章　躍動する中世天王寺楽人

「都に恥ぢず」——『徒然草』が語る天王寺楽人

『傳記』や『風姿花伝』の記述によって、天王寺楽人の芸能民としての位置づけを探ってきましたが、彼らは中世において実際にはどのような活躍をしていたのでしょうか。まず注目しなければならないことは、第一章（二〇頁）でも述べたように吉田兼好が著わした『徒然草』が残した天王寺舞楽についての記述でしょう。時は十四世紀の半ば、鎌倉時代から南北朝の争乱を経て室町時代へと移行する時期の天王寺舞楽について、兼好は第二二〇段に次のように書き残しています。もう一度示してみます。

「「何事も、辺土は卑しく、かたくななれども、天王寺の舞楽のみ、都に恥ぢず（何事につけても都から遠く離れた地では、下品で粗野であるが、天王寺の舞楽だけは都に劣らない）」という。

天王寺の伶人は次のように申している。「当寺の雅楽音楽は、よく音律の正しい調子を示す調律具でもって調べ合わせて演奏し、音律が丁寧に調っていることが、外の楽団の楽よりも優れています。というのも、聖徳太子の御在世の頃の調律具が、今も残されており、それを規準としているからです。すなわち、世間でよくいう六時堂《ろくじどう》の前の鐘です。その音は、黄鐘調《おうしきちょう》[1]に的中しています。とはいえ寒暑によって音程は上下しますので、二月の涅槃《ねはん》会《え》（十五日）から聖霊会《しょうりょうえ》（二十二日）までのあいだの音程を規準にしています。これが秘訣なのです。この黄鐘調をもってすべての楽器の音程も整えております」。

およそ、鐘の音は黄鐘調でなければならない。これは無常の真理を悟らせる音であり、祇園精舎にあった無常院の鐘の音高である。西園寺の鐘も、黄鐘調に鋳られるべきといって、なん度も鋳られ直されたが、それがかなわなかったので遠国から探しだされてとり寄せられた。浄金剛院の鐘の音高も黄鐘調である[2]」。

この段の冒頭に、兼好は当時の都での天王寺舞楽の評価を「都に恥ぢず」と書き残しています。秦公貞ら天王寺楽人が都の雅楽シーンを風靡したのは十二世紀の初頭でしたが、それから二百年以上を経た吉田兼好の時代においても、なおも天王寺舞楽は、大内楽所のそれに劣らぬという高い評価を確立して、それを維持し続けていたといえます。『楽家録』の「舞曲多氏相伝系図」によれば、秦公貞から多近方へ「採桑老」が伝承されたあとも、近方の曾孫にあたる多久行が、「天王寺秦公廣　薗四郎」から、詳しい事情はわかりませんが、やはり「採桑老」の相伝を受けています。久行は『徒然草』が書かれる少し前の十三世紀後半に活躍していたと思われますので、このような事実も、兼好が記した都での評判の維持に寄与していたのでしょう。

二つ目の文章以降は、天王寺舞楽の話題というより、楽曲演奏における天王寺楽人の音律の厳密さが報告されています。その厳密さは三段構えになっており、まず共通の調律音源によって調律をしていること、そして、その音源とは、聖徳太子在世の頃に導入した鐘であること、さらにその鐘が金属製品であり、寒暖で音高が変化することも勘案して、一年での一定期間の際の音程を規準としていることです。

興味深いことには、聖徳太子在世の頃の鐘の音高が、ある種の権威を持っていることです。おそらく、太子が仏教を本格的に導入し、最初の官寺として四天王寺を建立したということが念頭にあり、その際、太子が調えた鐘なのであるから、黄鐘調に調律されていることはことのほか厳密である違いない、という考えがあるのでしょう。つまり、天王寺楽人の奏でる音高の正確さの権威は太子に由来する、ということを暗に示しています。

さらに、標準となる音高を抽出する時期を涅槃会（旧暦二月十五日）と聖霊会（旧暦二月二十二日）のあいだとしている、ということも留意すべき点です。いうまでもなく、聖霊会は天王寺楽人にとって最も重要な舞楽法会であると同時に、最も多くの楽曲を演奏する機会でもあります。また、涅槃会は釈尊の入滅日の法要であり、江戸期の四天王寺では、聖霊会に準ずるような規模の大きな舞楽法会が勤修《ごんしゅう》されていました。中世の涅槃会にどれだけの舞楽が奏されていたかは審らかではありませんが、おそらく江戸期と同様な舞楽法会が行われていた可能性はあり、少なくとも法会における奏楽は行われていたのではないでしょうか。つまり、天王寺楽人にとって標準となる音高が抽出される七日間の期間は、彼らにとって最も重要な二つの舞楽行事が催される期間であり、年間を通じて彼らが最も長時間演奏する期間であり、質量ともに天王寺楽人の力量が発揮される期間なのです。それゆえ、この時期の音高を標準とすることはむしろ必然であると思われます。

いずれにせよ、中世の天王寺舞楽は、都でもその高評価を保っており、また天王寺楽人の調律の厳格さは、歴史的由来のうえにおいても、技術的な厳密性においても、際だったものであったということが、『徒然草』の記述からうかがえます。ただ、天王寺楽人とは一線を画するという雅楽界内における慣行はゆるがず、依然として宮廷に楽人として仕官するということはありませんでした。ただ、四天王寺の行事への参仕をきちんと行っていれば比較的自由に動けたのか、天王寺楽人の地方との交流はこの頃盛んに行われます。はっきりしているところに拠れば、例えば、淡路の国府の所在地（現在の南あわじ市三原地区）

においては、四天王寺の楽人を雇い、総社をはじめとする淡路島内の有名社寺に舞楽を奉納することがなされてきました。やがて楽人の一部は総社の近くに住むようになり、その子孫達が代々祖先の生業を受け継いでいました。(3) また、大阪箕面《みのお》の勝尾寺《かつおうじ》にも、はや鎌倉時代の宝治二（一二四八）年の勝尾寺般若会において「天王寺楽人薗六郎八郎」による天王寺舞楽の伝播が見られます。(4) そして、天王寺舞楽の伝播の最たるものが厳島神社です。中世天王寺舞楽の地方伝播の好例として、厳島神社と天王寺舞楽との関係について見てみましょう。

厳島神社の舞楽と天王寺舞楽

厳島神社の縁起類によれば、鎮座は推古天皇の頃とされています。しかし、人々が弥山《みせん》を主峰とする島全体に霊威を感じ、崇敬し始めたのは弥生時代以前にさかのぼると考えられています。島のさまざまな場所で古代祭祀が行われ、おそらくなんらかの芸能も行われていたことでしょう。奈良時代以降に雅楽寮や宮廷で国家的に伝承された「舞楽」が、厳島に移入されたのは、平清盛が平家の氏社として現在の様式に改修造営をした仁安三（一一六八）年前後であると考えられています。承安三（一一七三）年には平家一門によって

「抜頭」や「還城楽」等の多くの舞楽面の寄進がなされており、その翌年には、後白河法皇が、建春門院や平清盛を伴って、厳島神社の内侍《ないし》（巫女）らによる「五常楽」や「狛桙」などの舞楽を鑑賞したことが『梁塵秘抄口伝集』巻一〇に記されています。この頃の厳島神社における最大の舞楽上演のエポックの一つは、安元二（一一七六）年の平家一門による盛大な祭礼と芸能、「千僧供養」です。当時の詳細な記録が「伊都岐嶋千僧供養日記」(5)として残されています。それによれば、十月十四日の供養法会当日には、舞殿を中心に南北の回廊に各々五百人の僧侶が着座して読経し、左右の舞人・楽人による行道が行われ、内侍の舞楽や、先年に平家によって奉納された面を用いたであろう舞が次々に十六曲ほど披露されています。厳島神社における神仏習合は平安中期にはすでに進展していたといわれており、この法要は、仏教的な功徳を積むとともに、厳島明神を喜ばせることによって、さらなる平家一門の栄達を願うものでした。それゆえ、平安後期を通じて確立した舞楽法会の形態をとっています。

さて、このような平安時代の厳島神社の舞楽については、「平清盛は藤原氏が支援する京都・奈良の舞楽に対抗して、大坂四天王寺の天王寺流舞楽を厳島に移入されたのではないか」(6)といわれています。しかしながら、これは口承伝承に基づくものであって、文献上の確たる証拠は見当たりません。むしろ、上記の千僧供養の際には、右近《うこんの》将曹《しょうそう》多《おおの》近久《ちかひさ》、右《う》近将曹《こんのしょうそう》大神宗方《おおがのむねかた》など、清盛が帯同《たいどう》してきたと思われる京方の楽人の名前が多数見える一方で、天王寺楽人と思しき者の名前は見当たりません。鎌倉時代の建長元（一二四九）年にも舞楽「採桑老」の面が厳島神社に奉納されていますが、面裏には「建長元年九月四日　久資于時右近将監舞之（現在右近将監である久資がこの舞を舞った）」との朱漆銘《しゅうるしめい》があり、この日の厳島神社の大宮祭に近衛府の官人であった右近将監多久資《おおのひさすけ》がこの曲を舞って奉納したと思われます。したがって、口承のように平安時代以降、天王寺楽人も厳島へ舞楽を伝授したことがあったのかもしれませんが、室町時代半ばまでは、天王寺方よりはむしろ京都方楽人との関わりが強かったと思われます。

　しかしながら、「応仁の乱」勃発後に至って、天王寺楽人の厳島神社への独占的な関与が明確に現れてきます。文明三（一四七一）年八月に、天王寺楽人太秦（林）廣喜《ひろよし》から、厳島神社の棚守《たなもり》に任じられた野坂安種《やすたね》が十二曲の舞の相伝を受けています。「大《ママ》秦廣喜舞曲伝授状[7]」によれば、左舞の「安摩」「五常楽」「三臺」「萬歳楽」「太平楽」「甘州」「散手」「陵王」「抜頭」に加え、右舞の「地久」「林歌」「蘇利古」を伝授したとされ、伝授状の末尾には「於子々孫々可為秘蔵候」と加えられています。当時は、厳島神社にも楽人が置かれ、棚守が左舞師を兼ねることになっていましたが、その分を超えて右舞まで伝授されていることが興味深いところです。

図11　雅亮会が奉納する蘭陵王（厳島神社元始祭）

　さらに、これより、約四十年後の永正六（一五〇九）年六月に、野坂安種の子孫、野坂才菊（のちの房顕）が、天王寺楽人太秦（岡）昌歳《まさとし》から、八曲の天王寺舞楽を伝受しています。「大秦《ママ》昌歳舞曲伝授状」[8]によれば、左舞の「安摩」「二曲」「萬歳楽」「甘州」「太平楽」「散手破陣楽」「陵王大曲二帖」「抜頭」が伝授されています。もっとも、後述するように、この時の岡昌歳による伝授が、江戸時代に天王寺楽所における大きな問題を引き起こすことになります。

　応仁の乱の後、日本全国が戦乱の世となり、全国的に寺社の法会や祭礼などが衰微し、厳島神社の舞楽伝承も困難な時代を迎えました。しかし、周防《すおう》の大内義興《よしおき》が大永三（一五二三）年に事実上厳島を支配下において以来、大内氏は厳島神社の楽人に扶持《ふち》を与えたり、装束や鳥甲を寄進するなど、厳島舞楽の復興に力を注いでいます。当時の棚守で左舞師であった野坂房顕は、これ以後大内氏、陶《すえ》氏、毛利氏の御師《おし》に続けて任じられ、戦乱期の厳島神社の大変な舵とりを巧みに行うとともに、舞楽の伝承にも注力しました。彼の父の代より、伝授状を受けるなどして、天王寺楽所との関係が密接になっていったようで、彼が残した「房顕覚書」(9)には「天王寺伶人蔦坊《つたのぼう》、岡兵部少輔父《ひょうぶしょうゆうちち》、薗式部、東儀因幡守《いなばのかみ》、細々　再々　下向アリ」とあり、天王寺楽人が指導のために度々下向していたことを書き残しています。

　また「厳島野坂文書」には、房顕の子である棚守元行が、その子（房顕の孫）への舞楽相伝のために天王寺楽人東儀氏の下向を請うた旨を記す書状(10)や、薗廣遠《ひろとお》・林廣康《ひろやす》・東儀兼《かね》秋《あき》の三人の天王寺楽人が、厳島楽人に笙や舞三曲を相伝した旨の書状(11)、厳島より天王寺楽人に笙指導の下向を依頼したが、京都方面での舞楽がたびたびあって暇がない、と天王寺楽人側が断ったこと示す書状(12)などが残っており、大内氏の支配以降は、房顕棚守家が中心となって、厳島神社の舞楽をもっぱら天王寺楽人の指導・伝授を受けつつ再興していったことは明確になっています。

　江戸時代に入ると、厳島神社では祭礼行事において安定して舞楽が奏されました。年頭は、一月二日（「萬歳楽」「延喜楽」）、三日（「太平楽」「狛桙」「胡徳楽」「陵王」「納曾利」）、五日（元旦に振鉾が舞われた記録もある）に舞楽が奉納され、特に五日には「振鉾」「甘州」「抜頭」「還城楽」を中心に四～六曲も表演されています。また、毎年三月十五日と九月十五日には「大宮祭」として「振鉾」「鳥向楽（一曲）」「蘇利古」「萬歳楽」「延喜楽」「散手」「貴徳」「陵王」「納曾利」の十曲の舞楽が奉納され、壮麗な祭礼が維持されていました。この江戸期の「大宮祭」は、平安時代以来の「一切経会」の伝統を受け継ぐもので、多くの僧侶も参仕し、舞楽法会の様態で行われています。注目すべきは、供花を行なう際には、「十天楽」が付楽として奏されていたことです。「十天楽」は、仏事において尊前に儀礼的にお供えがなされる際に奏される定番の曲で、四天王寺の「聖霊会」では今日でも伝供の際に演奏されています。また、大舞楽法会の際には、法会の途中で一度行道が入り、「鳥向楽」が奏されて、左右両楽舎の楽頭が「一曲」を舞う慣わしになっていますが、これも平安時代の厳島神社での千僧供養の時代から維持されており、また、江戸期の「聖霊会」とも相通じています。平安時代以来の大規模な様式を残している行事は江戸期においてすら、すでに希少になっており、厳島神社がこのような様式を維持するには、天王寺楽所がよい指南役になっていたことは推測するに難くありません。

これらの江戸期の舞楽行事は、やや姿を変えてではありますが、曲目もほぼそのままに今日でも厳島神社で催されています。年頭は、一日の歳旦祭には「振鉾」が奉納され、二日の二日祭、三日の元始祭、五日の地久祭には上記の曲目がそのままに奉納されています。また、大宮祭は、明治の神仏分離以降、純粋な神式の祭りに改変され、新暦の四月十五日の桃花祭、十月十五日の菊花祭へと模様替えをしていますが、曲目は江戸期のものをそのまま受け継いで奉納が続けられています。ただ、「十天楽」は、仏教に関する曲名を持つからでしょうか、演奏されなくなっており、供花の儀式の際には桃花祭では「桃李花」、菊花祭では、「賀殿」の楽が奏されるなか、宮司による供花がなされています。また、「鳥向楽」は奏されますが、祭祀中の行道はなく、「一曲」の舞が舞台上で舞われるのみとなっています。

雅楽界全体としては、寛文五（一六六五）年にいわゆる「三方楽所の制」ができ、内裏（大内）、南都、天王寺の三つの楽所に江戸幕府が扶持を与えるかわりに、それぞれの楽所で受け持ってきた伝統的な畿内大寺社での奏楽・奏舞を引き続き責任を持って担当していくとともに、禁裏や幕府での大規模な演奏機会には、三方楽所が協働して担当することになりました。そのかわり、これらの三方の楽所は、幕府の寺社奉行や楽奉行の四辻家をはじめとする禁中の統制管理を受けることになりました。

このような状況の中で、厳島の棚守将監（野坂元貞）から、天王寺楽人岡昌稠《まさしげ》への「抜頭」の「復伝」に関連して、天王寺楽所全体を巻き込んで多くの処分者を出す大事件が起きました。厳島神社では、一月五日の地久祭で年に一度だけ舞われる「抜頭」は宮司の一子相伝の舞といわれています。『藝州嚴島図絵』（以下『図絵』と略記）巻六（「嚴島宝物図絵」巻二）の「抜頭舞伝来」の条によれば、厳島では元来平家の時代から「抜頭」は舞われていたが、天正元（一五七三）年に天王寺楽人岡昌歳が、棚守野坂房顕に「抜頭」を伝授したところ、後に「天王寺ニハ、カヘリテコノ楽断絶セシバ」、寛政八（一七九六）年、房顕の子孫の元貞から、岡昌歳の子孫岡昌稠へ「抜頭」を復伝したとされています。この部分だけを見ると、天王寺楽所と厳島神社が協働して舞楽を伝承した美談のようにも読めますが、この部分に続いて「ソレニツキテ故障イデキテ」元貞が京都へ召されて、「訊問アラセ」られた、とやや不穏な記述がなされています。このことは、のちに江戸期の天王寺楽所について言及する際に、詳しく見てみたいと思います。

明治維新の後は、雅亮会が天王寺楽所の事業を継続していきますが、厳島神社においては神仏分離が徹底して行われたこともあり、厳島神社と天王寺楽所（雅亮会）の関係は、一旦沈滞しました。しかし、昭和に入ってから、徐々に厳島神社と雅亮会との交流は回復したようです。昭和十五（一九四〇）年の十月十五日には、厳島神社で皇紀二千六百年祭奉祝舞楽が行われ、この際には当時の雅亮会会長小野樟蔭はじめ他多数の雅亮会会員が、厳島神社の依頼を受けて楽の奉仕をしており、引き続き夜の菊花祭にも参仕しています。現在も、毎年二日祭《ふつかさい》（一月二日）、元始祭《げんしさい》（一月三日）の奉納舞楽を天王寺楽所雅亮会が担当しており、「萬歳楽」「延喜楽」「太平楽」「狛桙」「胡徳楽」「陵王」「納曽利」を奉納しています。また神社の要請にしたがってしばしば雅楽・舞楽の指導にも出向しています。令和（二〇二二）四年には、雅亮会を上げて、厳島神社での約八十年ぶりの舞楽「迦陵頻」の復興に尽力し、令和四年十一月二十三日の新嘗祭《にいなめさい》において、厳島在住の男児四名が見事に迦陵頻を舞い納めました。

さて、厳島神社の舞楽と天王寺楽所との関わりで特筆すべきことは、厳島神社では、聖霊会と同じく「蘇利古は本来五人で舞う舞曲である」との観念が維持されており、現代でも装束は五人分維持されています。上述の皇紀二千六百年祭奉祝舞楽が奉納された昭和十五年十月十五日の夜に催された菊花祭、翌十六年四月十五日の桃花祭と十月十五日の菊花祭、昭和十九年四月十五日の桃花祭の四日については、厳島神社職員が五人で「蘇利古」を舞っている記録が残っています（『雅亮会日記』〈願泉寺蔵〉）。現代の桃花祭や菊花祭においては、厳島の「蘇利古（曾利古）」は、員数の都合上四人で舞われていますが、「蘇利古」を五人で舞うというのは古来より天王寺楽所の作法であり、厳島の「蘇利古」の作法は天王寺流の影響を受けているものといえましょう。

天王寺流の痕跡は、「蘇利古」に留まらず厳島神社の管絃祭で演奏される楽曲にも残されています。天王寺楽所の舞楽「甘州」は二部構成で、二部の「急」にあたる楽曲は「早甘州」と称されます。「早甘州」は明治撰定譜からは漏れたことから、現在は天王寺楽所でのみ演奏されるといわれていますが、厳島神社の地久祭《ちきゅうさい》（一月五日）に舞われる舞楽「甘州」にもやや変容していますが「早甘州」が残されていて、天王寺に伝わるものと同じ構成の舞です。さらに七月の管絃祭においては、御座船《ござぶね》が神社に帰還した際には、「早甘州」が管絃吹で演奏され、和琴が付されています。船遊びでなされていた、和琴が加わる古い形の管絃の様式がそのまま受け継がれていると考えられますが、和琴の「早甘州」譜が宮司家で伝承されているとのことで、古くから天王寺流の影響を受けていたといえます。また、一月五日の地久祭で舞われる宮司家相伝の「抜頭」は、舞ぶりこそ厳島神社独自といえますが、楽曲は天王寺流の夜多羅拍子《やたらびょうし》（二拍子と三拍子の複合拍子）で演奏され、七月の管絃祭でも、夜多羅拍子の管絃吹《かんげんぶき》で「早甘州」とセットで演奏されています。厳島神社では、舞楽にせよ管絃にせよ、夜多羅拍子以外では演奏されないということで、ここにもまた天王寺楽所との深い絆を感じます。

中央の舞楽の衰退と天王寺楽所の地方伝播

さて、すでに見たように天王寺楽人が舞楽伝授という形で、明確にそして独占的に厳島神社と密接な関係を持つようになるのは、応仁の乱以降のようです。応仁の乱によって、主戦場となった京都は荒廃します。各地の守護大名たちは戦国大名となり、独自の領国を形成し、朝廷や室町幕府は力を失っていきます。特に、天皇、公家たちは経済的にも疲弊し、彼らの儀礼的奏楽の場で活躍した京都方の楽人たちも困窮していきます。他方、都の戦乱から距離があり戦火を免れていた天王寺楽人たちは、その活動を各地に広げていきます。厳島神社との関係が深まるのもこの状況が影響していると思われます。その他のこの時期の天王寺楽人の活動範囲を文献で確認できるものをいくつか挙げてみましょう。

まず、淡路国においては、早くは正治二（一二〇〇）年に賀集八幡宮寺《かしゆうはちまんぐうじ》における一切経供養の法会に、摂津国の四天王寺伶人を雇い、奉納歌舞が行われたことを示す文書が残っています。さらに、文明二（一四七〇）年賀集寺の院坊から算用師《さんようし》（出納係）に宛てた文書には、「五貫文　天王寺舞師様」の項目が見られます。これらのことから、中世淡路の楽人は、天王寺楽人の一部が淡路の国衙《こくが》・総社《そうじゃ》に招かれたことから始まり、かれらが「楽料田」を与えられて定住したことによると推測されています。「中世淡路の神事あるいは法会の芸態であった舞楽は天王寺楽人によってもたらされた[13]」ということができます。また、永正十六（一五一九）年に淡路の大名であった細川氏が滅んだ後、賀集八幡宮寺も衰え、そこでの舞楽も衰退していきますが、かわりに淡路では、西宮の夷昇《えびすか》きを受け容れて神事芸能とした人形操《あやつ》りが盛興していきます。現在の淡路人形浄瑠璃の淵源がここにあります。それらの芸能の担い手になったのは「鎌倉時代に淡路に招かれた天王寺楽人の末流[14]」ではないかと考えられています。

また、天王寺楽人の大和国への進出を推測させる記録もあります。『大乗院寺社雑事記』文明十三（一四八一）年四月二十四日条には、大和国矢田寺の仁王供養が、「天王寺楽人奈良争論[15]」によって延期となったことが報告されています。

さらに、天文年間以降、九州の宇佐八幡宮へも天王寺楽人がしばしば招かれていたようです。まず、天文十三（一五四四）年の八月十五日の放生会に天王寺楽人が招かれ、参宮、奏楽、また八月十六日の還御の際に、天王寺楽人が「舟中にて楽奏」した記録が残っています。その後十月一日の御更衣神事の法会でも、天王寺楽人が「馬頭延寿楽」（抜頭・延喜楽か？）を奏している記録があります（以上、到津文書四〇四〈『大分県史料』二十四巻六二一～六三頁〉）。

元来、宇佐宮には、おそらく平安時代末の保延年間の頃に、大宮司宇佐公通《うさのきんみち》によって設けられたと思われる宇佐宮楽所《うさぐうがくそ》が存在しており、宮中の公家楽人であった丹波有則《たんばのありのみ》を招聘して代々楽所貫首としていました。[16] その影響とも思われますが、宇佐八幡宮の神宮寺であった弥勒寺の傘下となっていた六郷山富貴寺の阿弥陀堂の壁面図には、舞楽・楽人の姿が描かれています。この宇佐宮楽所は、明応・永正頃までの存続が確認できますが、おそらくは大永三（一五二三）年の社殿全焼以降、衰微したのではないでしょうか。その後、永禄四（一五六一）年の大友宗麟による宇佐宮の焼き討ちや、大友家の戦への神官社僧の動員などで、宇佐宮は疲弊し、おそらくこの頃には宇佐宮楽所は有名無実の状態になったものと考えられます。元和二（一六一六）年の細川忠興による宇佐宮復興によって、ようやく楽所の再興もなったものと考えられています。

高野山金剛峯寺の鎮守社である天野社《あまのしゃ》（現在の丹生都比売神社《にうつひめじんじゃ》）は、鎌倉時代の承元年間（一二〇七〜一一年）の頃から、一切経会が行われていましたが、そこには舞楽も含まれており、「鎌倉時代後期の天野舞楽には天王寺の伶人が楽頭をつとめるなど、深く関与していた[17]」と推測されています。その後、この天野社一切経会はいったん衰退しますが、享徳三（一四五四）年以後再興されます。この際にも、「天王寺伶人が引き続き舞師となっていた[18]」ようです。文明十六（一四八四）年以降、紀伊国の高野山天野社で断続的に行われた舞楽曼荼羅供《まんだらく》（曼荼羅を本尊とする法要）にも天王寺楽人は招かれており、寛文十三（一六七三）年以降は三方楽所全体での参仕となっています。いずれにせよ、天野社における舞楽曼荼羅供は、十五世紀後半から、継続して史料に現れるようになりますが、この時期はちょうど応仁の乱の混乱によって、宮中の舞楽は著しく衰退していました。それにもかかわらず、「十双」（十番＝二十曲）の曼荼羅供の舞楽が維持されたことについては、天王寺楽人の関与なしにはなしえなかったことであろうと思われます。興味深いことは、後述するように戦国時代以降の「宮中の舞楽の復興の際に大きな役割を果たしたのは天王寺の伶人であったが、天野舞楽はこうした流れを先取りしている[19]」事例となっていることです。厳島神社との密接な関係をはじめとする「天王寺楽人のこうした活発な活動が、天正期における朝廷への登用の前提として存在[20]」していることが確認できました。この天正期における天王寺楽人の登用において、天王寺楽所は大きな歴史的転換期を迎え、雅楽伝承自体も新しい次元へ移行していきます。

第五章　三方楽所体制下の天王寺楽人

「天正の楽道取り立て」における天王寺楽人の変移

応仁元（一四六七）年にはじまり、文明九（一四七七）年に至るまで、約十一年続いた応仁の乱後の京都の疲弊は甚だしく、朝廷は経済的に困窮して多くの朝儀の執行がままならなくなりました。(1) 例えば、新天皇が即位したのちの初めての新嘗祭は、皇祖神であるアマテラスに即位を報告する最重要祭事である大嘗祭として執り行われてきましたが、応仁の乱の直前の文正元（一四六六）年の土御門天皇の大嘗祭以降、貞享四（一六八七）年の東山天皇の即位にあたって二二一年ぶりに大嘗祭が行われるまで、費用を調達することができず執行されませんでした。また、応仁の乱の後に、途絶したり省略されたりした朝儀の中には大規模な舞楽上演を含むものも少なくありませんでした。そのような朝廷の大規模な舞楽上演は、応仁の乱以前は、大内楽所の京都楽人を中心に、南都楽人の助力を得て行われていました。例えば、『山科家礼記《やましなけらいき》』によれば、寛正六（一四六五）年十月に仙洞御所で催された後小松天皇三十三回忌法華八講では、京都楽人三十四名、南都楽人十三名の計四十七名が参仕しています。応仁の乱以降には、舞楽奏楽の機会は減り、文明年間における「楽人の主な奏演機会は、宮中における御楽であった」(2)のですが、正月十六日の踏歌節会に舞楽が行われることがあり、『言国卿記《ときくにきょうき》』によれば、明応二（一四九三）年の踏歌節会では、京都楽人十六名、南都楽人五名の二十一人で三番六曲の舞楽が演奏されています。これは、応仁の乱の収束後ですが、舞楽奏楽者の人数はかなり減っています。しかしながら、なおも京都楽人が南都楽人の助力を得て、演奏するという体制は維持されています。ところが、永禄二（一五五九）年の踏歌節会では、依然として二楽所の協働で三番《つがい》六曲の舞楽が演奏されていますが、京都楽人七名と南都楽人十三名という構成になっており、京都方と南都方の人数が逆転しています（『言継卿記』）。従来は右方の舞と三管打物は京都方で担当していたのですが、三管の演奏にも南都方が加わらざるを得ない状況になっていました。この時点で、京都方の窮状は極まっていたようであり、翌日に行われた舞御覧では、京都方楽人は参仕せず、南都楽人のみで舞楽が行われるという仕儀になっていたようです。

京都方楽人安倍季尚が江戸時代に著わした『楽家録』にも、応仁の乱によって大半の京都楽人は害を蒙り、「僅かに残った者も、乱世によって身を安んずることができず、その業に勤める暇もなく、是によって京都楽所は年々衰え、元亀年間頃に至って、奏舞の法はすべて失せられ、大曲などに至るまで、楽声などもまたその伝を失することとなった」（『楽家録』第四十七冊第三十四「被召天王寺奈良之楽人事」）と大変深刻な内容が記載されています。例えば、永禄二年の段階で、公家の山科言継《ときつぐ》はその日記『言継卿記《ときつぐきょうき》』において、京都方楽人の豊 親秋《ぶんのちかあき》が長期間越前国の朝倉義景のもとへ疎開しており、京都に戻ってきていないことを「曲事《くせごと》」（道理に背くこと）であると歎いており、楽道再興のため在京すべきことを促しています。しかし、一七〇〇年前後に狛 近寛《こまのちかひろ》によって編まれた『狛氏新録』（国立国会図書館蔵）によれば、[3]その親秋も、天正元（一五七三）年に、越前一乗谷の合戦に巻き込まれ、討ち死にしてしまったようです。また、豊親秋家とともに同じ京都楽人の笛の山井家《やまのいけ》の当主もこの合戦で討ち死にし、同じく篳篥の安倍家も、その十六代当主の安倍《あべ》季《すえ》正《まさ》が、天正三（一五七五）年の戦乱により、出家して楽業を絶ってしまいました。[4]つまり、京都方の正統とされる楽統は、多家以外はことごとく途切れてしまったわけです。

　これら京都方の正統とされる楽家は、のちに、勅命によって新たに取り立て直され再興されます。豊原氏嫡流（豊親秋家）には天王寺楽人薗廣頼《そのひろより》の次男が養子に入り豊原 頼秋《とよはらのよりあき》となり、加えて、豊原家の家司《けいし》をしていた親秋の甥が、南都方の笙を伝授されて、豊原家庶流を継ぎました。笛の山井家も、南都楽人から笛を相伝した山井景治《かげはる》が嫡流を継ぎ（後に紅葉山楽人山井景豊家）、また天王寺楽人岡昌俊《まさとし》の子が山井家庶流を継ぎ山井景福《かげとみ》となり、復興されました。安倍家は、同じ京都方楽人多忠季《おおのただすえ》の三男が、やはり南都方楽人から篳篥を相伝されて嫡流を継ぎました。結果として、京都方の管方の技法は、ほぼすべて南都流ないしは天王寺流に塗り替えられ、文字どおり「京都流の技法は消滅」[5]したのです。

天正年間に入った時点で、まさに京都方楽人は「絶滅状態」[6]だったわけですが、頼みの南都楽人にも、それまでにたびたび支障が生じていました。『お湯殿の上の日記』永禄六（一五六三）年十一月二十四日条には、南都楽人が「ちょかん」（勅勘）を受け、「御わひ事」（御詫言）を公家の四辻家に差し入れていることが記されています。[7]勅勘の原因や、いつ許されたのかは不明ですが、南都方が宮廷楽事に参加することを妨げる事態が生じていたようです。また、文明年間から明応年間にかけての南都においては、疫病や逃散で南都楽人の数が減り、「南都楽人の欠を補うために住吉楽人が大きな役割を果」[8]たすという事態が生じており、永禄九（一五六六）年の若宮祭礼においても、住吉楽人が芝家にかわって「抜頭」の舞の所作をするという記録が見られます。[9]天正期に至っても、若宮祭礼に使用する抜頭面を所有する芝家の後裔が絶え果てたので、東大寺から借用したとの記録も残っています。[10]また、天正・文禄・慶長年中にわたり、後陽成院の招きによって、南都の大神氏が舞人として招かれたが、「はなはだ不都合でその後は召されても参内しなかった」（「林家・多家舞之争論ニ付願書等の写」〈多家文書〉）とのいい伝えも残っています。(11)

このような窮状を前提として、天正期に天王寺楽人が宮中での奏楽に関わり始めます。『言継卿記』天正七（一五七九）年正月五日条の記事には、禁中の御楽に天王寺楽人の東儀《とうぎ》兼行《かねゆき》、薗廣遠《ひろとお》、岡公久《おかきみひさ》の三名が参勤したことが記されています。兼行は天正五（一五七七）年に左衛門少志に任官（『地下家伝』）、公久は天正六年に従五位下に叙位（『暦名土代』）、廣遠も同じく六年に叙爵（『暦名土代』）されていますので、おそらくは天正五年から同七年のあいだに天王寺楽人の京都への召出しがなされたものであると考えられています。(12)室町幕府に代わる政治権力を維持し、なみいる強豪大名らを撃破していた織田信長によって一時的に構築された天正期の秩序において、朝儀の再興・維持を重要事と考える正親町《おうぎまち》天皇にとって、後に「天正の楽道取り立て」といわれることになるこの天王寺楽人の召出しは、奇手とはいえ、選択の余地のないものであったのでしょう。

特に、天正三年に、内侍所御神楽儀で篳篥の所作を行う家柄の安倍家が、当主季正の出家によっていったん途絶したことは、大きなきっかけになっていたのではないでしょうか。かつて応仁の乱の戦火を避けるべく、上皇・天皇が室町殿へ疎開した際、朝儀はいったん全面的に中断しました。しかし、文明四（一四七二）年には室町殿内に内侍所仮殿を新築し、二月には遷座に伴う御神楽儀が催行されました。また、文明六（一四七四）年一月二十五日には、艱難と曲折のうえ臨時・恒例御神楽儀が再興されました。この祭の御神楽には、安倍季正の祖父季音《すえおと》が人長の役を務めています（『親元卿記』）。三種の神器のうちで唯一信仰の対象である神鏡に捧げる賢所《かしこどころ》での神事は、朝儀の最優先事項であるため、「内侍所御神楽は、応仁の乱のまっただ中にあって、しかも後土御門天皇が室町殿に滞在し続ける中で再開[13]」されたのでした。そして、その後応仁の乱の中でも続けられ、また、乱ののちでも続けられてきました。

　これほど重要視された内侍所御神楽の篳篥は、足利義満の頃までは、藤原道綱を祖とする公家の楊梅家《やまももけ》が務めてきましたが、楊梅家が永享期に断絶してからは「内侍所御神楽の篳篥は、地下の安倍家が楊梅家に代わって奉仕する[14]」ようになりました。ところが、その安倍家も天正三年に断絶してしまいました。ちょうどそれに入れ替わるように、天王寺楽人が召され、その中でも東儀兼行《かねゆき》は、天皇から安倍姓を下賜され、安倍家の通字である「季」を名前に取り入れて安倍季兼《すえかね》と改名して、「安倍氏」として御神楽の篳篥に参仕するように命じられます。この一流は「安倍姓東儀」といわれ、宮中の御神楽儀に安倍家として篳篥を演奏する一方で、四天王寺の聖霊会の折には、天王寺方東儀家として下向して参仕する特殊な家柄になっていきます。

すでに見たように、平安時代以降、天王寺楽人は都の楽人たちから卑賤視されてきました。しかし、とりわけ、最重要神事である御神楽の奏楽人員が激減したことが、天王寺楽人を召出す大きな要因だったのではないでしょうか。また、そもそも天王寺楽人を蔑み、おそらくこのような奇手には反発したであろう京都方の楽人たち自身の多くの家系が断絶していた状況も、その事態を準備したのでしょう。かつては卑賤視された天王寺楽人は、およそ五百年の時の転変の中で、内侍所という宮中の至聖所にも——ただし安倍姓に改姓したうえで——奉仕するようになったのです[15]。

形成される三方の共演体制

このように天正期からは、朝廷での奏楽は京都方、南都方、天王寺方の三方で担当していく体制が形成され始め、途切れていた舞楽の上演も再開されます。例を挙げますと、天正十四（一五八六）年の東御所安鎮舞楽、同十五年の舞御覧、同十六年の正月節会及び舞御覧には三方の楽人によって舞楽が披露されています（『お湯殿の上の日記』、『兼見卿記』）。

また、天正末期から慶長期の豊臣政権絶頂の頃には、朝廷での節会や舞御覧に加えて、聚楽第や東山大仏殿、豊国神社といった豊臣氏の重要な拠点でも、三方の楽所の楽人が集結して大規模な舞楽奏楽がなされるようになっていきます。天正十六年四月に聚楽第に後陽成天皇が行幸した際には、三方で四十五人の楽人が召されて舞楽を披露したといわれていますし[16]、慶長三（一五九八）年八月二十二日の東山大仏堂供養には、南都楽人も参上して、「菩薩」「迦陵頻」「胡蝶」が伝供する大規模な舞楽法会が行われたようです[17]。しかし、同年に豊臣秀吉は亡くなります。その廟所に社が建設され、慶長四年には朝廷から「豊国大明神」の神号が与えられた秀吉を祀ることになります。この豊国社の伶人支配の様子を記した慶長六（一六〇一）年の「豊国大明神舞楽人衆御支配帳」によれば、豊国社に出仕する楽人には、豊国社領の祭礼料一〇〇〇石のうち三一五石が充てられており、三方の楽所からなる四十五人の楽人で構成されていました。この人数は、その後も維持され、慶長十五（一六一〇）年の豊国社臨時祭においても三方の楽人からなる四十五人の出仕が認められます[18]。慶長期の奏楽体系においては「踏歌節会や舞御覧といった奏楽を伴う朝儀も度々行われるようになっており、東山大仏・豊国社での楽儀とを合わせて三方楽所の出仕機会はいっそうの増加を見せ[19]」ることになります。なかでも、豊国社は中核的な存在であったといえましょう。

また、慶長八（一六〇三）年段階における在京する楽人の居所を記した「禁裏《きんり》様楽人衆《さまがくにんしゅう》」文書によれば、薗廣遠《そのひろとお》、東儀《とうぎ》季兼《すえかね》、林　廣康《はやしひろやす》、岡昌忠《おかまさただ》、東儀《とうぎ》兼護《かねもり》、東儀《とうぎ》兼秋《かねあき》といった天王寺楽人が京都に屋敷を持っていたことがわかります。[20] 南都楽所と天王寺楽所については、後に三方楽所の制度が成立した際に、京都に常在する在京楽人と、南都・四天王寺にそのまま居住する在南、在天楽人に分化して配置されることになりますが、すでにこの時点で、その原初形態が成立していたことがうかがえます。

さて、視線を大坂四天王寺に向けてみましょう。応仁の乱以降の長きにわたる戦乱の中で、四天王寺は何度も焼失を繰り返しました。応仁の乱の間、文明二（一四七〇）年に大内政弘の兵が四天王寺を焼き、天正四（一五七六）年には織田信長と本願寺勢が天王寺砦で合戦を行い、四天王寺は焼失します。このときには寺僧に加えて楽人もおおかた退去し、四天王寺も一旦衰退したようです。[21]

その後、正親町天皇が四天王寺伽藍の再興を求め、豊臣政権が大坂を本拠としたこともあり、秀吉は四天王寺の再興に力を入れます。再建すべき堂舎の名前と規模・担当奉行を記した秀吉自筆の『四天王寺造営目録』が残されています。秀吉は慶長三（一五九八）年に逝去しますが、秀吉の主導してきた四天王寺の復興は後継者の秀頼に引き継がれます。この復興の際には、秀頼から多くの舞楽装束が四天王寺に寄進されており、天王寺舞楽といった文化面の復興にも豊臣政権が力を入れていたことをうかがうことができます。これらの寄進された装束のいくつかは、重要文化財指定を受けて現在も四天王寺で保管されています。また、現在も聖霊会で用いている行事鉦にも秀頼が四天王寺再興のために慶長四年に奉納した旨の銘が刻まれています。こうして四天王寺は、慶長五年に再建が成り、落慶法要が執行されました。翌年の慶長六（一六〇一）年に秀頼は、寺領千石を四天王寺に寄進しています。この時に作成された「四天王寺坊領幷諸役人配分帳」には、「衆徒・院家や公人など他の寺内構成員と並んで楽人三〇人が寺料の配当を受けるものとして名を連ねて」[22]おり、天王寺楽所の楽人は、聖霊会はじめ四天王寺での多くの法要機会に奏楽することで寺役を担う四天王寺の構成員と見なされています。この頃には天正期に四天王寺から退去した楽人たちも戻ってきており、行事での奏楽を行う体制ができていたことが推測されます。

しかし、慶長十九（一六一四）年の大坂冬の陣の兵火で、またも四天王寺は焼失してしまいます。その後、慶長二十年の大坂夏の陣で勝利した徳川将軍家は、元和三（一六一七）年から大坂再興に向けて動きだし、四天王寺伽藍の復興工事にも取りかかります。元和九（一六二三）年には五年に及ぶ普請が完成します。

ところで、江戸時代には三方楽所に加えて江戸城内の紅葉山《もみじやま》にも楽所が設けられました。江戸幕府は、日光東照社を中心とする徳川将軍家の祭祀・法会に雅楽を用いることを重要視しました。元和三年に、家康をいったん葬った駿河久能山の東照社が日光へと遷宮されますが、この時、幕府として初めて三方の楽人を日光へ動員して舞楽を行いました。また、元和五（一六一九）年には、大坂夏の陣直後に破却された豊国社が所有していた舞楽装束などは、幕府と深い連携を持っていた京都の妙法院へ移されます。これ以降、三方の楽人にとっては、豊国社にかわって日光東照社を中心とした幕府の祭祀・法会が重要な舞楽披露の場となっていきます。

さらに、元和四年の江戸城内の紅葉山へ、家康の廟所としての東照社が勧請され、元和八（一六二二）年の江戸城の東照社での家康七回忌には、三方の楽人が合わせて四十五人下向して参勤し、大規模な舞楽が行われています。寛永期に入って、京都での将軍の居城である二条城で、寛永三（一六二六）年の後水尾天皇の行幸があった際にも舞楽が行われました。寛永五年の日光東照社での家康十三回回忌では、舞楽が行われたうえに、江戸城での舞楽上覧も催されました。このように禁裏での演奏に加えて、徳川将軍家の大きな祭祀・法会には必ず三方の楽人が参仕し、彼らは「将軍様楽人衆《しょうぐんさまがくにんしゅう》」(23)とも称される存在になっていきます。

さて、元和四年に江戸城内紅葉山に徳川家康の廟所を設置して以来、歴代将軍の廟も設けられ、紅葉山は「御霊屋《おたまや》」と呼ばれるようになります。毎年四月十七日の家康の忌日には御霊屋への将軍の参詣があり、紅葉山御社参《ごしゃさん》と称されて幕府年中行事の一つでした。この際の祭式にも雅楽を用いる事となり、江戸城内に楽人を常駐させるべく、「朝廷に願って「三方楽人」の中より数人を撰んで江戸へ召し出し、「幕府の楽人」として神君廟並に日光東照宮などの祭式に従事した楽人一団[24]」が組織されました。これら江戸に在住した楽人は「紅葉山楽人」といい、その召出しは第三代将軍家光によって寛永十九（一六四二）年に行われました。紅葉山への第一陣は、三方の楽家より七名で構成されており、天王寺方からも東儀兼長《かねなが》と安倍姓の東儀季治《すえはる》が下向しています。その後も、断続的に三方の楽人の下向があり、明和期（一七六四～七二）には十三名が在勤した記録が残っています。

紅葉山楽人は、「特に楽派を成したものではなく、神君廟（江戸城内の紅葉山にあった）及び日光東照宮の祭式奏楽に従事」した者であり、家康公の式年祭などの舞楽を用いる大規模な祭祀・法要においては、「三方楽人を日光山へ下向させて、祭式奏楽や舞楽を奏し、その帰途江戸城内にて舞楽や管絃を奏する例であったもので、「紅葉山楽人」の一派にては舞楽や管絃の本格的演奏の能力は持たなかった[25]」と考えられています。

正親町天皇による取り立てから次項で見る寛文五（一六六五）年の三方楽所の制度成立時までのおよそ百年間は、宮中舞楽における天王寺方の影響力はかなり強かったようです。そのことは、再興された京都方楽家のいくつかは天王寺楽人が養子に入っていたこと、技術的にも天王寺流の奏法や、舞い方が流入していたことからもうかがえますが、天王寺方の様式が宮中舞楽に影響を与えたことを示す記録も見受けられます。『林家楽書類』の「禁裏《きんり》東武《とうぶ》並《ならびに》寺社《じしゃ》舞楽《ぶがく》之記《のき》」には、舞御覧をはじめ禁裏での舞楽の記録が残されていますが、舞御覧では、しばしば五人舞で「蘇利古」が舞われています。[26] 四人で舞われたこともありますが、五人で舞われることの方が多かったのです。「蘇利古」は通常は、四天王寺の聖霊会でのみ五人で舞われるしきたりになっています。このような伝統は四天王寺以外には、先ほど見た厳島神社以外にはありません。現代では、「蘇利古」は四人舞であるという観念が流布していますが、宮中舞御覧でも五人で舞う様式が存在していたことは大変興味深い事実です。

制度の一角としての天王寺楽所

このような状況の中で、寛文五（一六六五）年二月十七日に、日光山における幕府による家康の五十回忌法要執行のため、三方楽人の多数が関東へ下向することになりました。『徳川実紀』によれば、日光での法要を終えたあと、楽人たちが江戸城へ移動して白木書院で舞楽を演じたのち、個別の禄米支給に加えて、翌年三月に楽所領として三方楽所全体に二千石が給せられたとされています。ただし、『京都《きょうと》御役所《おんやくしょ》向《むき》大概《たいがい》覚書《おぼえがき》』[27]等の史料によれば、寛文五年六月に右記の条目が下されたと記載しています。いずれにせよ、寛文五年に、幕府による楽所領が下知されて、いわゆる三方楽所の制度が成立したと考えられます。楽所領は大和国平群郡《へぐりぐん》八ヶ《はちか》村《そん》の二千石で、五ッ物成（収穫量の五割）と定められており、一千石が、三方合わせて五十一人に割り当てられることとなりました。それぞれに均等にあてがわれる「家料米」が十石ずつで五百十石、決まった家柄に三方に三名ずつあてがわれる「師匠料米」が九十石、上芸者と中芸者にあてがわれる「芸料米」が二百石、後継者育成のために充てられる「稽古料米」が二百石で合計一千石となります。芸料米については、三年に一度「三方及第」といわれる実技試験が課され、当該受験者が所属する楽所以外の二方の担当者による入札で、中芸、上芸の認定がそれぞれなされ、上芸者には五石、中芸者には三石が加えて支給されました。例えば、上芸者で師匠家といわれる家筋の者ならば、家料米が十石、師匠料米が十石、上芸米が五石で幕府からは毎年二十五石の扶持が下されることになります。「ほかの地下官人の知行が、ほぼ五石以下であったことに比べると、楽所の知行は破格であった[28]」といえます。また、三方楽所からそれぞれ一人ずつの「年番」を出し、三名が協力して、楽所領の農民との年貢率交渉や年貢米の管理、配分など、知行地の運営にあたることとなりました。つまり、天王寺楽人を含む三方楽人は、楽所全体として二千石の領主となったわけです。

また、三方楽人には、朝廷における節会の場への参仕を想定した「御扶持人《おふちにん》」という人数規定が加えられていました。御扶持人は、三管（笙・篳篥・龍笛）が四人ずつ、三鼓（鞨鼓ないし三ノ鼓・太鼓・鉦鼓）が三名、舞人六人の総計二十一人が、左方楽、右方楽にそれぞれ充てられ、両方で総計四十二人が[29]、正月の三節会や舞御覧、例年の御神楽など禁裏での奏楽儀式への参仕を義務づけられ、禁裏からそのつどの御扶持の支給を受けていました。ただ、節会に御扶持人全員が参仕するわけでもなく、また、禁裏の財政状況は不安定で、省略される時もあり、例えば舞御覧参仕者には一人二石（天保十年）など、御扶持自体は幕府からの知行と比べれば少額でした。それでも楽人にとって御扶持人であるという立場は、「禁裏楽人」であるという矜持を持ちうる根拠でもありました。

天正の楽道取り立てまでは四天王寺の隷属民に過ぎなかった天王寺楽人は、これらの措置によって、叙位や官位を持った禁裏楽人として宮廷人の末席に連なり、加えて幕府の権威に支えられた領主ともなり、その社会的地位は見違えるほど高いものになりました。また、楽家の存続や音楽才能の確保のため、京都方や南都方とのあいだに相互に養子・婚姻の縁組みもしばしば行われ、雅楽という音楽文化の伝承を三方楽所全体で担っていく体制が構築され、他楽所から卑賤視されることもなくなりました。しかし、裏面からいうと、それまで比較的自由に活動していた天王寺楽人が社会体制の中に完全に組み込まれ、朝廷や幕府の強い監視と統制下に置かれることにもなりました。

幕府からの統制は二つの経路があったようです。すなわち、寺社奉行―大坂奉行所―在天王寺楽人という支配経路と、京都所司代―武家伝奏―在京楽人（在京天王寺楽人を含む）という経路です。後者は、幕府の朝廷統制の延長上にあるものといえます。とりわけ聖霊会は勅会に準ずる位置づけをされていたので、そこにおける天王寺楽人の演奏ぶりについては、寺社奉行と京都所司代の双方から厳しく検分されていました。

四辻家による三方楽人統制

三方楽人に直接的な統制を及ぼしていたのは、公家の四辻家です。江戸期の天王寺楽人の活動には四辻家が必ず関わってきますので、簡単に見ておきたいと思います。四辻家は、西園寺家の庶流にあたります。西園寺家は、鎌倉時代には、摂家将軍藤原頼経《よりつね》の縁戚として、朝廷と幕府の申次《もうしつぎ》を務めることによって権勢を誇った家であり、琵琶の家として天皇の琵琶の師匠を務めるなど、朝廷における奏楽でも指導的な立場でした。四辻家は、楽《がく》箏《そう》を家業としており、庶流にあたりますが、四辻季保は楽箏の名手として知られ、嘉吉二（一四四二）年に後花園天皇に箏の「蘇合香」を伝授しています。室町時代後半の混乱で、音楽を家業とする公家が少なからず没落していく中、季保の子の季春は、後桃園天皇のはからいで内侍所御神楽の所作人にも加わり、神楽歌の拍子を担当する御神楽の中心的な存在になります。当時は内侍所御神楽の中心には綾小路家の存在があったのですが、「すでに応仁の乱勃発までに四辻家は季春・季経《すえつね》父子のわずか二代で、綾小路家に並ぶほどの御神楽の家となったのです。やがて綾小路家が断絶すると、四辻家が内侍所御神楽の中心的な家柄になりました(30)」。

四辻家の嫡流は、内侍所御神楽をはじめ音楽活動には積極的ではなかったのですが、永正八(一五一一)年に後継者なく嫡流の四辻実仲《さねなか》が没すると、庶流の季経の子である公音《きんおと》が養子に入り、嫡流は庶流に吸収され、楽箏に加えて嫡流が家業としていた和琴も公音以降は家業として受け継ぐことになりました。四辻家は十六世紀の初頭には、音楽を家業とする朝廷随一の家系となっていたのです。宮廷の音楽祭事で最も重要な内侍所御神楽の柱となった四辻家は、十六世紀の初めには天皇の音楽を担当する楽所奉行を務めることがありました。楽所奉行は、「天皇が所作する御遊《ぎょゆう》の実務責任者を務めるとともに、地下楽人の指揮監督も行いました(31)」。御神楽における地下楽人は多《おおの》(神楽歌・和琴)、安倍(篳篥)、山井《やまのい》(笛)の三家ですが、三方楽所の制度が成立すると、朝廷における地下楽人の指揮監督範囲が拡張され、在京の三方楽人に加えて、在地にいる天王寺・南都の楽人たちにもその権威は及ぼされたのです。江戸時代の朝廷において、「朝廷が四辻家に家職として期待したのは、一つには箏と和琴を家業とすることで、もう一つは楽所奉行として三方楽所を総括すること[32]」でした。三方楽所の制度下において、四辻家は、楽人間の争訟や楽人からの愁訴を受理して審決する権限を持っていましたし、在京の楽人の長期出張を許可したり、楽人からの叙位・叙官の申請を受け、その調整をする立場でもありました。また、不祥事を起こしたり、楽道に不精勤な楽人へ処分を下すことも行っていました。

第六章　近世の「聖霊会」

連星としての四天王寺「涅槃会」と「聖霊会」

江戸期の四天王寺では、年間およそ十四回の舞楽法要がありました。そのうち旧暦の二月二十二日に行われていた聖霊会、二月十五日の涅槃会、九月十日の念仏会が「三大会」といわれていました(1)。もちろん、聖霊会が群を抜いた規模の大きさを誇りますが、江戸期の聖霊会を語るうえで、見逃してはいけないのは旧暦の二月十五日に執行されていた涅槃会です。二月十五日はお釈迦様が亡くなられた日で、お釈迦様をしのんで勤修するのが涅槃会です。現代でも四天王寺は、現在の暦の二月十五日に金堂で涅槃会の法要を勤めますが、僧侶だけでなされ、奏楽も舞楽もありません。しかし江戸期の記録を見ると、涅槃会も聖霊会と同様に舞楽四箇《しか》法要の様態で、石舞台上で執行されています。涅槃会は、冒頭の振鉾に加えて法要中に六曲、入調四曲の十曲もの舞楽が奏舞されるならわしとなっており、入調の曲数こそ聖霊会には及びませんが、法要中の舞楽曲数は「蘇利古」と一番の舞楽（二曲）が減じられているだけで、法要自体の規模としては聖霊会に準ずるものとなっています。

聖霊会が執行された旧暦二月二十二日はいうまでもなく聖徳太子の御命日であり、二月の十五日から二十二日にかけての七日間は、四天王寺にとっては、仏祖の釈尊と建立者の聖徳太子をしのんで大法要が営まれる最も神聖な期間であったといえましょう。涅槃会と聖霊会は、冒頭で仏舎利を載せた玉輿と、太子像を載せた鳳輦《ほうれん》が出御し、行道《ぎょうどう》して六時堂に練り込んでいく共通の作法（「御幸《みゆき》」、現代では「道行《みちゆき》」と称される）を備えています。また、双方とも法要中に再度、長時間の行道を含む組み立てになっており、法要構造の関連も深く、連星のように一対になっている大法要です。涅槃会は、さながらミニ聖霊会ということができましょう。冒頭の御幸は、玉輿を奉ずる左方列と鳳輦を奉ずる右方列に衆僧・楽人らが分かれて、奏楽しつつ練り歩く作法ですが、興味深いことに、法要の導師となる一舎利《いちしゃり》は、涅槃会では左方列、聖霊会では右方列に加わります（**図12**）。副導師である二《に》舎利《しゃり》はその逆となります。玉輿は仏舎利を納めた輿ですので、左右で比較すると上位となる左方列に配され、導師である一舎利も左方列に加わるというのが儀式として標準的な状態です。それゆえ、涅槃会での列の組み方が原則となるのですが、聖霊会ではそれが逆転して一舎利が聖徳太子像を擁する鳳輦の右方列に加わるのです。聖霊会ではなんといっても聖徳太子が主役ですので、一舎利が太子像の鳳輦を奉ずべく右方列に加わり、法要中も右方の高座に着座され、通常の法要の位置相関が逆転するわけです。聖霊会だけ拝観していると、気づきにくいですが、涅槃会と比較すると、冒頭の道行の作法はまったく同じなのに一舎利・二舎利の位置が入れ替わっていることが明確に認識されることになります。

しかしながら、聖霊会においても、すべてにおいて右方優位に反転するということではありません。冒頭の作法では、金堂で仏舎利の玉輿への移徙《わたまし》（移動）が、そして、聖霊院（太子殿）で太子像の鳳輦への移徙がなされた後、左右の行道列が仁王門へそれぞれ進発して、仁王門の南側で南北に向き合って対面するということがなされます（図13）。この時は、涅槃会はもちろん、聖霊会の際でも、まず右方列が太子殿から先に仁王門の南側に着到した後、北面して、中心伽藍境内から仁王門をくぐって出て来る左方列の玉輿を待ち受けるという作法がなされます。仁王門から左方列が出て来られる際には、「祝詞《のりと》」と呼ばれる警蹕《けいひつ》の機能を持つ声が長者役によって発声され、鐃鈸《にょうはち》が打ち鳴らされます。当然のことですが、太子が法要の主役である聖霊会であっても、一舎利が供奉する鳳輦列は、法要冒頭部分での玉輿列との対面においては、最高の礼を尽くすのです。このように涅槃会と聖

図12　右方列に加わっている一舎利（四天王寺聖霊会）

図13　仁王門前での玉輿と鳳輦の対面（同上）

霊会を一対のものとして考察すると、四天王寺の法会の背後に潜む仏祖（釈迦）と太子の関係性についての価値観が浮き彫りとなります。現代の四天王寺では、涅槃会は、江戸期のように、聖霊会と近接した時期に、大規模な舞楽法会として行われることはなくなりましたが、元来両者は一対となっていた法要であり、四天王寺の仏教的世界観を参詣者に示すものであったと思われます。

このように涅槃会は聖霊会に準ずるものではありましたが、その規模においてはやはり聖霊会の方が圧倒的に重厚なものとなっています。先ほど演奏される舞楽曲数についての違いを挙げましたが、それに加えて聖霊会に固有な点を挙げておきましょう。①六時堂内の本尊としては太子の絵像である「楊枝《ようじ》の御影《みえい》」が架けられます。涅槃会では釈迦の「涅槃像」が架けられていたようです。②舞台の四隅に、曼珠沙華（赤い彼岸花）を模した華の巨大な造作を立てて石舞台上に仏世界が演出されます。太子が注釈した『法華経』における仏世界の象徴的表現として曼珠沙華が用いられていることの反映ではないかと思われます。『傳記』で太子生前の頃は「法華会」といわれていたとありますが、このこととなんらかの関連があるのではないかと思われます。③左右両楽舎の前に一対の鼉《だ》太鼓が設置されます。④法要中に「大行道」が行われます。涅槃会でも法要中に行道が行われますが、行程が少し短く「小行道」と呼ばれていました。⑤聖霊会には、在京の天王寺楽人も十二名程度大坂へ下向して演奏に加わります。毎年三十名前後を誇る威容で、左右楽舎に分かれて発楽《はつがく》し、入調曲も含めて舞楽曲二十数曲が演奏されました。涅槃会での奏楽・奏舞は、時に数名の在京楽人の応援もあったようですが、ほぼ在天の楽人のみでなされていました。十七名程度で奏舞も含めて演奏しなければならなかったため、舞楽の数も少なく、演奏も左方の楽舎のみを用いてなされていたようです。(2)

江戸期聖霊会の次第（1）壮麗な冒頭の御幸と舞台前庭儀

以上のことを視野に入れて江戸期の聖霊会の姿を確認していきましょう。まず、二月二十日頃から在京の天王寺方楽人が大坂へ向かい始めます。江戸末期の在京天王寺楽人の東《とう》儀《ぎ》文均《ふみなり》の『楽所日記』の弘化二（一八四五）年の場合を例に挙げておきます。彼は、聖霊会へ向けて、二月二十日の早朝に出立し、他七名の仲間とともに伏見から乗船。翌二十一日の早朝六時頃に道頓堀へ無事到着しています。二十一日夜には、酉《とり》ノ刻（十八時頃）に「習礼」、戌《いぬ》ノ刻（二十時頃）に「試楽」があります。「習礼」は当時四天王寺の境内にあった「雅楽館」において、翌日の聖霊会の舞楽を「調練」する機会です。それに続く「試楽」は、舞楽の装束を着て、左方の楽屋において舞楽を奏するリハーサルのような機会です。とはいっても、翌日に参仕するすべての楽人が「試楽」と「習礼」に参加するのではなく、右の文均の記録によれば、「習礼」には京都方からは一人、「試楽」は在天・在京合わせて四名のみでなされており、文均はどちらにも参加していません。

また、詳しくは後述しますが、聖霊会の当日に右方の笛の頭《とう》が、四天王寺から授かって吹く聖徳太子御自製の笛といわれる「京不見御笛《きょうみずのおふえ》」は、二十一日中に宝蔵から出され、一舎利が開封した後、右方の笛の頭に手渡されます。そして法要の翌日の二十三日中に沙汰人をもってこれを返納させ、金堂において一舎利によって封がなされ再び納め戻されることになっています（『新撰楽道類集大全』巻二十八「楽道雑記」）。

さて、二十二日の卯《う》の上刻（午前五時）に一番鐘《いちばんしょう》が鳴らされ、法要の開始の準備を告げます。卯の中刻（午前五時四十分）に二番鐘が鳴らされ、諸役人の出仕が始まり、いよいよ法要が開始されます。三綱《さんごう》、左方に属する衆徒は金堂へ、右方の衆徒は太子堂、左方楽人は講堂、右方楽人は三昧堂《さんまいどう》に参集します。公人《くにん》（長者や八部衆などの役柄を担当して聖霊会に代々奉仕する家の者）は左右とも御供所に参集します。ここからは、左方と右方に分かれて、聖霊院では太子尊像が鳳輦（右方）へ、金堂では仏舎利が玉輿（左方）へ移る移徒《わたまし》の儀式がなされます。まず、楽人が「中門《なかもん》ノ乱声《らんじょう》」との催促を受けて笛頭《ふえのとう》と荷太鼓《にないたいこ》、荷鉦鼓《にないじょうこ》を担当する楽人が、それぞれ左方は西中門檐下《のきした》、右方は聖霊院の西門へ赴き整列します。「乱声」とは、太鼓と鉦鼓に伴われつつ、笛が数パートに分かれて同じフレーズを追い吹きする奏法で、渾然とした笛の音の重なりの中に非日常的な神聖性を感じさせる効果を持ちます。次いで、それぞれの場所で新楽乱声《しんがくらんじょう》という楽曲が三回奏されます。新楽乱声を奏する各回に、同時進行的に太子堂では太子尊像、金堂では仏舎利を御輿に移す作法が行われます。

初度の乱声では、作法がなされるお堂が閉扉されます。閉扉後、少し間をおいて二度目の乱声が奏され、このあいだに堂内において尊像、仏舎利が御輿に移し置かれます。三度目の乱声が奏される際には、それぞれのお堂が開扉され、鳳輦、玉輿が堂内より出されます。この時点で、左右参列者に案内催促が行われ、それぞれ金堂、聖霊院において道行のための列を組みます。整列が終わると、往古では、まず黄鐘調の調子が奏された後、その後「安城楽《あんぜいらく》」が発楽され、左右の列は、それぞれが仁王門をめざして進発していきます。「安城楽」については『新撰楽道類集大全』には「是則チ御幸行列ノ音色也」と記されています。現代では、道行や法要中の行道の際には、明治時代に行道用に作曲された「路《みち》楽《がく》」(3)という楽曲が奏されます。列の順番は、掃部、獅子、菩薩、舞童（迦陵頻〈左〉胡蝶〈右〉）、楽人（楽頭、笙、篳篥、笛の順）、衆僧、長者、八部衆、三綱、御輿、一舎利（右）あるいは二舎利（左）となります。この時左方の楽頭は、左手に鼗鼓《ふりつづみ》を持ち、首からさげた鶏婁鼓《けいろうこ》を右手に持った桴《はち》で打ち鳴らしつつ歩みます。右方の楽頭は壱鼓《いちこ》を右肩から架けて左脇に保持し、右手の桴で打ち鳴らしつつ歩みます。また、荷太鼓、荷鉦鼓といった移動式の打楽器も楽人のあとに続き、打楽器の入った奏楽に付き添われてお練りが進みます。

先に鳳輦を擁する右方列が仁王門の南側へ回り込み、奏楽を続けつつも列を止めて北面し玉輿が合流するのを待ちます。玉輿の左方列は、伽藍の東側を南進して、仁王門をくぐって右方列と南面して対面することになります。玉輿が仁王門を出る時に、右方列は「三礼」を行い、長者が祝詞（警蹕《けいひつ》のような声）を上げます。左右の衆僧は鈸《はち》を打ち鳴らし、諸役人は「拝伏蹲踞《はいふくそんこ》」します。その後、再び発楽して、左右列は舞台へ向かうべく進発します。左方列は中央伽藍外側を東側の壁に沿って、右方列は同じく中央伽藍外側を西側の壁に沿って北上します。この際、右方列は「御幸橋《みゆきばし》」といわれる、中央伽藍から少し離れたところの溝に架かる小さな橋を、わざわざ迂回して渡るならわしになっています。

左方列は、左方楽舎の東側の太鼓楼まで北上すると西側へ折れ、石舞台の南側へと練り込んでいきます。右方列も、同様に右方楽舎の西側の北鐘楼まで北上すると東側へ折れます。石舞台南で、両列は対面した後、再び北向きに折れ、歩調を合わせてそれぞれ左右の階段から石舞台に登り、そのまま六時堂へ向かって石舞台上を北上します。この部分を「舞台前庭儀《ぶたいぜんていぎ》」といいます。先導している獅子と菩薩は石舞台を渡りきると舞台の両脇にある石橋を通って、そのまま楽舎へ退きます。楽人は、石舞台を渡りきった後は舞台の左右両脇の石橋へ移動し、左方列は西面し、右方列は東面して立列したままで奏楽を続けます。その前を、石舞台上では、左右列の衆僧が舞台に登り、向き合って立列します。その衆僧の前を三綱《さんごう》が舞台を渡って六時堂内へ入ります。長者たちは舞台前に立ち、祝詞を奏します。衆僧が舞台上で鈸を突く中、長者《ちょうじゃ》は舞台に登り、八部衆を引き連れて舞台上北端中央に二列で立ちます。ここへいよいよ両輿が舞台上へ登り、渡ります。両輿が通り過ぎる際に、長者が再び祝詞を奏し、衆僧が鈸を突きます。長者と八部衆は両輿に従って舞台を降り、舞台北に並びます。両輿はそのまま六時堂へと練り込み、楊枝の御影がかかる本尊部分に対して、玉輿は東の間、鳳輦は西の間に安置されます。この時また長者は祝詞《のりと》を奏し、衆僧は鈸を突きます。その後、両舎利も舞台を渡って六時堂内へ入ります。

ただし、近年の舞台前庭儀は、鳳輦と玉輿に両像を移してお練りをする作法は省略され、法要が始まる前に、あらかじめ仏舎利と太子の尊像は、六時堂内に設置されています。それゆえ行道開始は十二時三十分になっています。諸僧や舞人、楽人たちは四天王寺の本坊内から、左右の二列になり練り出していき、石舞台上を並行して六時堂へと至ります。

舞台前庭儀が終わると、三名を残して他の楽人は楽舎へ退きます。残った楽人が発楽して、舞台上に留まっている衆僧によって「総礼伽陀《そうらいかだ》」が唱えられます。現代では、まず伽陀が発せられて、同音になったところから「伽陀付物《かだつけもの》」と呼ばれる楽曲が付されています。

江戸期聖霊会の次第（2）舞楽四箇法要の理念型

総礼伽陀を唱え終えた衆僧が舞台を降りて六時堂へ入ると、法要導入部が終わり、いよいよ法要が開始されます。ただし、法要供養部と呼ばれる、四箇法要の前段階の部分がまだ二時間以上続きます。まず、楽舎の幔幕《まんまく》が揚げられ、鼉太鼓《だだいこ》へ渡る橋が楽舎から鼉太鼓台へと架けられ、奏者が台へ移ればはずされます。法要冒頭に、左右の楽舎から同時に集《しゅ》会乱声《えらんじょう》が奏されます。『新撰楽道類集大全』では「新楽乱声《しんがくらんじょう》」とされていますが、今日では左方が小乱声《こらんじょう》、右方は高麗小乱声《こまこらんじょう》という別の曲を同時に吹き出し、同時に終えるという奏法をとっています。続いて、舞台上で鉾《ほこ》を打ち振るって清める、「振鉾《えんぶ》」という最初の舞楽が冒頭になされます。次いで、本尊となる「楊枝の御影（＝聖徳太子の絵像）」にたゆたう聖徳太子の御霊を目覚めさせる舞といわれる「蘇利古《そりこ》」が舞われます。「蘇利古」が舞われた後には、六時堂内中央の「御影」の前の御簾が上げられ、水が供えられます（御上帳《みじょうちょう》・御手水《みちょうず》の儀）。舞楽の「蘇利古」と、御上帳・御手水の儀の際に付楽として奏される「河水楽《かすいらく》」という楽曲の主管者は右方の笛の頭が務め、四天王寺から預かった「京不見御笛」で音頭を吹きます。後に詳述しますが、この京不見御笛は、不思議ないわれを持つ聖徳太子御自製といわれる笛であり、太子の霊力が込もった呪物として四天王寺で厳重に管理され、聖霊会の日にのみ封印がとかれて使用されていたものです。この笛を奏する「京不見御笛当役《きようみずのおふえとうやく》」を務めることは、聖霊会に参仕する笛吹きにとっては大変な栄誉でした。法要の冒頭で、太子の御霊を目覚めさせ、召喚する極めて大切な部分は、太子御自製であるがゆえに太子の霊力が込められていると思われる呪物である京不見御笛の音でなされるわけです。また、先ほども触れましたが、「蘇利古」は、通常四人で舞われる平舞に分類されますが、四天王寺聖霊会では五人で舞うならわしとなっています。そもそも雑面《ぞうめん》という人面を模した布面（和紙が貼り重ねられている）を着ける舞は、この「蘇利古」と、聖霊会では常に入調の冒頭で舞われた二人舞の「安摩《あま》」の二曲ですが、聖霊会では特別な舞と認識されており、特に「安摩」は「陰陽地鎮曲」の異名を持つ呪的な舞楽です。雑面には、神霊的なエネルギーを引き寄せて蓄積して、またそれを対象へ向けて発散する特殊な呪力があると考えられていたのでしょう。その霊威を増し、着実に太子の御霊のタマフリ（再生と賦活化）をするべく、五人で舞われるようになったのではないでしょうか。(4)

次に、「廻盃楽《かいばいらく》」の奏楽にしたがって、法要の一舎利と二舎利が六時堂から降りて、石橋を渡って南進し、楽舎前から反転して舞台を渡り降りて、舞台前の階高座《かいこうざ》と呼ばれる座

図14　雑面（蘇利古）

に着きます。この時一舎利は右方の、二舎利は左方の階高座に登ります。涅槃会の際には、これが逆転することになります。階高座に着いた一舎利は法要の趣旨を述べる「諷誦文《ふじゅもん》」、二舎利は法要において祈願する事柄を述べた「願文」を微音で読み上げます。これらを読み上げた後両舎利は、同じく微音で『法華経』を読誦します。

法要導師が階高座に着座し終わると、目覚めた太子の御霊をさまざまな供養によって喜ばせる法要供養部が始まります。「十天楽《じゅってんらく》」の奏楽に伴なわれて「伝供《てんぐ》」と呼ばれる作法が遂行されます。伝供では九種の供え物が各々三組ずつ整えられます。それは六時堂内の三尊（御影・鳳輦・玉輿）の前にそれぞれ供えられるからです。それらの供物《くもつ》は、左右の楽舎の間にある御供所から運び出され、菩薩から八部衆、迦陵頻・胡蝶（舞童）、僧侶へと、手渡しで運ばれ、舞台を通り尊前に供えられます。[5] 舞童は、六時堂内へ運び込む堂司《どうつかさ》にそのつど供物を渡します。このような法要に出演するキャラクターたちが手渡しでお供え物を運ぶ古式の作法は、近代以前の舞楽法会では必ず行われていましたが、恒例の大法会の中で現存しているのは、今日では、聖霊会だけであると思われます。

その後は、いずれも仏教に関係する舞楽曲、「菩薩」、「獅子」、「迦陵頻」、「胡蝶」、すなわち、獅子以外は実際に伝供に携ったキャラクターの舞楽曲が演じられます。「菩薩」と「獅子」はいずれも二人（獅子は二頭なので頭と尾それぞれ二名で四名）で舞われますが、「大輪《おおわ》小輪《こわ》」と呼ばれる左右の舞人が互いに外周と内周を入れ替えて、大きく舞台を二回経廻る儀礼的な所作のみを行います。獅子の場合は大輪小輪の前に四方拝の所作も加わります。享保年間にはすでにこのような所作のみになっていたようで、『摂州四天王寺年中行事』には「菩薩獅子を按ずるに、往古は真実の舞曲だったであろう。しかるに当今は絶えてしまった。ゆえに、輪をなすのは舞体を擬するということなのか」[6] と記されています。

ここまでが、お目覚めになられた聖徳太子を供養して、楽しませる法要供養部といえるでしょう。次に法要本体部、すなわち「四箇法要《しかほうよう》」が行われます。ここでは、東大寺大仏開眼供養会の際と同じく、「唄」(唄匿《ばいのく》)、「散華」、「梵音《ぼんのん》」、「錫杖《しやくじよう》」といった四種の声明《しようみよう》が、あいだに舞楽をはさみながら、交互に唱えられます。「唄」は法会の開始前に仏徳を讃歎する四句の偈《げ》の独唱で、心を鎮め法会へ向けて集中する意味があります。「散華」は、諸僧全員で偈を唱和しつつ、華葩《けは》を撒き散らして悪鬼を退け、仏の臨場を請います。「梵音」は、諸僧全員で八句の偈を唱和し、三宝を供養します。「錫杖」では全員で偈を唱和しつつ、各節の終わりに法具である錫杖が錫杖師によって振られます。錫杖とは、僧の携行する杖で、杖の上端に金属製の輪形が付いており、その輪形にさらに数個の金属製の小さい輪を通して、動かすごとに音が鳴るようになっています。錫杖は、もともとは毒蛇や害虫を追い払うのに用いられた杖でした。のちに神聖化され、声明を唱える際に調子をとる道具としても用いられました。声明としての「錫杖」は、こういった法具の錫杖の用法を儀式において定式化したものです。特に、四天王寺では六時堂内で「都錫杖《としやくじよう》」という据え置き式で、両手で回転させる錫杖も鳴らされ、舞台上の錫杖と都錫杖との掛け合いがなされるのが妙味です。現在では、都錫杖を実際の法会で用いるところは皆無で、四天王寺に古式がそのまま保存されています。

ここで興味深いのは、石舞台上で舞楽が行われている間は六時堂で待機している衆僧たちが、それぞれの声明を唱える際には、そのつど、奏楽にのってお堂から降りて、石舞台上に登り、舞台上で声明を唱え、唱え終わればまた六時堂へ戻るということです。通常の法要でしたら、できるだけ本尊の近くで、すなわち、聖霊会の場合ならば六時堂内で声明を唱えることになります。わざわざ本尊前を離れて屋外へ出て、石舞台上で唱えるということは、衆僧が声明を唱える、ということも参詣者に対する演出の一つになっていることを示唆しています。参詣者には、石舞台上の衆僧の姿は、あたかも仏世界の聖衆たちが仏を讃えて発声しているかのように映り、石舞台上に現成せしめられる仏世界のイメージを説得力あるものとして魅了し、深い仏縁を結ぶ機縁となるでしょう。

次第としては、まず「賀王恩《がおうおん》」という曲にのって、二人の唄師が、六時堂から降りて、石舞台脇の石橋を渡って楽舎前に至り、そこから反転して舞台上を六時堂へ向かって石舞台上を渡り、六時堂前に設置された礼盤に登ります。奏楽がいったん止まり、あらためて「天人楽」が奏されて散華衆（六～八名）が六時堂から降りて、左右二列になって、唄師と同様の経路で舞台に登ります。散華衆が舞台上に整列すると奏楽が止み、両唄師が「唄匿」を唱え始めます。途中から散華衆が、「唄匿」に重ねるように散華を唱えていきます。散華の声明が、唄を秘する（匿《かく》す）ように重ねられるところから唄匿といわれます。『摂州四天王寺年中行事』には、「唄匿・散華」が唱えられている間は、楽舎の幔幕が下ろされて、楽人は「暫休息《しばし》」したと記されています。

令和四年に復興された聖霊会の「大行道」

さて、江戸期の聖霊会では、この四箇法要の中間、すなわち「散華」ののちに、散華衆、獅子、菩薩、楽人が再び舞台下で列立して、かつて六時堂の北側にあった「食堂《じきどう》」やその両脇に植えられていた「梅の木」の周りを経廻る「大行道」が行われました。このときの奏楽曲は「鳥向楽」です。この行道のあいだに、左右の楽頭が「一曲」という舞を三度舞いました。この大行道は、令和四（二〇二二）年度の聖徳太子千四百年御聖忌慶讃大法会結願として執行された聖霊会で復興されましたが、約一時間に及ぶ長大なパレードとなりました。奏楽曲は、歩いて進行するあいだは、冒頭の道行と同じく「路楽」でした。このときの聖霊会は、左右列とも楽頭と打楽器類に加えて、それぞれの管楽器四人ずつの十五名の楽人が参列しましたが、江戸期の聖霊会では、管楽器は一人ずつであったようです。

左右両楽舎から進発した菩薩・獅子、楽人、衆僧からなる（令和四年度は舞童も加わった）それぞれの楽頭に率いられた左右の列は、石舞台に登り北上し、六時堂とその北側にかつて存在していた食堂の周囲の所定の経路を経巡って、食堂裏にあたる場所で、左方列を前にした一列となります。そのまま蓮池の東を経て南下し、左方列が楽舎前に達した際に、行列はいったん停止して、舞台下で左方の楽頭が「一曲」を一回舞います（図15）。その後再び進発して蓮池の西側に回り込み、右方列が楽舎前に達した時にまた列はいったん停止して、今度は右方の楽頭が同じく舞台下で「一曲」を舞います（図16）。その後三度《みたび》進発して、もう一度六時堂裏側まで回り込み、途中で左右の列は分離して、所定の経路を経廻って、北側から石舞台に登り南下し、左右それぞれの楽舎前に整列します。その後、今度は左右の楽頭がともに、今度は舞台上に登って、大行道の最後に三度目の「一曲」を一緒に舞います（図17　経路については図18参照）。

この「一曲」は少し不思議な舞です。奏楽曲は「鳥向楽」で、冒頭の御幸と同じく、拍節の区切りに、左方楽頭は鞨鼓《ふりつづみ》と鶏婁鼓《けいろうこ》を、右方楽頭は壱鼓を打ち鳴らしながら進行していくのですが、「一曲」を舞うときは、「一曲」という舞楽曲があるのではなく、楽頭が、「鳥向楽」に合わせて、引き続き拍節の区切りに打楽器を打ち鳴らしながら舞うのです。打楽器を打つ、という所作がそのまま舞の手になっており、左右の舞の手が対をなすような対称性を持っています。そういった意味では「一曲」は、「振鉾《えんぶ》」と同じく儀礼的な舞で、このような行道中の「一曲」の奏舞という作法は、平安末期に確立した大法会の次第に取り入れられました。舞楽法会の伝統では「参向一曲《さんごういっきょく》」と呼ばれて、法会の冒頭部分に楽人が式場へ練り歩きつつ入場してくる際の、最後に舞われることがしばしばありました。

図16　同じく右方楽頭による一曲

図15　左方楽頭による舞台下での一曲

図17　両楽頭による舞台上での一曲

聖霊会は、冒頭は玉輿と鳳輦の御幸があるため、この行道作法を法要の中間部に挿入したものと思われます。

二月十五日の涅槃会でも、散華のあとに同様の行道が行われました。涅槃会の行道は、聖霊会の「大行道」に対して「小行道」あるいは「少行道」と呼ばれ、食堂の裏側に回り込まない、行程のやや短い行道となって差違化されていました。ただし、六時堂以南、舞台周辺でなされる作法は聖霊会と同じで、「一曲」も三回舞われました。涅槃会と対照性があることは非常に興味深く感じます。

大行道が終わると、行事鐘が打たれ、一曲目の法要舞楽である「萬歳楽」が舞われます。萬歳楽が舞い納められると、「白柱《はくちゅう》」が発楽され、讃衆が六時堂から出て、散華の時のように舞台上に登り、声明「讃《さん》」を唱えます。讃を唱え終えると、讃衆は六時堂へ戻り、二曲目の法要舞楽である「延喜楽」が舞われます。大行道を終え、四箇法要の後半、「梵音」が始まるまでのあいだに、讃を挟んで二つの法要舞楽が奉納されます。舞楽の「延喜楽」が終わると、右方楽舎から付楽として再び「延喜楽」の楽曲が発楽され、梵音衆が六時堂から出て、舞台上に登ります。

「梵音」が終われば、再び左方の法要舞楽（「央宮楽《ようぐうらく》」ないしは「桃李《とうり》花《か》」）が舞われます。左方舞が舞い納められると、無音で錫杖衆が舞台に登り、声明曲「錫杖」を唱え、終結部

（1）六時堂裏で一行《いちぎょう》になるまで

❶両列とも楽舎前から進発して、舞台を渡る。

❷右方列は先着し、左方列が食堂跡を周回し追いつくまで南面して待つ。

❸左方列は梅野の木の南側を西進し食堂跡を周回する。

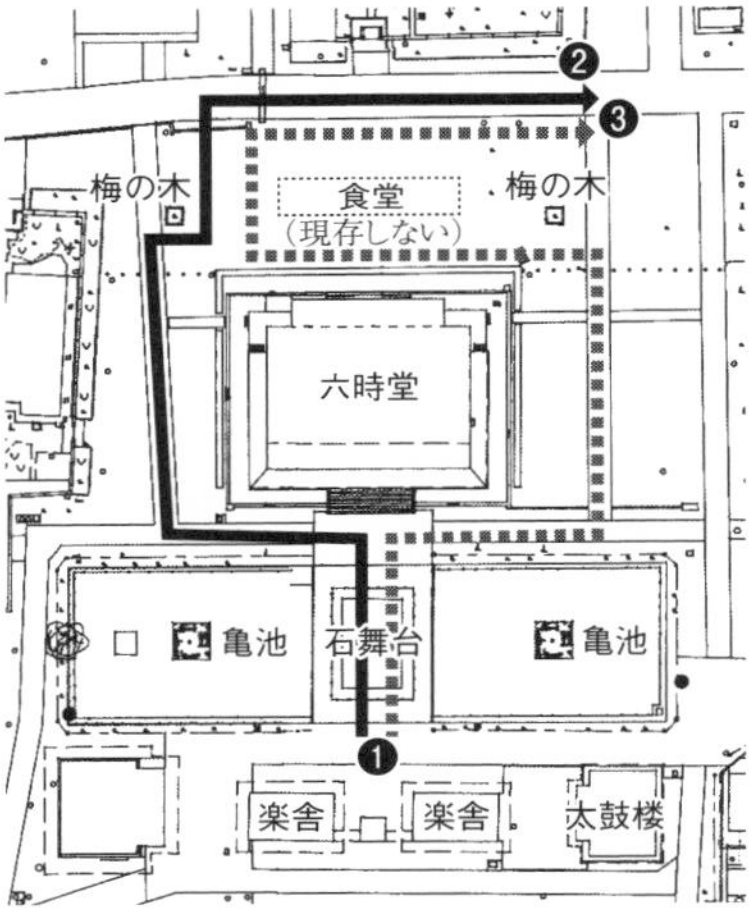

（2）一行での行道と途中停止しての二回の一曲奏舞

❶待機していた右方列が左方列後方に連なり一行となる。

❷舞台下で左方楽頭による一曲奏舞。

❸再度進行後、舞台下で右方楽頭による一曲奏舞。

❹三度進行後、六時堂裏で一行を解く。

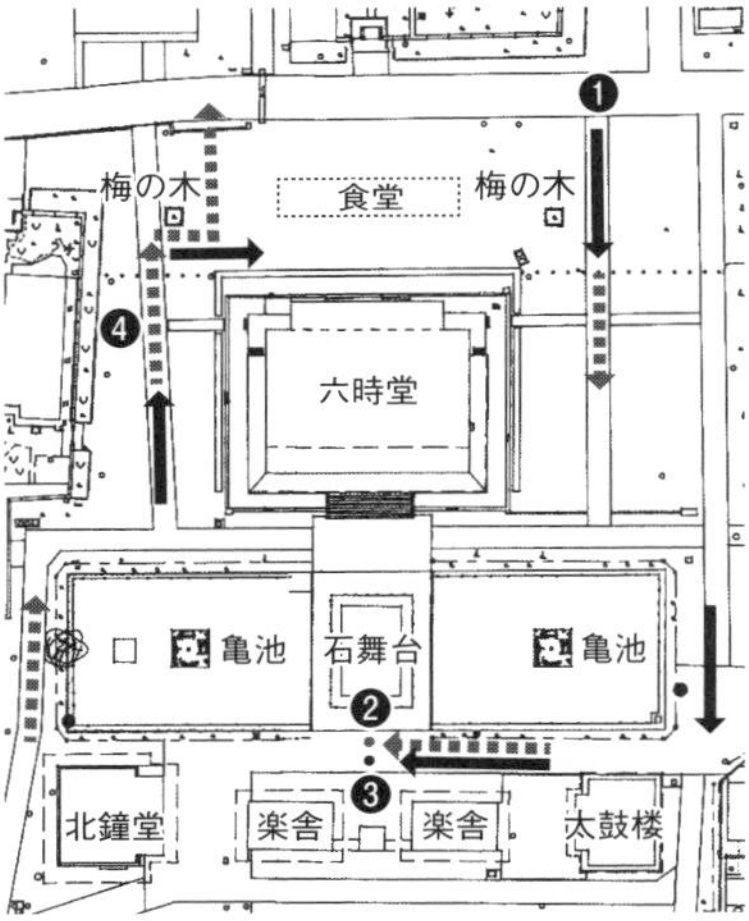

図18　聖霊会大道行図

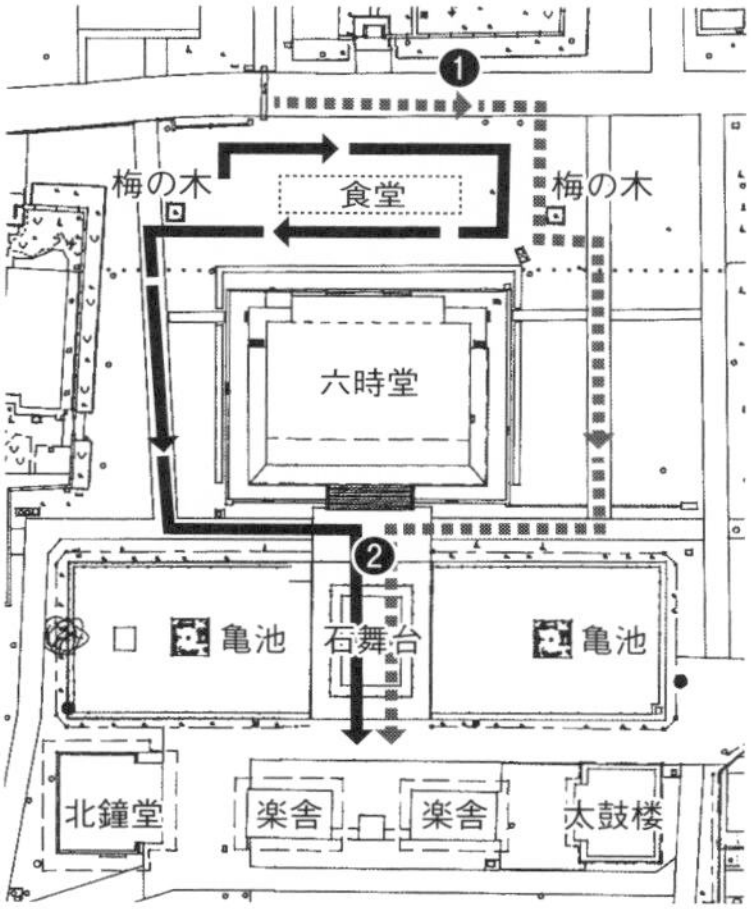

（3）六時堂裏を周回し、舞台上を南進して学舎前へ

❶先着した左方列は、右方列が通過するまで南面して待機。右方列は食堂跡の北側を東進し食堂跡を周回する。

❷左右列揃って石舞台上を南進。

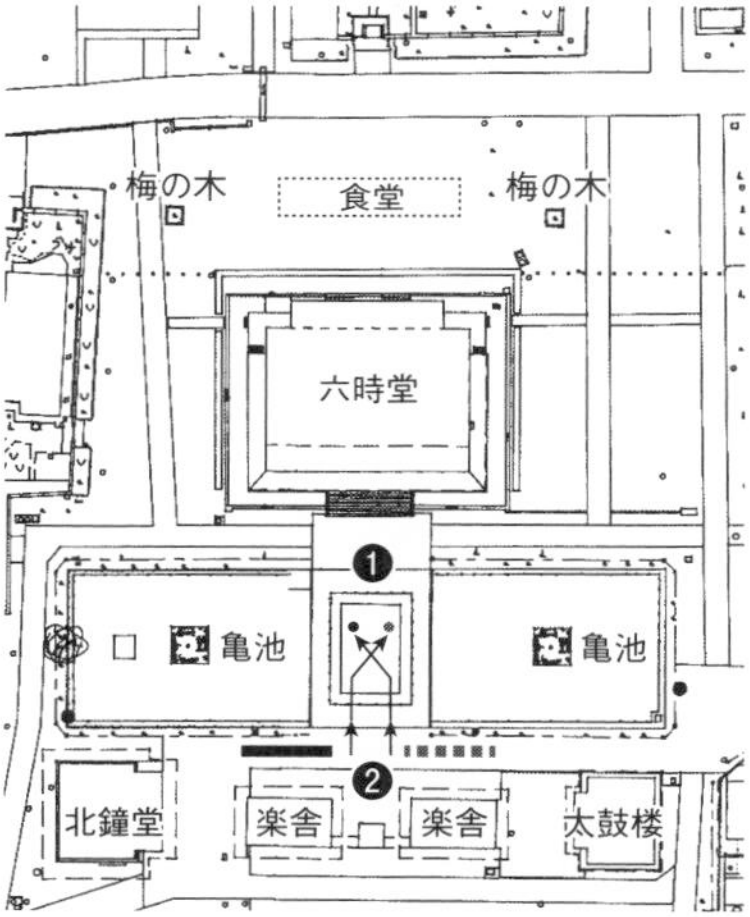

（4）左右両楽頭による舞台上での三度目の一曲奏舞。

❶両楽頭は舞台上で位置を交差させて一曲を奏舞。

❷楽人は両楽舎前で立って奏楽。

分では実際に法具である錫杖を打ち振るいます。錫杖の後は、再び右方の法要舞楽（「綾切」ないしは「登天楽」）が舞われます。本来は、錫杖を挟んで、左右の番《つがい》になる舞楽曲が演奏されることになっていたようですが、令和四年度の聖霊会では、この舞楽曲二曲は割愛されました。

二度目の右方の法要舞楽が終われば、「長慶子」という雅楽曲に合わせて、一舎利と二舎利が階高座を降りて六時堂へ戻ります。ここで一応、「法要本体部」は終わることになります。その後は「入調」といわれる、参詣者たちが法要の名残を楽しむ舞楽が演じられる部分となります。実は、往古の聖霊会ではこの入調部分からがクライマックスといってもいいほどの重厚さで、舞楽曲が延々と十六曲から十八曲も上演されました。例えば、弘化五（一八四八）年の聖霊会の入調では、「安摩《あま》」に始まり「散手《さんじゆ》」「貴徳」「太平楽」「狛桙《こまぼこ》」「春庭花」「敷手《しきて》」「還城楽《げんじようらく》」「抜頭」「甘州」「林歌」「陵王」「納曾利」「賀殿《かてん》」「地久《ちきゆう》」「蘇莫者《そまくしや》」「八仙」「陪臚《ばいろ》」の十八曲が演奏されています。

かつての聖霊会は「日の出」からはじまったとのことですが、ちょうど法要本体部が終わったころは夕方になっていたようです。入調の曲の中には、「太平楽」という長大な舞楽が必ず演奏され（例年入調が始まって四曲目）、この頃には、あたりが暗くなるので篝火《かがりび》の火入れがなされました。それを見計らって、六時堂内では、「楊枝の御影」の前の御簾が下ろされ、御影を巻き上げて櫃《ひつ》に納め奉ったようです。入調のフィナーレは、常に「陪《ばい》臚《ろ》」という勇壮な武の四人舞でした。(7) このときには、すでに深夜になっていたようです。「陪臚」が終われば、玉輿と鳳輦の還御となります。往古は「還城楽」を演奏する楽人に先導されて、それぞれ玉輿は金堂へ、鳳輦は聖霊院へお帰りになりました。

現代では、法要終了を告げる「長慶子」以降の作法は省略、変更されています。「長慶子」にのって、両舎利が六時堂へ戻った後、舞楽「太平楽」の演奏が始まります。後半の「急」に入って舞人が抜刀した時に篝火に火が入れられ、それを合図に、巻き上げられた「楊枝の御影」と衆僧が六時堂から退出する、という次第になっています。その後、入調曲として、舞楽一曲だけが奏され、還御の作法も省略されています。したがって、現代では午後六時ぐらいに聖霊会は終了することになります。

第七章　近世天王寺楽人の生態

「蘇利古《そりこ》」と「京不見御笛《きようみずのおふえ》」

　さて、聖霊会で演奏される舞楽曲の多くは、このような特殊な儀礼の場において手厚く伝承されてきているがゆえに、その曲にまつわる重厚な歴史的蓄積をまとっており、その由緒自体が天王寺舞楽のなんたるかということについての示唆を与えてくれます。すべての舞楽曲を紹介することはできませんが、江戸期に天王寺楽所において起きた重要な出来事と深く関わっているいくつかの楽曲について論じてみたいと思います。

　まずは「蘇利古」についてです。この楽曲については、雑面《ぞうめん》という人面を模した面を着ける呪術的な意味合いを持つ舞であり、聖霊会においては五人で舞われる、太子お目覚めの舞であることについては前章で言及しました。そして、天王寺楽人の笛方にとって極めて重要な関心事は、この舞楽の「蘇利古」と、引き続いて行われる御上帳《みじょうちょう》・御手水《みちょうず》の儀の際の付楽「河水楽《かすいらく》」の主管を誰が吹くかということでした。というのも、聖霊会においては、聖徳太子御自製といわれ、四天王寺の宝物とされていた「京不見御笛」が、右方の笛の頭に聖霊会一日だけ貸与され、特定の曲の主管を務めるというならわしになっていたからです。この京不見御笛で吹かねばならない曲として『摂州四天王寺年中行事』に明記されているのが、この舞楽「蘇利古」と、この舞楽に引き続いてなされる、太子像の帳を上げて、水をお供えするお目覚めの儀式のあいだの付楽曲、「河水楽《かすいらく》」です。

京不見御笛は、龍笛と高麗笛が連管の筒に収められた二本セットになったもので（図19）、「蘇利古」は高麗楽であるので高麗笛の方で、「河水楽」は唐楽ですので龍笛の方で吹かれたであろうと思われます。あと、明記はされていないものの、京不見御笛で吹かれた可能性がある曲として、「獅子」と「蘇莫者」の二曲が考えられますが、これについてはのちほど検討します。いずれにせよ、「蘇利古」と「河水楽」は必ずこの笛で吹かなければならなかったわけです。その意味について諸文献は語りませんが、次のように解釈できるのではないでしょうか。聖霊会の本尊である「楊枝の御影」に込められている太子の御霊、聖霊をお目覚めさせる役割を持っているのが「蘇利古」です。この舞によって、いわば太子の御霊の賦活化、すなわちタマフリをするわけです。また、目覚めたばかりの太子の御霊を、御影の厨子の帳を上げ、お水を供えることによってさらに覚醒させるべく行われる作法（「御上帳の儀」と「御手水の儀」）が蘇利古に引き続いて行われます。この作法のために奏される楽曲が「河水楽」です。これらの舞や作法が持つ呪術的なエネルギーを増すためには、そこで奏されている楽曲自身にもより強い呪術的なエネルギーが込められていなければならないのですが、そのエネルギーは演奏される楽器からも発せられているはずです。この点、京不見御笛は太子のご自製との伝承があり、太子との直接の接触によって、太子自身の神的な力が込められているものと考えられていたのではないでしょうか。「楊枝の御影」の脇に安置される鳳輦に載せられた太子像も、太子ご自製と伝承されていました（『天王寺誌』第三巻 宝物記）。いわば、太子自身の呪力が込められた像、笛の音によって、聖霊の賦活化を増幅せしめうるという呪術的な思考がはたらいていたのではないかと思われます。実際、京不見御笛には、その呪力についての奇瑞が伝わっています。

京不見御笛の一番古い記録としては、貞享二（一六八五）年の『四天王寺年中法事記』に宝蔵に収める宝物の一つとして「京不見御笛」の名前が挙げられており[1]、この頃にはすでに四天王寺の宝物として扱われており、京不見という名称が付けられていたことがうかがわれます。その名前の由来については二つの伝承があります。一つは元禄・宝永頃（一六八八〜一七一一年）成立と推測される『天王寺誌』に記載されている次のような伝承です。

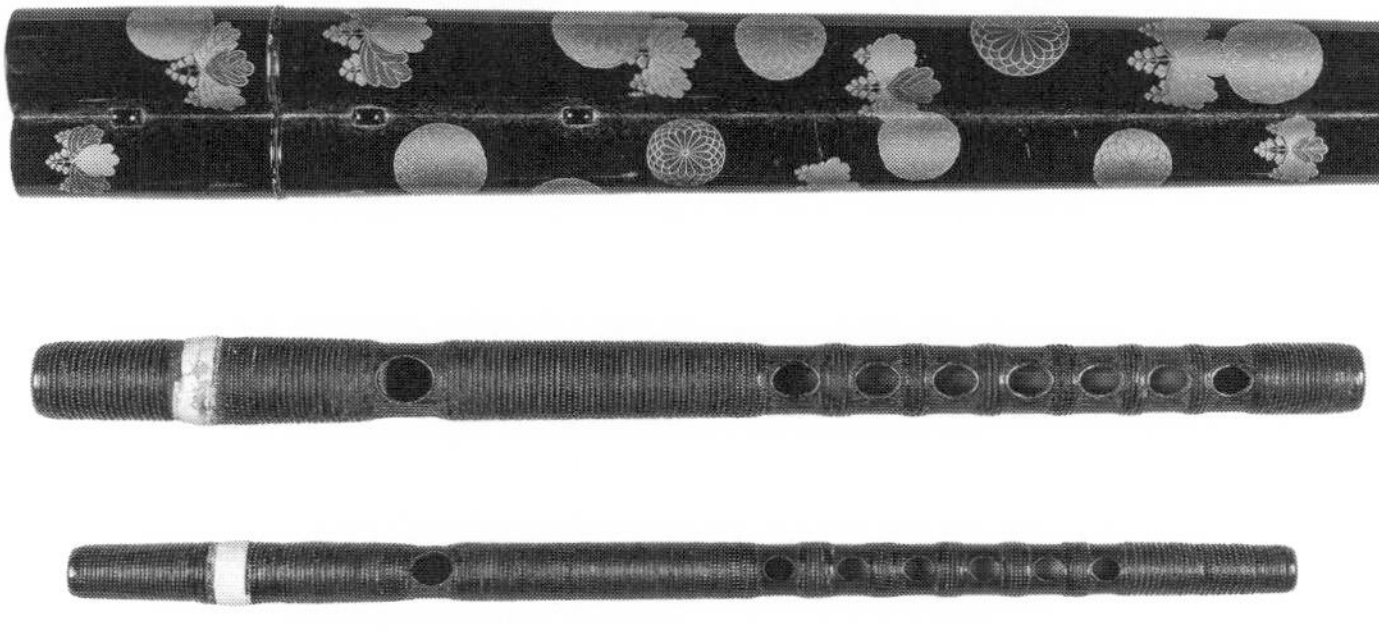

図19　京不見御笛（四天王寺蔵）

宝物記　一、京不見御笛　太子制作の楽笛である。これを京不見笛と名づけるのは、旧記によれば、足利将軍普広院殿、義教公の治世、この笛を京都に召す、笛は破壊されて京に至らなかった。道半ばにして、寺に帰ると、その後には以前のままに復していた。よって京不見の御笛という(2)。

こちらでは、足利義教が笛を京都に召した主体になっています。しかし、同じ頃の『新撰楽道類集大全』（巻二八「楽道雑記」）には次のような詳細な記録が残されています。

縁起にいうには、京不見御笛は聖徳太子が自ら造られたものである。この笛を以て音楽をなし、常に三宝を供養された。しかし、この銘の由縁は、後花園院が、四天王寺の霊宝をご覧になりたいと召し出されたときに、この笛は箱の中で自然に破壊されていた。四天王寺に戻ると全く元通りになっていたので、このことを上奏した。それゆえお心に感ずるところがあり、是を銘じて京不見の笛と名づけられた。

こちらは後花園院（在位 一四二八〜六四年）が呼び出した主体となっています。また、少しくだって天保期の『浪華百事談』にも『新撰楽道類集大全』の説話を踏襲した記述が見えます。笛を召し出した主体は、後花園院とする伝承が主流になっていったようです。いずれにせよ、四天王寺から出されると自然に壊れ、四天王寺に戻ると自然に修復する呪物と見做され、京にあった時には壊れていたから、「京不見」という銘が付けられた笛です。四天王寺から出されたことに抗う呪術的な意思の表現だったのでしょうか。これは、太子が製作したゆえの呪力であり、その呪力を発揮した事実があったからこそ、太子の御霊をタマフリするに相応しい呪物として考えられていたと思われます。すでに言及したように、この京不見御笛は、普段は四天王寺が寺宝として厳重に管理、封印し、四天王寺が聖霊会の一日だけ右方の笛の頭に貸与して吹かせたということですので、その霊威は枯渇することなく、充溢し、右方の頭が主管をする際はもちろん、演奏されていないときでも、右方の笛の頭が陣取る右方楽舎から、聖霊会が終了するまで呪的なエネルギーを法会の場に放ち続け、法要を聖化し続けたのではないでしょうか。

ところで、「蘇利古」「河水楽」以外に、おそらく童舞の直前に奏される「獅子」の曲も京不見御笛で奏されることが多かったのではないかと、私は推測しています。聖霊会の「獅子」は、聖霊会においては右方に配されていますが、笛は、右方高麗楽に用いられる高麗笛ではなく、龍笛を用いて主管者一人と、打楽器のみで演奏されます。先述のとおり、この「獅子」は伎楽に由来するといわれており、龍笛が奏でる楽曲は、住吉大社で演奏されていた楽曲を天王寺が取り入れたものであり、『新撰楽道類集大全』では「当寺ノ秘曲」とされています。一人だけで演奏することと、秘曲といわれていることを合わせて考えてみると、おそらく「獅子」も右方の笛の頭が、京不見御笛で吹くことがあったと推測されます。京不見御笛と獅子の演奏者との関係については、明確に記したものはないのですが、手がかりになる記述が一つ残されています。

東儀文均は『楽所日記』において、天保十五（一八四四）年以降、ほぼ毎年の聖霊会の参仕者と舞楽の配役について書き残しています。管方の主管配役については記録されていないのですが、京不見御笛についてだけは、文均はほぼ毎年配役の末尾に「御笛　〇〇」とわざわざ誰が担当したのかを記しています。しかしながら、天保十五年だけは「御笛」ではなく「獅子」と記して、その演奏者の名前を、「獅子　倫秀《ともひで》」と書き残しています

（図20）。この年の「御笛」の担当については記載がありません。「倫秀」とは在京の天王寺楽人「岡倫秀（昌長）」です。この年の右方の笛の頭は『天王寺舞楽之記』から「山井景典」であることがわかりますので、「右方の笛の頭」すなわち京不見御笛の当役が必ず「獅子」を吹いたのではないようです。ただ、文均がこれ以後は「獅子」の役の記載をやめ、「御笛」の記載に変更して記録し続けていることはどのように解釈すべきなのでしょうか。「獅子」も秘曲を受け継いでいる人物しか吹けないので特記すべきはずですが、「御笛」の方が特記事項としては価値があると判断したということでしょう。さらに踏み込んでいえば、「御笛」の担当者が、ほぼ「獅子」をも吹くことが多かったので、「御笛」の記載で代弁させたということも考えられます。

また、現代では「蘇莫者」という楽曲には、笛の主管者が平纓《ひらえい》唐冠をつけた襲装束《かさねしょうぞく》を着て「京不見御笛当役」（宮内庁式部職楽部では「太子」という役）として聖徳太子に扮して石舞台の右方の階の南側に現れ、音頭を吹くというしきたりになっています。天王寺楽所の京不見御笛というと、現代では、「蘇利古」や「河水楽」という曲より、「蘇莫者」を連想されることが多いように思われます。

鎌倉時代の楽書『教訓抄』は、「蘇莫者」の由来について二つの説を掲げています。一つは役行者が大峯山中で笛を吹いたところ、山神がこれを愛でて舞ったという伝承を象っ

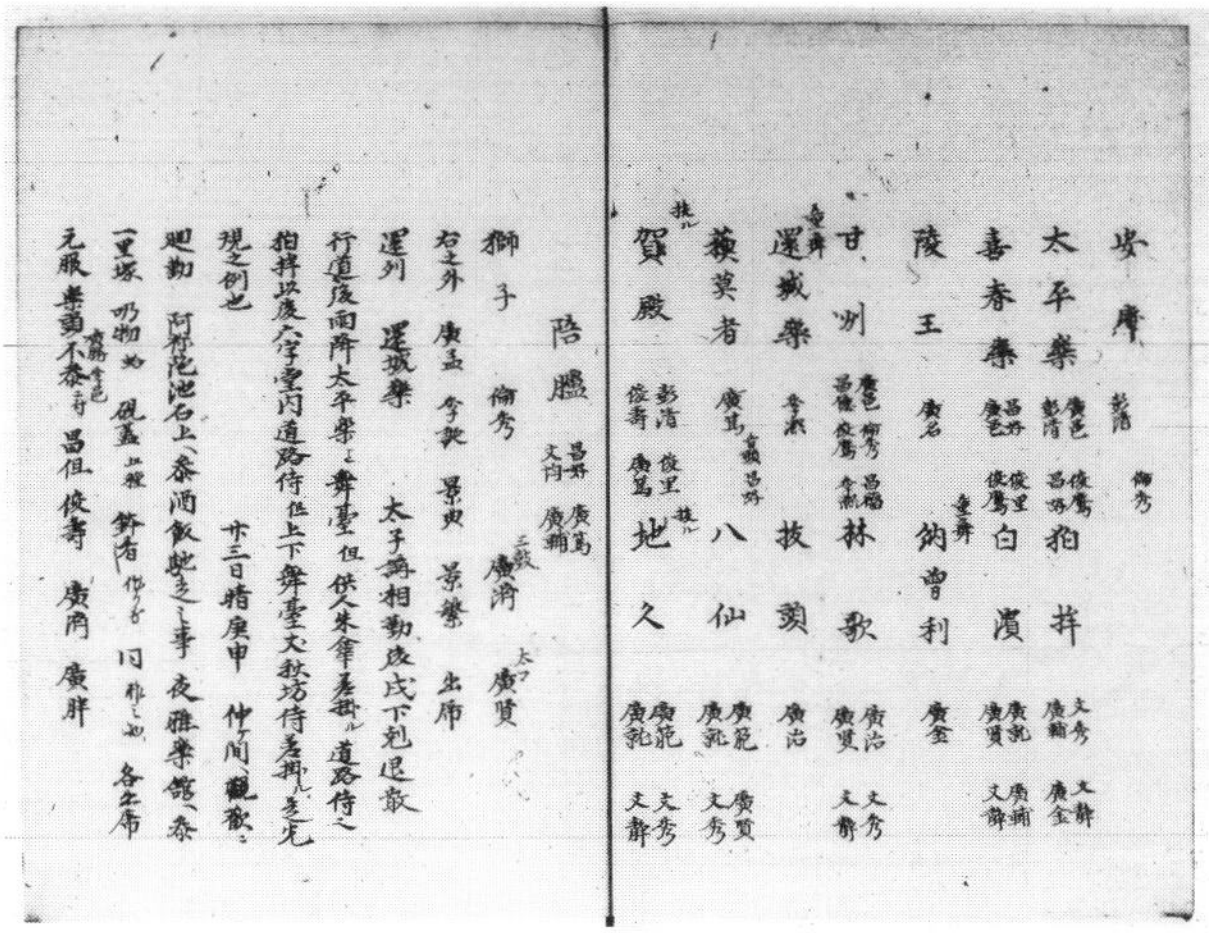

図20　天保十五年聖霊会　配役　御笛役の記載はないが「獅子倫秀」と獅子の音頭は明記されている（東儀文均『楽所日記』）

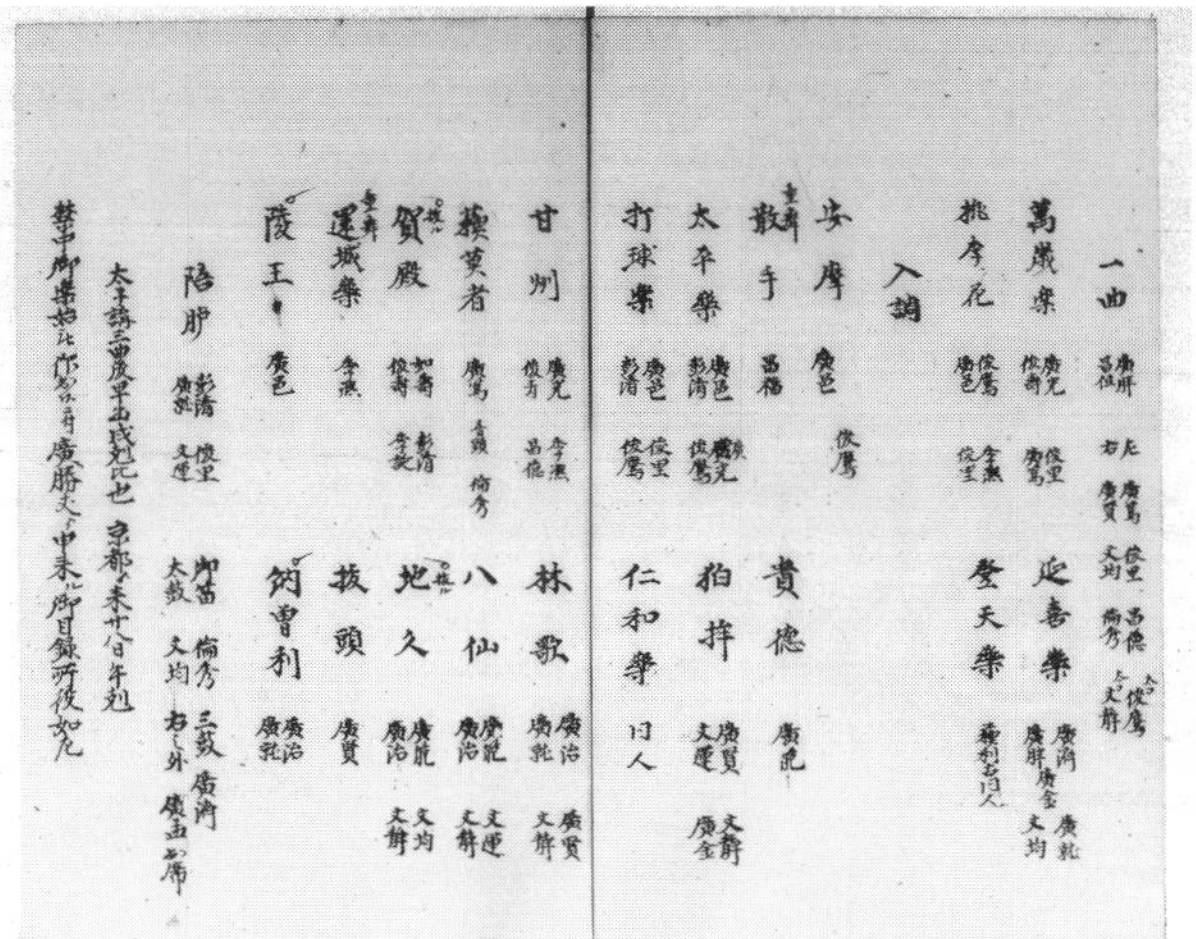

図21　弘化二年聖霊会　配役　翌年の弘化二年の日記には「御笛倫秀」との記載がある。これ以降は「御笛」の記載がなされている。御笛当役で右方の頭である倫秀が、左方に属する「蘇莫者」で「音頭」を吹いていることは興味深い。

たとするものです。もう一つは、法隆寺東院夢殿壁面の絵伝に依拠して、聖徳太子が河内亀ヶ瀬を通った時に馬上で吹いた尺八に感応して山神が舞ったとするものです。天王寺楽所は「蘇莫者」の由来については、この聖徳太子説をとり、右記の演出がなされています。「蘇莫者」は平安時代にはすでに舞われていましたが、もっぱら天王寺楽人が担当して、なかでも薗《その》家の舞であるとされていました。しかし、いつしか舞われなくなり、天王寺楽所でも江戸時代までには絶えてしまっていました。ところが、文政十三(一八三〇)年の聖霊会において、薗廣勝《そのひろかつ》によって「再建」され、それ以降明治維新まで毎年聖霊会のレパートリーとなり、薗家のみによって舞われてきました。

「蘇莫者」において笛の主管者が聖徳太子に扮するという演出がいつから行われていたのかは、明確ではないですが、東儀文均は『楽所日記』に、天保十五年と弘化二年の二回だけ、「蘇莫者」の「音頭(主管者)」についての記録を残しています(図20・21)。他の楽曲の音頭については、記録をしていませんので、「蘇莫者」については笛の音頭が舞人に準ずる程度の特殊な存在であり、なんらかの際立つ演出がなされていたことをうかがうことができます。また、天保十五年の御笛担当は山井景典ですが、「蘇莫者」の「音頭」は岡昌好と記されています。さらに弘化二年の御笛担当は岡倫秀で、「蘇莫者」の「音頭」も岡倫秀と記されています。つまり御笛担当がかならずしも「蘇莫者」の音頭(楽曲冒頭の独奏部分）を吹いたのではないが、御笛担当がそのままこの曲の音頭を吹いたこともあったようです。ただし、右方の頭は右方の襲装束を着けて、聖霊会に参仕していたはずですが、「蘇莫者」は、入調の演目の中では左方に配されています。つまり、京不見御笛の担当者が「蘇莫者」の音頭を吹くというのなら、基本的に左方の襲装束に着替えるという手間をとらねばならなかったことになります。

「獅子」の笛奏者と「蘇莫者」の音頭役については、「蘇利古」と「河水楽」についてのような、御笛担当者が必ず吹くといった明記が聖霊会の手文には残されていないので、これらの役職を御笛担当者が兼ねることは必ずしも原則化されていたのではないようです。しかし、いずれも重要な役職であるので、右方の頭の御笛担当が兼務したことが多かったものと思われます。現代の「蘇莫者」の主管者を天王寺舞楽では「京不見御笛当役」というのは、この名残りではないでしょうか。

いずれにせよ京不見御笛は、聖霊会の演奏やその場を聖化しうる呪物であるがゆえに、誰がそれを担当するかということは、笛吹きの天王寺楽人、さらには天王寺楽所全体にとっても取り立てて記録に残す価値のある事柄であったわけです。御笛の担当者は、右方の笛の頭ということになりますが、なにかと右方優位となる聖霊会においては、まさに御笛担当者がその際の天王寺楽所全体の笛の頭と認知されることとなり、非常に誉れの高いことであったと考えられます。それゆえ、この笛を誰が担当するかについては、十七世紀末元禄期から宝永・享保年間を通じて、天王寺楽所内で争論が続きました。天王寺楽所の特質を浮き彫りする事例なので概要をお伝えしておきたいと思います。(3)

「京不見御笛」を廻る争い

事の発端は、天正年間にいったん廃絶した京都方楽家の山井家を再興するべく、天王寺楽人岡昌俊の子が山井庶流を継いだところから始まります。これが山井景福《やまのいかげとみ》ですが、景福にも後継者となる子はなく、同じく天王寺楽人林家の林廣直《ひろなお》が養子に入り、山井景元《やまのいかげもと》(一六二九〜一七〇一)と名乗ります。景元にも後継者となる子はいなかったので、兄弟である林廣富の子が養子に入り、山井景村(一六七〇〜一七二一)となりました。以降は、この血脈が、景隆《かげたか》、景綱《かげつな》、景和《かげかず》と山井家を継いでいきます。この山井景村の時点で、京都方の山井家は在京林家の血統となっていたわけですが、この山井景村と在天楽人の笛吹きのあいだに、京不見御笛を廻って大きな争論が持ち上がりました。というのも、十七世紀の半ばから、一七三五年までの数十年間、この山井家が、家柄の所属としては京都方楽人であるにもかかわらず、あたかも在京の天王寺楽人であるかのように毎年大坂へ下向して聖霊会に参仕し、しかも「京不見御笛」当役を担当し続けていたのです。このならわしは、山井家を再興した景福の代から始まっていたことが、争論における訴状などから読み取れます。また、『四天王寺舞楽之記』記載の聖霊会の配役からは、最も古くは貞享二（一六八五）年には、すでに山井景元が下向して右方の笛の頭を務めていますし、貞享四年も景元が右方の笛の頭で、景村も御幸の太鼓を務めるなどして親子で参仕をしています。

三方楽所が成立した初期は、天王寺楽人の中でも、岡家以外は在京の楽家に本家筋があり、もっぱら天王寺楽所の「楽頭職」も在京の楽家が独占していたようです。つまり、在京の楽家の方が在天よりも家格が高いと考えられていたと思われます。景福は本家ではないですが、在京の岡家からの養子で、景元、景村も在京の林家から山井家へ入っています。初めて天正時代に天王寺楽人が朝廷に取り立てられた頃から、三方楽所の制度が成立するまでには八十年ほどのタイムラグがありますが、この間に先駆けて官位を得ていた在京の天王寺楽家には、やはり強い発言力・政治力があったのではないでしょうか。しかし、三代目の景村の時代になると、在天の東儀、岡家の笛吹きの家からは、なぜ「秦氏ノ楽人」(4)でもない山井家の者が下向してきて、聖徳太子ゆかりの寺宝の吹奏を担当するのか、という疑問が生じてきていたようです。

それは、元禄十六（一七〇三）年の聖霊会の際に、景村が親類の疱瘡《ほうそう》のために不参加となり、在天の岡昌方が右方の頭を担当し、数十年ぶりに京不見御笛を在天の笛吹きが、一度取り戻したことから顕在化してきます。その後宝永三（一七〇六）年の聖霊会直前の二十日に、在天の岡昌純から景村へ、「左方より右方への助けとして、景村より「上首」の者が右方へ渡るので、その者が御笛を吹くべきである」との伝達がなされました。景村が、少し思案するので返答は待ってもらう、と即答を避けたところ、翌二十一日は「左方之笛《ふえ》中《ちゅう》（左方の笛吹き全員）」より、同様の趣旨の申し入れがなされました。景村は、これまでに例がないことを突然申し出られても「迷惑」であり、今年は自分が担当して、聖霊会が終わってからきちんと議論をしましょう、と返答しました。この返答を左方の笛吹き衆は聞き入れず、景村と何度か同じやり取りを繰り返したのち、夜に入り、昌隆が、京不見御笛が出ないということにすれば、左方から右方へ頭を送るということはしない、という妥協案を出しました。景村はやむを得ず、四天王寺の一舎利のもとへ出かけ、事情を説明して、御笛を受領しない旨を伝え、御笛なしで景村が右方の笛の頭を務めました。

この争論は後をひき、在天の笛吹き衆は、翌宝永四（一七〇七）年も同様の主張を行いましたが、四天王寺の側で一方的に、景村を御笛の当役と見做し、景村に渡したようです。聖霊会に京不見御笛が出ないことは、「太子の冥慮」に難が生じ、円満な法要ではないことになるのを憂慮したのでしょう。この笛吹きのあいだの争論は、天王寺楽所内全体でも憂慮するところとなり、宝永五年の新年の舞御覧に、在天楽人が上京した際に、在京・在天を合わせた天王寺楽人と山井家との協議がなされました。在京の東儀季益《すえます》が仲介して、三年に一度は岡家や東儀家の楽人にも京不見御笛を担当させる、ということで合意に至ったようです。しかしながら、宝永五年の聖霊会前日に岡家の笛吹きが四天王寺に笛を取りに行ったところ、今度は四天王寺が、この問題がはっきりと決着がつくまでは、先例どおり山井景村に御笛を渡すとする、といいます。そこで、岡昌方、昌隆が四天王寺へ苦情を申し立て、「秦氏の笛吹も御笛を吹くべきであるところを、景村を贔屓にして、こちらに渡してくれないというのは余りのことではないか」というと、四天王寺としては「争論の理屈がどうであれ、御裁評までは、先例の如く景村に渡すべきことは寺中惣評議の結論である」といって受け付けません。そこで、在京の岡昌倫《おかまさとも》が昌方、昌隆に加わって強硬手段に出ます。「かくなるうえは、景村に御笛を渡されるというのなら、在京、在天王寺の秦氏の笛吹たちは、明日二十二日の聖霊会には参勤しない」と申し出るのです。この結果、宝永五年の聖霊会では、京不見御笛は出されず、景村は御笛なしで右方の笛の頭を務めました。

翌年の宝永六年の聖霊会は、この年の正月に将軍の徳川綱吉が逝去したため、三月二十二日に延引となりました。この一年もどうやら京不見御笛の担当については議論が進まなかったようです。聖霊会の前日になって、岡家から「笛吹　惣中」との署名で、いわば公開質問状（「京不見御笛之儀ニ付三月二十一日岡家ヨリ一方仲ヶ間江口上書出ル留」）が天王寺楽所の関係者へ出されました。この事柄は、天王寺楽所全体の問題なので、論点を共有して、同じ問題意識を持ってもらいたいというのが建前のようです。その内容は、そもそも景村は大神氏《おおがし》（山井の本姓）であり京都方楽人であるにもかかわらず、秦姓を持つ「私共譜代太子之御家来」を差し置いて、景村一人に「御笛勤役」を与えるのは得心がいかない、というものです。景村は、山井家は三代に渡って勤めているのだから、と主張しましたが、岡家は、「景福や景元はその時分の「階老」であったからまだ納得できるが、現在は景村よりも年長で格上の笛吹きが在天、在京ともに存在する。数代お役を勤めたら、当然のようにそのお役がその家付のものになるのであろうか。天王寺楽所の楽頭職なども、長い間在京の楽人が勤めていたが、現在は在天の楽人も勤めているではないか。そもそも、なぜ山井家が、（天王寺方の所属ではないのに）三代にわたって天王寺に参勤してるのか。その根拠をもう一度吟味し直すべきである」と明確な疑問をぶつけています。結局、この年も四天王寺は、争論が落着しないあいだは京不見御笛は出さないという宝永五年の落着点を維持し、京不見御笛が出ないまま聖霊会が執行されました。

さて、当時の四天王寺の本山は、日光輪王寺《にっこうりんのうじ》でした。そこで、宝永六年十二月に徳川綱吉の一周忌が執り行われ、その法事の奏楽を担当すべく三方楽人が江戸へ下った際に、行事の終了後に、天王寺方左方の笛奏者の総代として東儀兼伯と岡昌方が、景村とともに江戸に残り、日光御門主に、この問題の裁定を仰ぎました。日光御門主の裁定は、とてもシンプルなものでした。「いままでどおり山井氏が京不見御笛当役を勤める」というもので、三年に一度は山井氏以外の天王寺楽人も担当するという、一時期まとまりかけた留保も消し飛んでしまいました。

この裁定は山井包囲網を形成していた「秦氏ノ楽人」、特に在天に本家を持つ岡家に大きな不満を残したようです。機会を狙っては、山井氏に嫌がらせが行われました。この宝永六年の五月一日に住吉大社の正遷宮が行われ、天王寺楽所全体を挙げて、遷宮の法要の付楽や舞楽を行いました。このような住吉大社での法要にも天王寺楽所の一員として、山井家は参勤してきた経緯があり、このたび景村も参加しようとしたところ、楽所仲間から、景村は参仕させるべきでないとの異論が出て、調整がつかなくなりました。社務から四辻家へ調停を願い出たところ、奉行所から首尾よく舞楽が調うように（仲良く）差配するべき旨申し渡され、結局景村は参勤しています。(5)

また、少し時代が下って景村から次代の景隆に京不見御笛当役の代替わりがなされようとした享保七（一七二二）年の聖霊会では、日光御門主の裁定があるにも関わらず、左方の岡昌名が、法要開始直前に右方の装束を着けて現れ、自分が右方の笛の頭、京不見御笛を担当する、と主張し出しました。これは、景隆にはっきりと断られ、その装束のままで左方の行道に加わることもできず、左方楽舎へ戻ったという椿事が起こっています。(6)

この翌年享保八年にはさらに景隆に対する執拗な追い打ちが続けられ、前年に昌名が試みたように、左方の笛吹が右方へ渡って笛の頭になれば音頭（御笛の担当）を譲るか、との主張が左方の笛吹きから景隆に出されましたが、景隆は前例がないと拒絶したので、その意趣返しで、今後左方からは右方笛吹きの補助を出さない（右方へ渡らない）ようになったようです。(7)

こういった左方の笛吹きの暴論については、天王寺楽所全体として許容していたわけではなく、享保二十（一七三五）年に景隆の下向がなく、山井家以外が御笛当役を務めることになったとき、岡家は、左方の笛の頭のまま御笛を受け取って演奏するべき旨主張しましたが、このときは楽所全体で説得して、左方の頭の岡昌名が右方へ渡り、右方の頭として御笛を受け取っています。左方の頭でも御笛を受け取れるという既成事実を作って、次年に景隆が参仕した際に、その前例でもって彼から御笛担当を奪おうとしたのでしょう。

このように景村、景隆の二代にわたって、天王寺方の左方の笛吹きとのあいだに京不見御笛担当を廻ってのバトルが繰り広げられたわけですが、享保二十年以降は景隆の下向が滞りがちになり、元文二（一七三七）年以降は山井家と岡家が隔年で担当する（のちに東儀家も加わる）という取り決めがなされ、京不見御笛を廻っての大きな混乱はなくなっていきます。それでも山井家は、景隆の嫡子景綱、その次代の景典と、御笛当役でなくても、幕末まで聖霊会に参勤し続けたのでした。

「抜頭」伝承についての騒動

もう一件、江戸期の天王寺楽人の生態に深く関わった舞楽として「抜頭」とそれを廻る騒動について紹介したいと思います。「抜頭」は、楽曲の形態は笙が入る左方唐楽ですが、舞楽としては左方の「抜頭」と右方の「抜頭」の二種類あるという特殊な舞楽曲です。左方に分類される「抜頭」は、二拍と四拍の複合拍子である只拍子《ただびょうし》という拍で楽曲が構成され、江戸期においては南都楽所の芝家が舞っていました。右方抜頭は、天王寺楽人が只拍子をもとに創作した二拍と三拍の複合拍子である夜多羅拍子《やたらびょうし》（八多良拍子）で演奏され、舞の手も左方の抜頭とはかなり異なります。右方の「抜頭」は、江戸期においては独占的に天王寺楽所の林家が舞っていました。宮廷の舞御覧などで舞われる際は、左方の「抜頭」と右方の「還城楽」が番舞となり、南都方の芝家が「抜頭」を、安倍姓東儀家が「還城楽」を家の舞として舞っていました。ですので、舞御覧で林家が右方の「抜頭」を披露する機会は原則としてなかったのです。

四天王寺の聖霊会でも、入調で「抜頭」と「還城楽」が番舞として舞われていましたが、こちらは宮中では右方扱いされている「還城楽」が左方の扱いで、「抜頭」が右方の扱いです。右方として扱われるので、聖霊会では「抜頭」の舞人は、右方の楽舎から登場します。しかし、そのまま右方の階段から舞台に登るのではなく、松明を持った掃部《かもん》に先導されて、舞人は左方楽舎前まできて、鼉太鼓《だだいこ》の周囲を一周するという作法があります。そのまま左方の階段から右足を先に出しつつ（右方舞の作法）舞台に登り、舞い終えてからは、右方の階段を降りて、右方の楽舎へ戻ります。さらに、演奏は左方の楽舎が行うことになっています(8)。この作法は、この夜多羅拍子で演奏される右方「抜頭」の舞は、「より古い時代には、天王寺楽所においても左方の舞として演じられていた可能性があり、このしきたりは、その名残を示すものである(9)」と推測することもできます。聖霊会では、現代でもこの「抜頭」のしきたりが残されており、また、宮内庁楽部のレパートリーには左方「抜頭」と右方「抜頭」の両者があり、春日若宮おん祭では、今日でも南都楽所によって芝家由来の左方「抜頭」が舞われています。

さて、天王寺楽所では、右方舞は、林家と東儀家が担当していました。東儀家は、在京の安倍姓東儀が、聖霊会では必ず「還城楽」（四天王寺では左方扱い）を舞うなど、一統としては左右兼任の家でした。宮中の行事では、天王寺楽所は原則として右方舞を担当していたので、宮中で舞楽を披露するのは、林家と東儀家の者で、岡家や薗家は宮中ではもっぱら管方《かんかた》で奉仕していたのです。しかし、舞御覧などの華やかな場で、「納曾利」と「貴徳」といった右方の一人舞が天覧に浴する機会は、ほぼ林家が独占していました。林家においては、天正期に廣康《ひろやす》が、初めて宮中に召された天王寺楽人のうちの一人であり、この血統が本家として京都に根付いていました。それゆえ、天王寺楽所においては、林家の政治的立場は他家に優越しており、江戸初期には、宮中での「納曾利」、「貴徳」や聖霊会での右方「抜頭」といった、訴求力のある走舞を晴れの場で舞う機会は、林家が独占していました。先ほどは、京不見御笛を廻る山井家対東儀・岡家との対立軸を見てみましたが、右方の走舞に関しては、林家対東儀家といった構図が潜んでいます。つまり、林家の右方走舞の独占と東儀家がそれを切り崩そうとするアクションの攻防です。そして、抜頭の舞を廻ってのそれは、次第に天王寺楽所全体を巻き込んでいきます。

ある偶然から、林家による四天王寺での右方「抜頭」の独占権が他家からの標的になります。享和元（一八〇一）年八月二十六日に、御所の小御所前庭において、舞楽御覧があり、五番十曲の舞楽が三方楽所によって演じられました。このうち、正式の舞御覧では左方「抜頭」、右方「還城楽」となる組み合わせが、この時には左方「還城楽」（只拍子、芝葛泰）、右方「抜頭」（夜多羅拍子、林廣猶）の組み合わせで行うとの仰せ付け（勅定）がありました。いわば、天皇から天王寺流の「抜頭」を見たいとご指名があったわけです。これについては、「おもわぬ冥加がかない、勅定をいただいてありがたき幸せであり、林家一統の面目が立つことはこれに過ぎるものはない」(10)（「抜頭一件之留」第一）と林家は有頂点でした。しかし、当日までに、天王寺楽所の他家から、「抜頭」に関してあれこれ申し立てることがあり、また当日の「抜頭」の管方と打物が「殊之外急速」で「不出来」であったので、事後に天王寺楽人が尋問を受けることとなったのです。(11)まず、楽の不出来については笛の音頭であった岡備後守（昌清）が謹慎、太鼓を担当していた薗土佐守（廣幾《ひろちか》）、篳篥の音頭だった東儀出雲守（季政）が舞楽の出仕を差し止められました。

しかし、四辻氏ら上層部は、この「抜頭」の楽の乱れの背後に、天王寺楽人間の不調和があることを見てとり、この本質的な問題にメスを入れようとしました。というのも、林家以外の天王寺楽所の三家から、それぞれ、「抜頭」は決して林家の舞ではなく、他三家にも「抜頭」の伝承があるという趣旨の——ただし、それぞれの正確な内容は一致せず、場合によっては齟齬をきたすような——申し立てがなされていたからです。舞楽出仕の差し止めを命ぜられた三名に加えて、岡伊予守（昌晴）と東儀筑前守（如貫《ゆきつら》）、岡内匠権助《たくみのごんのすけ》

（昌業？）も当日の楽の不出来とは別に、それぞれが事前になんらかの混乱した申し出をしていたことによって、咎めを受けています。そして、四辻家から天王寺方一統に対して次のように申し渡されました。「天王寺方の舞楽は、粗略に扱うようなことはあってはならないことは勿論であるが、今回の抜頭の件のように、それぞれがこぞって家の舞であることを主張することは、結局は我意に拘泥しているからではないか。このようなことであるから、今回のような抜頭の不出来という事故が起こったり、舞曲が絶えたりするのだ」。「天王寺で奉仕する舞は、すなわち朝廷にも奉仕されるものであるので」、「我意偏執することなく、面倒を起こさず奉仕しなさい」（「抜頭一件之留」第一）[12]、と。

このような朝廷側の姿勢からして、最も問題となったのは、岡家からの申し立てでした。岡昌晴の子昌稠《まさしげ》は、享和元年の小御所の舞楽御覧に先だって、寛政八（一七九六）年に一度、舞御覧に右方「抜頭」が出されることが検討された――結局紆余曲折を経て取りやめになったが――奉仕人評議の場で、次のような申し立てをしたようです。彼は、寛政五年（一七九三）に厳島神社人が在阪した際に、厳島において古来「抜頭」の舞が伝来していることを聞き、それを一見して、伝受するべく厳島に下向した。そこで棚守将監《しょうげん》（野坂氏）から伝授を受けたが、その際に図らずも、先祖の岡昌歳が、永正六（一五〇九）年当時の棚守であった野坂才菊（後の棚守房顕）に「抜頭」を含む多くの舞楽を伝授した旨を記した

図22　天王寺楽所に大きな波紋を起こした「抜頭」

伝授状[13]を見せられ、棚守から伝授された「抜頭」は、元来岡家の「抜頭」であり、その「抜頭」を棚守から再伝授されたので、現今岡家にも「抜頭」の伝承がある、とその評議の場で主張したようです（図22）。このことを、老分であった岡家の長老の岡昌晴が四辻家に申し立てたことから、奉仕人評議の場での昌稠の主張が朝廷に知られるところとなったのでしょう。朝廷は、昌稠を京都に呼び出して尋問を行い、その結果、寛政五年に厳島から復伝したといわれるが実は寛政八年であったこと、譜面も証拠もない出所が不確かな厳島の「抜頭」を楽所に属する者が伝受したうえ家伝と称したこと、尋問に対する答弁が毎回紛擾したことから昌稠は免官され、京都に蟄居《ちつきょ》となり、また岡昌芳も、昌稠の主張をよく吟味せず、不明確な答弁をしたことから、老分を解任されています。

このような厳罰が課されたことは、朝廷に対する不敬に加えて、「非楽所」の者に対する舞曲伝授の問題があったと思われます。南谷美保氏もいわれるように、「三方楽所と三方楽所関係者以外の人々との間で、雅楽の楽のみならず、舞楽も伝授が行われ、その結果として、楽所関係者の関知しないところでその舞が拡がる危険性に対して、四辻家を始めとする関係者がなんらかの規制をかける必要性を感じていたこと(14)」もこの峻厳な姿勢の背後にあったのではないかと思われます。すでに寺社での民間の雅楽奏楽については、寛延年間(一七四八~五一)から、三方楽所への入門と監督に復することなくしての奏楽を禁ずる旨の統制が四辻家を通じてなされていましたが(15)、舞楽の伝授についても統制を考える時期にきていたのでしょう。いずれにせよ、右方「抜頭」が林家の舞である、という明確な認定こそなされませんでしたが、他三家が、「抜頭」伝承の申し立てが原因で処分を受けたため、この後も事実上林家が右方「抜頭」の上演を独占していくことになります(16)。

住吉大社と天王寺楽所

江戸期においては、大阪の住吉大社と天王寺楽所の絆も強く深まりました。江戸期の天王寺楽所の動向を記する最後に、この住吉大社との関係について紹介しておきたいと思います。今日、天王寺楽所雅亮会は毎年二回、住吉大社卯之葉神事（五月）と観月祭（九月）に際して舞楽奉納を行なっています。これらの舞楽奉納は古くからあったものではなく、雅亮会による卯之葉神事奉納舞楽は昭和二十一（一九四六）年から、観月祭奉納舞楽は、昭和二十三（一九四八）年から始まりました。卯之葉神事は住吉大社の御鎮座を記念したもので、いわば住吉大社の創立記念祭ですので、そこでの奉納舞楽は、住吉大社にとっても雅亮会にとっても、非常に重要なものです。このような住吉大社と天王寺楽所との密接な絆は、記録の上では宝永三（一七〇六）年にまでさかのぼることができます。

住吉大社の舞楽については、資料が乏しく正確ではないのですが、江戸元禄期に住吉大社社家であった梅園惟朝《うめぞのこれとも》が編纂した『住吉松葉《すみよしまつば》大記《だいき》』（以下『大記』と略記）の記述によれば、住吉大社には代々神主を務めた津守家を軸にして、平安時代の津守国基《つもりのくにもと》以来の雅楽の伝統がありました。津守神主家は、代々笛か楽箏に堪能であったようです。特に、第四十六代の経国《つねくに》は笛の上手でありつつも、建保二（一二一四）年の歓喜寿院供養で打った「獅子」の曲の太鼓が素晴らしく、以後「獅子」の太鼓が津守家の「眉目」とされました。[17] その後も、神主津守家の当主は、この太鼓が評価されて、しばしば朝廷での観賞を受けており、住吉大社の雅楽、特に津守家の「獅子」の太鼓は中央でも覚えがめでたかったようです。

また、鎌倉時代末に成立したと考えられている『住吉大神宮諸神事次第』（以下『次第』と略記）[18] によれば、住吉大社内の神宮寺では、舞楽四曲以上を含む舞楽四箇法要の形態で一切経会や相撲会が行われていたことがわかります。「かつては伶人の党は十余家を下らなかった」[19] という江戸期に書かれた『大記』の記述と合わせて考えると、鎌倉期には、かなりの楽人を具えた「楽所」が住吉大社に存在していたと推測できます。

ただ、『次第』には、「相撲会」の舞楽奉納に南都楽人が参加していたとの記述があり、[20] また『大記』によれば、津守氏の本姓が元来「狛《こま》」であり、また楽書『教訓抄』（一二三三）を著した南都楽人の狛近真《こまのちかざね》が一時期、上記の津守経国神主に仕えていたとのことであるので、この住吉大社の「楽所」は、奈良の南都楽人のなんらかの影響・指導下にあったと推測されています。ですので、この頃の住吉の楽人は、平安時代から同じく都で名を馳せていた天王寺楽人とは、むしろいわば競合するような関係であったと思われ、謡曲「富士太鼓」における住吉楽人と天王寺楽人の葛藤の物語の背景となるような状況が存在していたことがうかがえます。

しかし、住吉大社の舞楽は、建武年間以降次第に「退転」し、文禄年中（一五九二〜九六）の検地によって「神領は劫略せられ、伶人は散亡して舞楽遂に断絶」（『大記』[21]）ということになりました。その後は、祭式の音楽（付楽）のみの演奏がなされますが、慶長十五（一六一〇）年には、音楽も社内の争論によって絶えてしまいました。どうやら、この後約百年にわたって住吉大社では舞楽はもちろん祭祀にも雅楽がほとんど用いられない時期があったようです。

ところが、おそらく宝永六（一七〇九）年に予定されていた正遷宮の準備の一環としてであると思われますが、宝永三年に、神主津守国教《くにのり》から依頼があり、天王寺楽人が「住吉楽人」への指導を行います。当時の天王寺楽人の岡昌名が編纂した『新撰楽道類集大全』第三十巻「楽道雑記」の記事によれば、神主が住吉大社の雅楽の「再興の志願」を起こされ、天王寺楽人三名が、住吉楽人と「師弟約をなす」ことになります。この時以来、天王寺楽人は、住吉楽人の「師家」となり、技術指導に加えて、装束調達の世話などまで行うようになります。林家楽書類『四天王寺舞楽之記』（以下『舞楽記』と略記）第三には、正遷宮の際には舞楽十二曲が演じられたが、そのうち十曲分の舞楽装束を天王寺楽人が持参したことが記録されています。

さらに、寛保元（一七四一）年に、住吉大社が一切経会の復興を図った際には、岡昌名ら天王寺楽人が、幕府の許諾の手続きの段階から助力をし、寛保二年（一七四二）に催された一切経会では、北村家などの住吉楽人とともに舞楽曲十二曲を表演しています。その後、文化五（一八〇八）年に至るまで、六十年以上（宝暦期の八年の中断を除いて）にわたって天王寺楽人は住吉大社の一切経会へ参仕し続けます。『舞楽記』巻十五には、「住吉楽役無人につき、後見願来たり候につき」、天王寺楽人が、断続的に、再興された相撲会や一切経会への参仕をした記録が天保十一（一八四〇）年まで残されています。

このように、江戸期の半ば以降は、天王寺楽所は、住吉大社の雅楽・舞楽の「師家」として、技術指導をはじめあらゆる面にわたって、その奉納舞楽を支えてきました。つまり、住吉大社では天王寺舞楽が舞われてきたのです。このような事実は、文化財としての天王寺舞楽の歴史的な重層性を構成しています。

しかしながら、明治維新により天王寺楽所もいったん解体されたことによって、住吉大社での天王寺楽所の舞楽も絶えてしまいます。しかし、明治二十七（一八九四）年五月二十五日には、天王寺楽所の伝統を継承した雅亮会による住吉大社奉納舞楽が復活します。『雅亮会百年史（増補改訂版）』の記述を引用しておきましょう。「当日は神事の後、正午から石舞台において振鉾・迦陵頻・胡蝶・萬歳楽・延喜楽・桃李花・登天楽・陵王・納曾利

図23　住吉大社　卯之葉神事舞楽（陪臚）

の窮極の舞が奉納された。これより住吉大社の神祭における雅楽の奏舞奏楽はすべて雅亮会の手に委ねられる」[22]。

こののち、明治四十四年の正遷宮の際の奉納舞楽を含めて、雅亮会によって数度にわたって住吉大社の大規模な奉納舞楽が遂行されています。大正期の雅亮会の住吉大社における舞楽の白眉は、大正六（一九一七）年五月八日の東宮殿下（昭和天皇）の台覧舞楽でしょう。殿下は近畿周辺の山陵参拝の途中で、住吉大社に御参拝になり、雅亮会の演ずる天王寺舞楽を御覧になられました。また、大正十一（一九二二）年には、皇后陛下（貞明皇后）の住吉大社への行啓があり、再び台覧舞楽を雅亮会が担当しました。その後も、住吉大社では大正十二年に皇太子妃久邇宮良子殿下《くにのみやながこ》（香淳皇后）、大正十五年（一九二五）には閑院《かんいんのみや》宮殿下の台覧舞楽を担当しました。通常の奉納舞楽の域を超えて、当時の国家体制においては最も緊張を要する、住吉大社での舞楽演奏の重責を数度にわたって果たしたことは、雅亮会にとっては、まさに天王寺楽所としての面目躍如の業績であったこととと思われます。このような流れの中で、第二次世界大戦後は、現在に至るまで雅亮会が卯之葉神事と観月祭の奉納舞楽を担当することになりました。現在も住吉大社と天王寺楽所雅亮会の絆はより強く結びついています。

こうして見てくると、天王寺楽所が住吉大社の雅楽を一方的に支えてきたようにも見えます。しかし、天王寺楽所には、住吉大社の雅楽からお預かりした重要な楽曲伝承があります。それは、毎年聖霊会で演奏される「獅子」の楽曲です。聖霊会の「獅子」は雅楽の先行芸能であった伎楽の残影とされますが、その楽曲については、平安時代の楽人の大神《おおがの》惟季《これすえ》（一〇九四年没）の『懐中譜』に記された京都の大内楽所の「獅子」曲とは別の伝承が住吉大社にあり、津守氏と笛を担当していた石清水八幡楽人の戸部氏《こべ》（小部氏）によって秘曲として相伝されていたようです。鎌倉期の『教訓抄』においては、すでに「天王寺住吉」には、京都方のものとは「コトノホカノ相違ノ物」である「獅子」が伝わっており、「中々本「獅子」ヨリ面白侍也（むしろ大内楽所で伝承されている「獅子」より面白いものである)」と評されています(23)。江戸期の楽書『楽家録』によれば、この秘曲は、室町期に戸部氏の楽統とともに住吉大社での伝承が絶えた後は、いったん京都方の山井家を経由して、天王寺方の岡家へ正式に相承され、天王寺楽所で伝承されてきたようです。それを裏付けるかのように、伶楽舎音楽監督を務めておられた故芝祐靖《しばすけやす》先生から私がお預かりした、天王寺楽人の笛方の岡昌倫《おかまさとも》が記した『龍笛枢要録』(一七一六)の「獅子」の曲の箇所には、「いにしえに住吉に伝来も同様也　元は住吉より天王寺へ伝ふ」との記述があります。住吉伝来とされる「獅子」の楽曲は、現代にも連綿と天王寺楽所で伝承され、聖霊会で演奏されているのです。

第八章　雅亮会への「秦姓の舞」の継承

明治維新期の大変動――宮廷雅楽からの仏教排除

三方楽所の制度によって、江戸期の雅楽伝承は安定的に持続されてきました。特に、文化文政期頃から、光格天皇、仁孝天皇、孝明天皇の三代にわたってなされためざましい朝儀再興にともなって、雅楽復興の機運も高まりました。文政元（一八一八）年の仁孝天皇の大嘗祭で用いられる田舞、吉志舞《きしまい》、久米舞が復興され、文化十（一八一三）年の石清水臨時祭の再興にともなって東遊一具が復興されました。文化十一年には賀茂臨時祭も再興されて雅楽奏楽の機会も増大し、さながら平安時代以来の雅楽ルネサンスの状況を呈していました。このような空気が影響したのでしょうか、天王寺楽所でも、文政十三（一八三〇）年の聖霊会で、「蘇莫者」が「再建」され、薗廣勝によって舞われています。

しかしながら、これらの雅楽ルネサンスの時期も束の間、「蘇莫者」再建からわずか四十五年ほどで明治維新となり、雅楽界は大変動に見舞われます。江戸幕府が崩壊して、三方楽所の制度が消滅し、明治三（一八七〇）年に明治政府内に新たに雅楽局（宮内庁式部職楽部の前身）が設置され、この制度のもとで、楽人や雅楽演奏様式そのものも再編されます。江戸末期から明治期にかけての雅楽伝承の詳細については、塚原康子氏の『明治国家と雅楽　伝統の近代化 国楽の創成』（有志社、二〇〇九年）に詳しく、また明治政府による神仏分離からの国家神道形成政策が、雅楽の精神性に与えた影響については拙著『雅楽のコスモロジー』（法藏館、二〇一九年）で詳しく論じたので、そちらに譲りたいと思いますが、以下その概略を簡単にまとめておきたいと思います。

慶応三（一八六七）年十二月九日、徳川幕府から大政奉還を受けて、勅令による王政復古の大号令が出されました。幕府は廃止され、天皇を中心とする新たな国家体制の模索が始まります。その中で、新政府は天皇の東京奠都《てんと》を計画します。明治元（一八六八）年十二月十七日には、東京の皇居における祭祀の中心となる神祇官仮神殿が鎮座し、宮中の祭祀や行事の大部分を東京へ移転する準備が進んでいきます。

この際、幕府が構築した三方楽所の制度も瓦解し、武家伝奏も廃止となりました。しかし、三方の楽人はそのまま四辻家の管理のもと、明治政府内に設置された太政官及び神祇官が発する祭祀施策を実行する立場にありました。ただ、政府の機構も編成途上であったため、新政府が置いた閣僚のような役職である議定《ぎじょう》のもとで、太政官や神祇官、会計官、刑法官などの組織に分散して所属する態をとっていました。実質的には四辻家の支配のもと、依然として畿内での奏楽機会における演奏の仕事が続けられ、最後の三方及第も慶応四年八月の明治改元直前に行われています。

さて、明治元年九月二十日には、天皇が東京へ発輦《はつれん》し、皇居入城、外国公使引見などの行事をこなしましたが、その際の奏楽は鎮守府の命を受けた旧紅葉山《もみじやま》楽人が行いました。しかし、紅葉山楽人は、御神楽や舞楽を演奏することはなかったので、おそらく政府は天皇が東京へ奠都した際に、近代天皇制を演出する音楽として、雅楽の新しい活用体制を本格的に構築する必要を感じたと思われます。十二月二十日に、孝明天皇の三回忌等のためにいったん京都へ還幸した天皇は、年明けて明治二年三月に再び東京へ発輦し、これをもって東京奠都となりました。この年の一月には宮中の正月三節会、舞御覧、延引されていた内侍所御神楽儀《みかぐらのぎ》、御楽始《おんがくはじめ》など京都での宮中奏楽の伝統が忠実に遂行されましたが、これが京都で行われた宮中恒例行事の最後となったわけです。三月の天皇の東京奠都に先立って、二月から宮中行事を東京へ移し、再編する作業が本格化しますが、十二月十七日に行われる神祇官仮神殿での鎮魂祭（神楽歌、大直日歌《おおなおびのうた》、倭舞《やまとまい》）及び、東京で初めての賢所《かしこどころ》御《み》神楽儀《かぐらのぎ》を行うために、遂に六名の旧楽所の伶人[1]が、政府の命令によって東上することになります。

新政府は、なにより「固有の起源をもち伝承の正統性と皇室神道の秘儀性を体現する神楽」[2]が神権的天皇制を荘厳する媒体として有効であると考え、この時期の東京での宮中儀式には、神楽の奏楽が優先的に活用されることとなります。もともと神楽が行われた賢所御神楽に加え、神祇官によって新たに創出された祈年祭、神武天皇例祭、氷川祭等の諸祭でも神楽が執行されることになりました。このことが徹底されて、神饌奏楽《しんせんそうがく》にも、従来の唐楽に代えて神楽歌が用いられることとなっていきます（のちに再び唐楽も用いられるようになる）。

明治三年になって、前年に東上した六名の伶人のうち三名は帰京しましたが、かわりに新たに五名の伶人が東京御用となって東上しました。それらは神楽歌と和琴の伝承に携っていた京方の多家の楽人で占められていました[3]。しかし、東京での祭典執行に神楽を積極的に活用しようとした明治政府は、雅楽伝承を一元化して、政府が管理しやすくするように、明治三（一八七〇）年十一月七日、旧三方楽人と旧紅葉山楽人を中心的な構成員として「雅楽局」が太政官に仮設置されました。雅楽局の組織体制としては、雅楽長に五辻安仲、助に四辻公賀《きんます》と綾小路有良、大伶人十名、少伶人十名、伶生十五名、伶員などの人事がなされ、東京の雅楽局と京都出張雅楽課に配置。これによって、旧来の三方楽所は完全に解消となり、十一月九日には四辻家の楽所執奏の停止をはじめ、宮家や堂上家が伝授権を有していた琵琶、箏、和琴、神楽道などの伝授廃止が命じられました。こういった堂上公家や特定の楽家の神楽演奏の独占権を剝奪することによって、まずは雅楽局の伶人すべてに神楽の習得と演奏の権利が付与され、増加した東京での神楽演奏の機会に迅速に対応できる体制を整備したわけです。明治政府による雅楽の管理はまずは神楽演奏に焦点があてられました(4)。

これに先だって、神祇官は明治二年の通達において、雅楽が元来外来音楽であったことには触れず、「皇国伝来之音楽(5)」と規定しています。このように雅楽を規定することによって、天皇が出座する際の雅楽や神楽の奏楽は、神の来臨する神事のイメージを喚起させ、天皇の神格化の格好の演出となっていったのです。つまり、「近代天皇制の下で国民国家を成立させた明治期は、国家が音楽の力を最大限に利用した時代であり、雅楽にも、それまでない大きな変化をもたらした特別な時代(6)」でした。

その具体的な表出は、皇室の祖先祭祀と結びつきが深い神道系の行事・儀礼を整備拡充するとともに、そこから仏教的要素を徹底して排除し、神道的原理で純化させるという政策でした(7)。そして外来系音楽と舞というよりは、日本古来系の歌と舞、すなわち神楽歌、久米舞、東遊《あずまあそび》、倭舞（大直日歌）などが、それらの行事・儀礼の整備の過程において、積極的に採用されました。明治政府はこれらの音楽を、雅楽局を通じて一元的に政府の管理下に置こうとしたわけです。このように、雅楽伝承の新たな組織が設立されたうえで、明治四（一八七一）年東京での初の践祚《せんそ》大嘗《だいじょうさい》祭を挙行。神楽、国栖《くず》奏《そう》、風俗歌《ふぞくうた》、久米舞、舞楽が在東京の伶人と京都から上京した伶人たちによって共同で奏されました。

これと対照的に、神仏分離令と廃仏毀釈運動によって仏教に関連する雅楽の演奏機会は激減しました。三大勅祭（賀茂祭《かもさい》、石清水放生会《いわしみずほうじょうえ》、春日祭《かすがさい》）のうち「石清水放生会」は神仏分離の方針から「石清水中秋祭」と名称変更され、仏教に関わる曲は演奏せず、曲目を改めることが神祇官から通達されました。もちろん、畿内の奏楽伝統そのものも、多くの楽人が東上したため、江戸期のような大規模な舞楽法会や舞楽を用いた神事は遂行が困難になりました。四天王寺の聖霊会は、『楽所日記《がくそにっき》』の記録などによれば、幕末の動乱の中でも、明治三年二月二十二日までは毎年きちんと行われていました。しかし、明治三年十一月の多くの三方楽人の東上によって、いったん断絶することになります。春日若宮おん祭の奏楽奏舞も明治三年の南都楽所の廃止以降は、関西に残った伶員と春日大社の神職らによって、辛うじて守られていきますが、江戸期の威容には及ばないものになってしまいました。

そして、明治十（一八七七）年には、ついに京都出張雅楽課が廃止され、公的な雅楽演奏者の組織が東京に一元化されることになります。東西二都三十五名体制から、東京一都六十名体制となり、関西で公的に雅楽演奏に携る者が途絶え、千年以上にわたって培われてきた畿内の雅楽伝統そのものが断絶の危機に瀕します。また、公的な雅楽演奏が東京で一元管理されることになったことと軌を一にして、東京に集められた楽人たちが保有してきた三方楽所の伝統自体も解体統合され、仏教の影響を排除した皇室祭祀に奉仕することに特化するべく新たに合理的に制度化された、いわば「近代」の雅楽が創設されることになりました。

こうして設立された雅楽局では、旧三方楽所出身の伶人たちが常に合同で演奏することになります。それゆえ、各楽所で伝承されていた譜面や演奏法についてのすり合わせを行う必要性ができました。それぞれの楽所で演奏されてきた楽曲から取捨選択がなされ、雅楽局として演奏する曲目の譜面と演奏法の記譜作業が進行します。いわゆる「明治撰定譜」の作成です。明治九年と明治二十一（一八八八）年の二回の撰定によって、撰に漏れたかなりの数の曲が「遠楽」とされ廃絶してしまいました。加えて、それぞれの楽所固有の演奏伝承や故実作法の多くが失われることとなりました。

また、国賓の接遇にあたっての西洋諸国間の国際儀礼の採用が行われ、宮廷行事においても西洋音楽を演奏することが必要となってきました。「神楽」に加えて、文明化のバロメータとして「欧州楽」も天皇を荘厳する必須のアイテムとなったのです。そしてこの「欧州楽」の習得と演奏は、明治七（一八七四）年に雅楽局を引き継いだ当時の太政官内の式部寮雅楽課の伶人に課されることになりました。宮廷の専任音楽官が日本古来の雅楽と西洋音楽双方を兼修するという世界的にも稀有な事例が出来したことになります。西洋音楽の演奏は、今日の宮内庁式部職楽部の楽師の方々も変わらず担われている任務でもあります。

このように明治三年の雅楽局設置以降（明治四年八月の官制改革で式部寮の管轄となる）の変革のうち、本書にとって最も留意すべき結果は、皇室祭祀の神仏分離によって、皇室の雅楽は、仏教儀礼の場で奏楽奏舞がなされることがなくなったということです。この書の冒頭で掲げた東儀俊美先生の手紙において、「三方楽所の東京集結という出来事は、ただ単に楽人の移動や、楽曲の取捨選択、譜面の統一といった、目に見えるものだけではなく、雅楽を最大の精神的基盤から切り離した大事件」であり、この際に、雅楽は「『御神楽』と『饗宴雅楽』と『大法会雅楽』という三本の柱から成るべきものを、その重要な一本を欠」くことになった、と記されていることはこれを指します。聖徳太子が仏教流布のために伎楽を勧めたことが、雅楽成立の起源であり、常に仏教儀礼の場で雅楽が演奏されてきたことを考えると、中央の雅楽音楽の精神的背景は大きな変容を余儀なくされたといわざるをえません。

明治十二年の聖霊会復興と「雅亮会」創立

このようにして、明治維新による幕府の崩壊、明治三（一八七〇）年の楽師たちの東上によって、畿内の雅楽伝承は断絶の危機に瀕します。特に、天王寺舞楽は、明治四年以降の聖霊会の途絶によって、存在理由を失いかねない状況になりました。天王寺舞楽は、広大な石舞台の上を仏国土に見立てて、そこで舞楽を演じることによって、多くの参詣者に仏縁を結ばせることを目的とし、その目的に適合する表現形態を錬磨してきた芸能です。その器である聖霊会を喪失することは、芸態の本質を反復して自覚する場を欠くことになり、新たな伝承者を育成することができなくなるのみならず、その芸能を伝承している者においても、天王寺舞楽の芸態の本質は時間の経過とともに風化していくことになるからです。天王寺舞楽存続にとっては、まず聖霊会を復興させねばならない、この思いは、雅楽の歴史と本質を深く探求する者にとっては焦燥感に満ちたものであったはずです。そして、明治十（一八七七）年の京都出張雅楽課の廃止によって、関西で公的に雅楽演奏に携る者が途絶えたことによって、この焦燥感は極まったことであろうと思います。

このような状況の中、明治十二（一八七九）年四月二十日に、文久三（一八六三）年に火災で焼失した四天王寺の聖霊院再建を記念して、九年ぶりに聖霊会が再興されました。これには、複雑な経緯がありました。木津《きづ》願泉寺《がんせんじ》の住職で、後に初代雅亮会会長となる小野樟蔭《しょういん》（経龍《きょうりゅう》）が昭和十六年刊行の『四天王寺』誌での座談会で往時を振り返って次のように証言しています。

> 明治十二年聖霊会の舞楽が出来た。私当時九歳でしたが連れて来られてそれを拝観した。その時聴いた笙篳篥のピーッという音が私のあたまに滲み込んだ最初、次が明治十七年の聖霊会です。明治維新の時に四天王寺の楽人が大抵其処から宮内省へ行ったのですが、宮内省に行くのを嫌って大阪に居ったもの、京都に行ったものなどの古手が寄って十二年の舞楽をやったのです。[8]

この明治十二年の復興聖霊会の演奏者は、ほとんどが直前まで式部寮雅楽課に属していた楽家出身の者で占められていました。参加者を左に列記します。

旧天王寺方：薗廣道《そのひろみち》（明治十年に退官か）、東儀《とうぎ》俊鷹《としたか》（明治十年に退官か）、東儀文陳《ふみひさ》（明治

十一年退官）、岡昌福《おかまさとみ》（明治六年退官）、岡昌次《おかまさつぐ》（明治六年退官　ただし明治十八年以降雅楽生からの復職を二度繰り返す）

旧南都方：辻高衡《つじたかひら》（兒役《ちごやく》、童舞）、窪光張《くぼみつひろ》（明治十年に退官か）、辻高範《たかのり》（明治十年に退官か）、辻近陳《ちかつら》（明治十年に退官か）

旧京都方：多忠克《おおのただかつ》（明治十年に退官か）、多好武《よしたけ》（兒《ちご》役、童舞）、多久幸《ひさゆき》（伶員をしていたが、明治六年に白峰宮権禰宜）、多節文《ときあや》（伶員）　多安千《やすち》代《よ》（童舞）

楽家出身以外の者(9)：堀川久民《ほりかわひさたみ》、堀川久之、堀川師克《もろかつ》、堀内喜《ほりうちき》午《ご》郎《ろう》

この明治十二年聖霊会が成立した経緯には、西本願寺の第二十一世宗主であった明如《みょうにょ》上人《しょうにん》が深く関与していました。これについても小野樟蔭が次のように証言しています。

　西本願寺の明如上人が音楽が好きで、御先代の薗阿闍梨について一生懸命に稽古された。全部《マ》その中《マ》に本願寺で舞楽法要をすることになった、それには舞楽法要を知らぬとハッキリしないからというので、四天王寺様に御願いして一度聖霊会を勤めて頂いたらどうかということになり、そのお使いをしたのが私の親爺であります。その頃私はまだ九歳でありましたので詳しいことは知らぬけれども、楽人には先程お話のあ

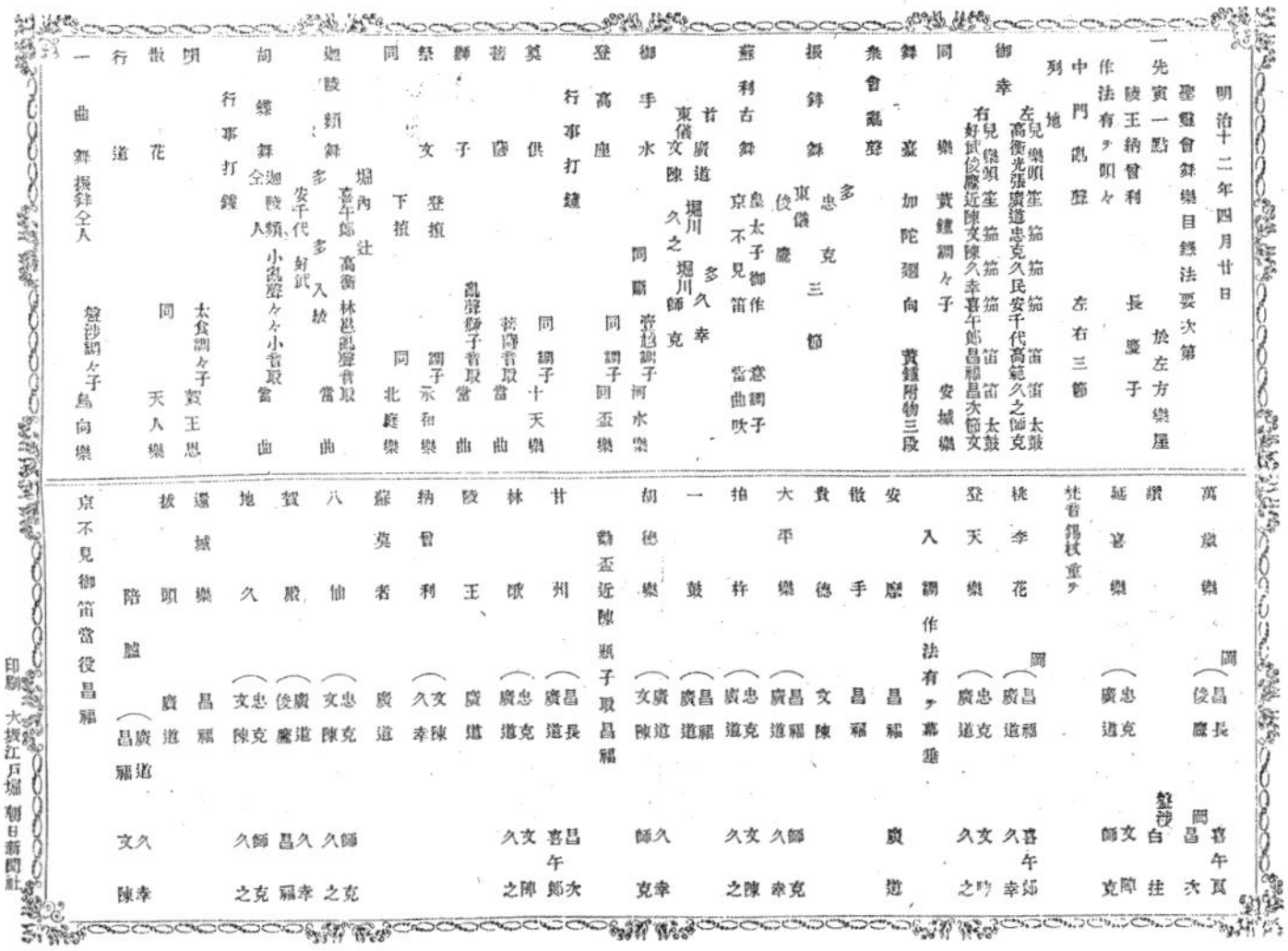

明治十二年四月廿日
聖靈會舞樂目錄法要次第　於左方樂屋
一先貫一點
陵王納曾利　長慶子
作法有ヶ唄々
中門亂聲　左右三節
列地
御幸　左兒樂頭笙篳篥笛太鼓　高衡光張廣道忠克久民安千代高範久之師克
右兒樂頭笙篳篥笛太鼓　好武俊麿近陳文陳久幸喜午郎昌稲昌次節文
同樂　黄鐘調々子　安城樂
舞臺加陀廻向　黄鐘附物三段
糸會亂聲
振鉾舞　多忠克　東儀俊麿　三節
蘇利古舞　皇太子御作　京不見笛　意調子當曲吹
皆廣道　東儀文陳　堀川久之　多久幸　堀川師克
御手水　同斷　音取調子河水樂
登高座　同　調子回盃樂
行事打鐘
奠供　同　調子十天樂
著座　萩陽音取當曲
舞子　亂聲錦子音取當曲
祭文　登揃　調子示和樂
同　下揃　同　北庭樂
迦陵頻舞　堀内辻　多喜午郎　高衡　多　多　入枝　林邑亂聲音取當曲
胡蝶舞　迦陵頻全人　安千代　好武　小亂聲々々小音取當曲
行事打鐘
唄　太食調々子　賀王恩
散花　同　天人樂
行道
一曲舞　振鉾全人　盤渉調々子　鳥向樂

萬歳樂　岡（昌長　俊麿）　岡　喜午郎　昌次
讃　盤渉　白桂
延喜樂　（忠克　廣道）　文陳　師克
梵音錫杖重ヶ
桃李花　岡（昌稲　廣道）　喜午郎　久幸
登天樂　（忠克　廣道）　文時　久之
入調作法有ヶ幕垂
安摩　昌稲　廣道
散手　昌稲
貴徳　文陳
太平樂　（昌稲　廣道）　久幸　師克
拍杵　（忠克　廣道）　文陳　久之
一鼓　（昌稲　廣道）
胡徳樂　（廣道　文陳）　久幸　師克
勸盃近陳瓶子取昌稲
甘州　（昌長　廣道）　昌次　喜午郎
林歌　（忠克　廣道）　文陳　久之
陵王　廣道
納曾利　（文陳　久幸）
蘇莫者　廣道
八仙　（忠克　文陳）　師克　久之
賀殿　（廣道　俊麿）　久幸　昌稲
地久　（忠克　文陳）　師克　久之
還城樂　昌稲
抜頭　廣道
陪臚　（廣道　昌稲）　久幸　文陳
京不見御笛當役昌稲

印刷　大坂江戸堀　朝日新聞社

図24　明治十二年の聖霊会配役図

った人たちを集めて初めて六時堂で聖霊会が勤まった(10)。

この明治十二年の聖霊会は、そもそも西本願寺の明如上人の発意に基づき、小野樟蔭の父親で、西本願寺末寺の願泉寺の住職であった小野玄龍がその命を受けて調整を行い、成立したものでした。明如上人は雅楽を好まれ、在京の天王寺方楽人の東儀《とうぎ》季熈《すえなが》とも深い親交がありました。「本願寺で舞楽法要をすることになった」と小野樟蔭はいっていますが、これが具体的にどの法要を指すかは明確ではありません。明治十二年の直近で行われた舞楽を用いた大法要は明治三十一（一八九八）年の蓮如上人第四百回忌ですが、もともと西本願寺は、正徳元（一七一一）年に行われた宗祖四百五十回忌以来、幕末の文久元（一八六一）年宗祖六百回忌に至るまで、五〇年ごとの宗祖大遠忌においてはほぼ同じ次第で、宮中の舞御覧に匹敵する五十名程度の三方楽人を結集して同じ舞楽曲目を用いて舞楽法要を行っていました。明如上人は、この伝統を維持するためにも、舞楽法要の原型ともいうべきものでありながら、途絶してしまった聖霊会を復興することに急を要するとお考えになられたのでしょう。また、宗祖親鸞聖人が深く聖徳太子を崇敬されていたこと、そして、そもそも西本願寺が寛永期に報恩講などに雅楽奏楽を導入した頃から天王寺楽人たちとの縁が深かったことから、(11)このまま聖霊会と天王寺舞楽が廃絶していくことに忸怩《じくじ》たる思いを持っておられたと推測できます。

ともかくも明治十二年に一度聖霊会は復興したわけですが、聖霊会が育んだ天王寺舞楽を復興維持していくためにも、聖霊会の開催を継続するとともに、新しい演奏者を育てていく必要がありました。幸いなことに、雅楽伝承に関するさまざまな特権の解消とともに、明治六（一八七三）年には一般人への自由な雅楽の伝授が認められるようになっていました。また、京都出張雅楽課の廃止や雅楽局の改編を機に、雅楽局を離れて畿内へ戻ってきていた天王寺楽人も多くいました。明治十二年の聖霊会に参仕した元伶人の多くもそのような立場だったようです。

なかでも、初期の雅亮会において指導的な役割を果たしたのは、明治十二年聖霊会にも参仕していた旧天王寺楽人の岡昌福《おかまさとみ》でした。岡昌福は、天保二（一八三一）年に在天の岡の分家に生を享け、明治維新時には三十代半ばで新進の楽人として聖霊会でも活躍しています。例えば、慶応四年の聖霊会では、左方の笛を担当し、入調《にゅうじょう》では、「蘇莫者」の音頭を吹き、「安摩」「太平楽」を舞っています。明治二年の聖霊会でも、左方の笛を担当し、入調では「散手」「太平楽」「賀殿」を舞っています。明治三（一八七〇）年の最後の聖霊会では、京不見御笛を担当しつつも、「賀殿」「太平楽」「秋風楽」「陵王」を舞っています(12)。笛吹きとしても、舞人としても相当の実力を持っていたと推察されますが、明治三年の雅楽局設置の際は在地居住の予備役である「伶員」として任官されています。非常に不安定な立場だったからでしょうか、明治六（一八七三）年には退官しています。樟蔭の証言によれば「当時私の爺〈筆者注〉親爺の誤記か〉が仲立ちとなって一緒に来たのが岡昌福という人で、自分であちこちに行って楽を教えてしのぎをして居った(13)」とのことです。昌福には資産家の若い弟子が何人かおり、聖霊会での師匠昌福の活躍に感じ入って、舞楽を研究して聖霊会を復興しようではないかということになりました。

　また当時、大阪では東本願寺に帰属する天満の祐光寺《ゆうこうじ》の住職の森正心《もりしょうしん》、正寿《しょうじゅ》親子が民間の雅楽人の信望を得ていました。西本願寺の明如上人と同じくに当時の東本願寺宗主の厳如上人《げんにょ》も雅楽を愛好され、大阪門末寺院より人材を集めて雅楽の練習をされ、しばしば楽会を催し、また法要に演奏させておられました。また、東本願寺において楽僧制度《がくそうせいど》を定め、これら雅楽に堪能な門末僧侶を「楽僧」に任じ、本山の法要奏楽にあたらせました。大阪における楽僧の中心が森親子で、小野樟蔭の言によれば、森正心は、東儀美濃守（東儀膨清《たけきよ》か）に雅楽を学び、自身も多くの門弟を育てていたようです。

岡昌福の一門が四天王寺の聖霊会を復興する民間グループを形成しようとしていることを伝え聞き、当時二十歳前後であった森正壽も父親とともにここへ合流し、他の旧伶人を招いて明治十六（一八八三）年三月三十日に二回目の復興聖霊会を行います。旧天王寺楽家からは岡昌福以外に、岡昌次、東儀文美《ふみとし》、薗廣道、廣業（廣道の子、童舞）が参加し、旧天王寺方以外からは多 忠克《おおのただかつ》、多忠知（忠克の子）、多梅雅《うめわか》（忠克の子）、多安千代（忠克の子忠安か）、辻近陳《つじちかつら》、辻高範《たかのり》が参仕しています。昌福の民間人の門人としては、遠上 白燕《えんじようはくえん》、平井交水《ひらいこうすい》らが「振鉾」他数曲を舞って活躍しています。森正壽は、入調の冒頭において薗廣道と「安摩」を舞い、また入調の最後を締めくくる「陪臚」にも登場しています。

明治十六年に民間人も交えて二度目の聖霊会ができたことによって、民間人を中心とした聖霊会復興グループ結成の機運が一気に高まり、森正壽の提案により「雅亮会」と名付けられることとなりました。「雅亮」の語は、親鸞聖人の浄土和讃の一つ「宝林宝樹微妙《みみよう》

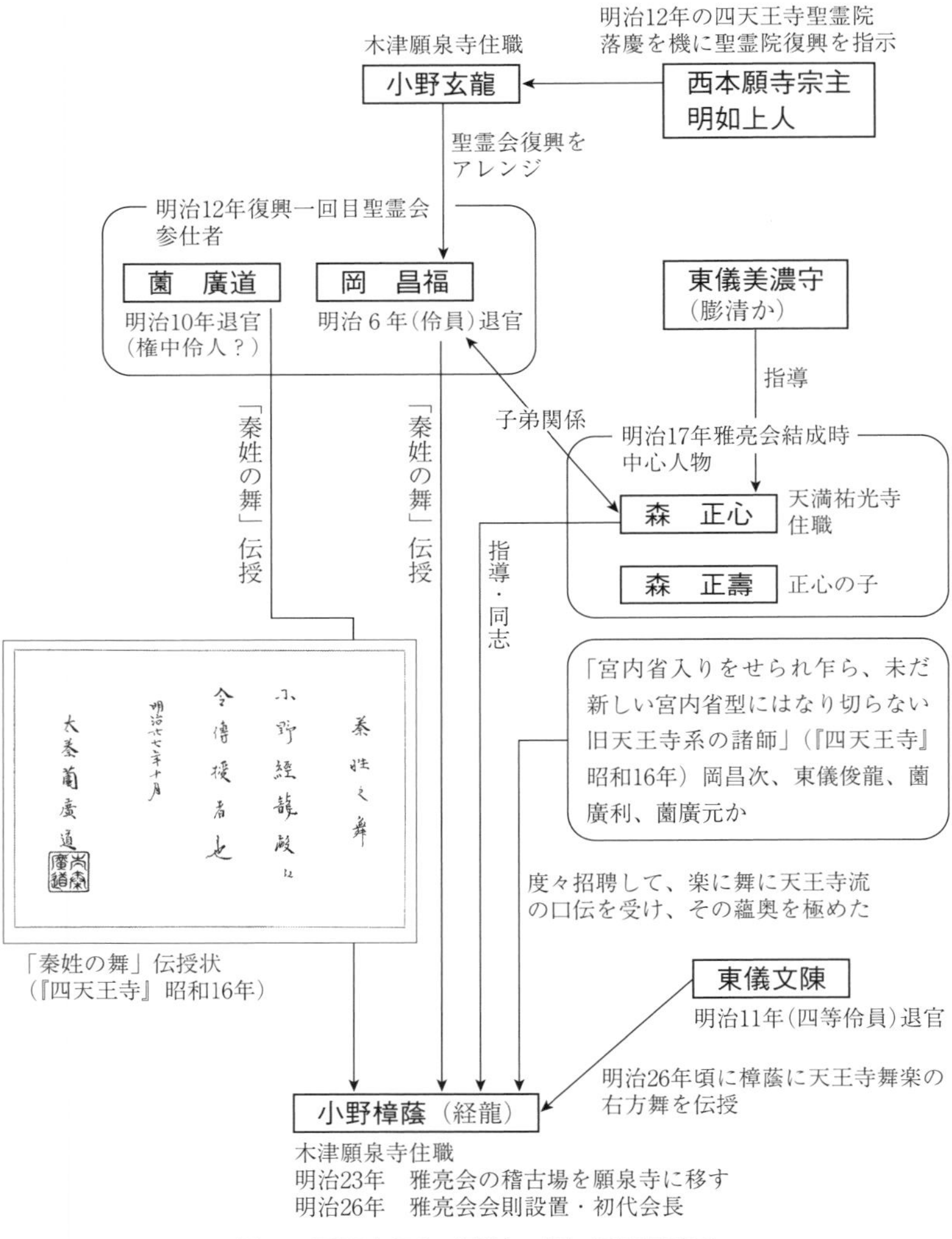

図25　天王寺舞楽（秦姓の舞）伝承経路図

音《おん》　自然清和《じねんしょうわ》の伎楽にて　哀婉雅亮《あいえんがりょう》すぐれたり　清浄楽を帰命せよ（浄土の宝林宝樹には微妙の御楽が響き渡ってくる。これは、誰が奏るともなく清らかに整い、それはちょうど巧みな楽人たちが奏している音楽のようで、その響きはいかにも哀れに澄み渡っている。このように、清浄な音楽を奏でくださる清浄楽の阿弥陀如来に帰依せずにはいられない）に由来します。親鸞のこの和讃は、『無量寿経』に典拠を持っており、(14)「雅亮」の語には、浄土経典を中心にして、平安時代に頂点に達した日本の仏教音楽思想が込められているといえます。

このようにして明治十七年三月三十日に復興第三回目の、そして雅亮会の設立を記念した聖霊会が行われました。この年も明治十二年に匹敵する二十五曲（「振鉾」「一曲」を加えると二十七曲）の大規模な舞楽法要となりました。舞楽目録記載の参仕者を見れば、前年と比べて、民間人の比率が高くなっています。おそらく管方も同様であったのでしょう。それでも、多忠克、多忠知、多梅雅、薗廣道、薗廣業、岡昌福、岡昌次、辻高範といった旧伶人たちも参仕して要所を固めています。

翌年明治十八（一八八五）年には雅亮会結成後二回目の聖霊会が催され、この時に参仕した旧伶人は、多忠克、岡昌福、薗廣道、堀川師克の四名のみ、他は雅亮会の会員です。聖霊会の持続可能性が見えてきたのですが、明治十五年頃から兆しのあったコレラ流行が大きな波となりました。旧伶人たちと雅亮会との間を取り持ってきた小野玄龍も明治十九年にコレラで命を落としました。そして、明治十九年から明治二十一（一八八八）年までの三年間、聖霊会も中断を余儀なくされます。雅亮会はこれからというところで出鼻をくじかれてしまったわけです。

聖霊会は、明治二十二年にようやく再開されますが、曲数は十三曲（「振鉾」「一曲」を含む）であり、旧伶人の参仕は岡昌福のみで、入調舞楽のほとんどは岡昌福と森正壽によって舞われています。管方も十一名程度です。活動が休止されていた三年間で、雅亮会の陣容がかなり逓減したことがうかがえます。翌明治二十三年の聖霊会では、曲数は十六曲と少し増えましたが、森正壽あるいは岡昌福の二人が、ほとんどの舞楽に参仕し、特に入調の舞楽は、「萬歳楽」「林歌」「陵王」「納曾利」と岡昌福が連続して舞うなど、どのような装束着替えを行っていたのか――同じ装束で舞い続けたとは思えませんが――想像がつかない演奏の仕方をしています。明治二十四年は、旧伶人としては、薗廣道が加わり十八曲と曲数は増えましたが、やはり入調などでは、森正壽、岡昌福、薗廣道の三名が連続して舞うなど、舞楽舞人が払底しており、不自然な奏舞の手順であったことがうかがえます。雅亮会として活動はしているものの、新しい人材への伝承が円滑ではなかったと推測されます。

小野樟蔭への天王寺舞楽伝授

ここで、小野玄龍の子息の小野樟蔭が雅亮会の立て直しに乗り出します。小野樟蔭（**図26**）は西本願寺門末の木津願泉寺の住職小野玄龍の長男として生まれ、幼名を経丸《つねまる》、のちに得度して経龍《きょうりゅう》と改名しました。父玄龍の影響を受け、幼少の頃から雅楽の手ほどきを受けました。長じては、旧天王寺楽人の岡昌福、昌次、森正心、正壽から三管の技術を習得しました。雅亮会創設時は十六歳と若く、いまだ修行中の身でしたが、明治二十年代には雅亮会中枢の一人として、後進の指導や会の運営に携っていました。

樟蔭は、明治二十三年に雅亮会の稽古場を自坊である木津の願泉寺に移し、「岡昌福、森正壽を指導者として迎え、従来の会員や新たに好事家《こうずか》を募って、新しい組織のもと練習を開始した。それより会員の数も次第に増え、演奏活動も日増しに活気を呈していく(15)」ことになりました。十九曲に増えた明治二十五（一八九二）年の聖霊会では、依然として岡昌福、薗廣道、森正壽が繰り返し舞っていますが、小野経龍（樟蔭）も聖霊会の舞人の参仕者としては初めて登場し、「太平楽」と「陪臚」を舞っています。薗廣道の子の廣業《ひろなり》（いったん退職していたがこの年、式部職雅楽部の伶員に復職）が、客演で「蘇莫者」一曲だけを

図26　小野樟蔭像（願泉寺蔵）

舞っているのも特筆すべきことでしょう。

そして明治二十六年の聖霊会では、ついに明治十二年初度の復興時と同じく、二十五曲（「振鉾」と「一曲」を含めて二十七曲）の舞楽曲を演奏する規模となりました。この完全復興された聖霊会の中心人物は、まぎれもなく若き小野樟蔭であって、古式聖霊会の完全復興のために、「明治十七年の聖霊会に出演したがその後楽道を退き、職を得て久しく江州に住していた東儀文《ふみ》陳《ひさ》のもとに、小野樟蔭を始めとする会員達が連日通い続け、天王寺舞楽のレパートリーの大半を修得(16)」していました。岡昌福や薗廣道は左舞の専門家であったのですが、東儀文陳は右舞の専門家で、雅亮会で完全な聖霊会を復興していくためには、天王寺流の右舞の正式な修得が喫緊の課題だったのでしょう。小野樟蔭はこの年の聖霊会には十一曲（「蘇利古」「延喜楽」「桃李花」「登天楽」「太平楽」「狛桙」「白濱《ほうひん》」「納曾利」「八仙」「地久」「陪臚」）の舞に参仕しています。この明治二十六年の聖霊会の成功を機縁として、小野樟蔭は、七月には雅亮会を、会則を備えた恒常的な会として再組織化し、初代会長に就任しました。

小野樟蔭らに天王寺舞楽を伝授した東儀文陳は在京の天王寺楽人東儀文静《とうぎふみきよ》の子で、明治三年に東上して雅楽局に参加、明治十年の時点では四等伶人でしたが、翌年退官しています。天王寺方楽人であった時は、例えば明治二年の聖霊会では天王寺へ下向してもっぱら舞人として活躍しており、「蘇利古」「延喜楽」「登天楽」「八仙」「地久」「陪臚」の六曲を舞っています。小野樟蔭は、東儀文陳から種々の舞楽曲を伝受し、さらに「岡昌福からは、天王寺流の舞楽「秦姓の舞」の伝授[17]」を受けました。また、樟蔭は、明治十七年十月には、薗廣道[18]からも同じく「秦姓の舞」全般の伝授を受け、その際の伝授状の写しが残っています[19]。

薗廣道の幕末維新時の聖霊会での活躍を『楽所日記』で見てみると、慶応四年には七曲（「桃李花」「安摩」〈相方　昌福〉「太平楽」「一鼓」「陵王」「蘇莫者」〈音頭　昌福〉「陪臚」）、明治二年には五曲（「桃李花」「安摩」「太平楽」「蘇莫者」「賀殿」）、明治三年にも五曲（「桃李花」「賀殿」「安摩」「甘州」「蘇莫者」）の舞楽を舞っています。薗家の家の舞の「蘇莫者」も含めて、まさに「秦姓の舞」の体現者の一人であったことは間違いないようです。興味深いのは、慶応四年の「蘇莫者」の笛の音頭は岡昌福が務めており、明治三年も昌福が御笛役を務めていますので、「蘇莫者」の音頭を吹いた可能性が高いです。また、文治二年と慶応四年には二人舞の「安摩」の相方も昌福が務めています。二人が復興聖霊会以後、雅亮会創設時の技術的な核となり続け、天王寺舞楽の存続に手を携えて関わり続けられたのは、このような楽人同士の紐帯があったからかもしれません。いずれにせよ、薗廣道は、聖霊会での演者としては明治二十八（一八九五）年まで出演し続け、ちょうどこの年に森正壽に「蘇莫者」を舞わせて、その後は身を退きます。他方、岡昌福は、明治三十六（一九〇三）年の聖徳皇太子一千三百年萬僧供養大斎会《まんそうくようだいさいえ》舞楽として執行された聖霊会まで、雅亮会の一員として毎回石舞台に上がり続けました。明治三十八年には森正壽が四十歳で逝去し、薗廣道から受け継がれた「蘇莫者」は、明治三十六年の大法会を最後に、当分のあいだ途絶えることになります。

　明治二十六年の時点で、天王寺舞楽、すなわち「秦姓の舞」のすべては、岡昌福、薗廣道、東儀文陳その他多くの旧天王寺楽人[20]から、小野樟蔭にいったん集約されることになりました。そして、彼から再び流れ出る楽統によって、「天王寺舞楽」は雅亮会において脈々と伝承され、昭和二十八年には「無形文化財」に指定されました。さらに、新しい文化財保護法制定後すぐに昭和五十一（一九七六）年には「聖霊会の舞楽」の名称で国の重要無形民俗文化財に指定され、現在に受け継がれています。明治期の混乱時に雅亮会を結成して新しい世に天王寺舞楽を残した功績が認められ、小野樟蔭は昭和五十年に大阪市から「上方芸能人顕彰」を受けています。

令和元（二〇一九）年には、「聖霊会の舞楽」の文化財保存団体である天王寺舞楽協会の推薦により、四天王寺が所有する「天王寺楽所」の名称（商標）使用権が、雅亮会に許可されることになりました。明治に雅楽界を襲った未曾有の危機を乗り越えて、多くの先人の苦労に支えられて、聖徳太子の精神に依拠する、雅楽発祥の根源である天王寺舞楽の伝統と天王寺楽所の歴史は、今日も雅亮会で保存されているのです。

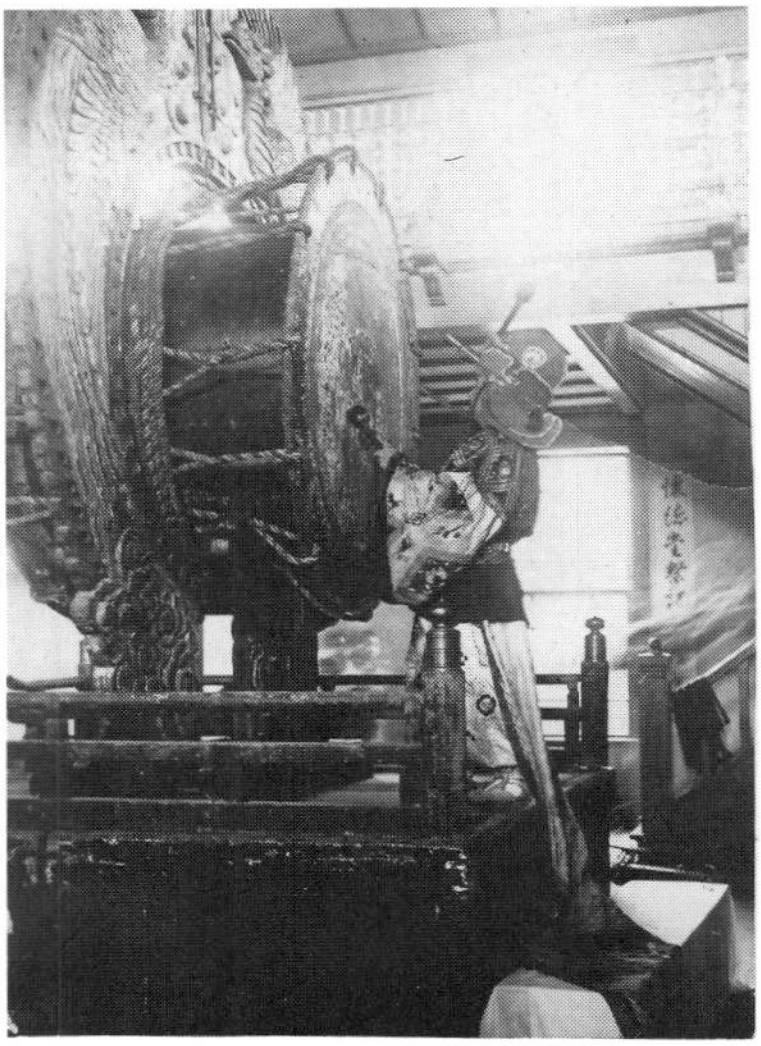

中之島公会堂で鼉太鼓を演奏する雅亮会（明治45年）

聖霊会（昭和15年）

第九章　天王寺舞楽の本質

天王寺舞楽伝承の連続性

最後に、一番大切な点である天王寺舞楽の本質についてお話しておきたいと思います。さしあたって問題となるのは、そもそも現行の天王寺舞楽は、明治以前の天王寺舞楽をそのまま伝承しているのだろうか、ということです。というのも、現在の雅亮会が伝承する天王寺舞楽は、一見すると、宮内庁式部職楽部の舞楽を範型とする舞の手（動きの手順）や舞ぶり（舞態）とは異なるところが多いからです。確かに、舞の手が若干異なるということは、楽部の舞楽を範型とする雅楽団体相互でもしばしばありうることです。しかし、楽部の舞楽の動きは洗練された雅楽芸術思想に基づいた表現であり、舞楽の範型と見られています。それゆえ、それとは異なった思想に基づく舞態を持つ、現行の雅亮会の天王寺舞楽を見ると、確かに最初は直接天王寺出身の伶人から伝授を受けたのだろうけど、現在はまったくの我流になっているのではないか、としばしば疑念の目を向けられることがあります。もちろん現行の天王寺舞楽は、専門家の調査を経て重要無形民俗文化財の指定を受け、伝統の連続性を認定されていますので、まったく恣意的な我流であると判断することはできません。この問題に関連して、楽部に属した専門家の天王寺舞楽体験の記録を二つ挙げてみます。

一つは、昭和十六（一九四一）年の『四天王寺』誌に、「秦姓の舞」というタイトルで、当時の雅亮会の主要メンバーであった木下陽堂が寄稿した報告です。明治以降、雅亮会が多くの天王寺舞楽を復興した経緯を語り、次のようなエピソードを紹介しています。

ところで甚だ残念なことには、伝を失って舞うことを得ない曲が二三あった。その為め現役宮内省楽師中左舞の名手として令名のある薗廣茂師の未だ学生時代、暑中休暇に帰省されるのを機として、二三度御来阪を希いご教示を仰いだことがあった。その最初の夏、同師は我々の先輩池田子龍氏の舞振りを評して「一種の癖があり、それが悪固りに固まっている」と批難されたが、その翌夏来られた時「帰京後池田氏の舞振りのことを父（故廣元師）に話した所、それは天王寺方岡家の舞振りで決して池田氏個人の癖では無く、立派に独立した一流派の舞態である。それを軽率に邪道とのみ早合点をするのは自らの弁えの無さを告白するようなものだと却って叱られた」と打明け話しをせられた。

未来の宮内省楽師として玄人稽古を受けて居られた青年楽家廣茂師が、初めて地方人の素人芸を見られ、自家の舞振りとの差異を、芸の熟未熟、若しくば地方的な田舎芸と解されたことは無理からぬ次第でありその蒙を啓かれた父君廣元師が、その頃なお健在せられたことは幸福であった(1)」。

ここで触れられている薗廣茂氏の御尊父の薗廣元氏は、ひと回り年下にはなりますが、聖霊会復興に参画していた薗廣道の従兄弟にあたります。やはり、在天薗家の末裔で、幕末の聖霊会への参仕歴はないものの、雅楽局に伶員として採用されて以後、宮内省の楽師を楽長まで務め上げられています。廣元氏は、一時期雅亮会の指導もされていたようで、明治三十五年に雅亮会に設けられた客員会員に列せられています。この制度は、「岡昌福や薗廣道等亡き後、宮内省雅楽部に奉職する旧天王寺系の伶人の中で、勤務の傍ら繁く下阪し雅亮会に指導協力の労を惜しまなかった人々(2)」を顧問格として待遇するもので、廣元氏の他には東儀俊龍、薗廣利、多忠龍の各氏の名前が記録に書き留められています。

さて、ここに残されている廣元氏の発言は、岡昌福の次世代の旧天王寺系の伶人たちからも、当時の雅亮会は、旧天王寺系の舞態を忠実に受け継いでいたことを証しています。実際、廣元氏も雅亮会に指導にこられていたのですから、指導の現場で舞態を追認してこられたことがうかがえます。しかし、それと同時に、その次の世代、すなわち廣茂氏の時代になると、中央の宮廷舞楽との舞態の乖離が進んでおり、学生時代とはいえ、廣茂氏の周囲にあり見聞してきた舞楽の舞ぶりから見れば、かなり違和感のあるものであり、にわかには古来の舞楽を正当に引き継いだものとは感知できなかったことがわかります。

この乖離の現象は、どのように考えればよいのでしょうか。当然、楽部の中でも正統に舞楽が伝承されていたはずです。しかし、少なくとも明治期以前の天王寺舞楽の舞態について、世代を経ることによって、違和感を覚える芸術的感性が楽部の中に醸成されていったと考えられます。この現象の解明にヒントを与える言説が、約七十年後に元宮内庁首席楽長で当時芸術院会員であった東儀《とうぎ》俊美《としはる》氏から発せられました。右に挙げた雅亮会客員会員の東儀俊龍氏の孫にあたる東儀俊美氏は、本書の冒頭で掲げたように、退官後に初めて聖霊会を訪問され、天王寺舞楽を鑑賞されました。その後の心境の変化を御自身の著書で次のように記述されています。

四天王寺に於いて毎年四月二十二日に「聖霊会」という舞楽法会が行われているのは以前から承知してはいたが、現役時代は楽部の仕事と重なる時期なので拝観する機会に恵まれなかった。定年後やっとその機会に恵まれたのは何年前だっただろうか。初めて拝観したその舞楽に私は正直な話非常な戸惑いを覚えた。何と自分達と違う舞い振りなのか。明治に分かれてから百年そこそこでこんなに変るものなのか。「原因を調べて見なくては」と思いつつ帰京した。とはいえ私は学者ではない。調べる書物も持たない。しかし自分も同じ舞人であり、同じ天王寺楽人の末裔である。少しずつ何かが判り出したのは何回か拝観を重ねてからだった。まず疑問は「天王寺の舞が変ったのか、東京で我々の舞が変ったのか」というように変ってきた。この疑問は「我々の舞が変化したのではないか」から「どうも我々の舞が変化したらしい」となるのにあまり時間はかからなかった。折も折、小野功龍先生から『雅亮会百年史』という本をいただいた。拝見すると、明治十二年に行われた復興第一回の聖霊会には、東京に来ていた旧天王寺楽人の大半が参加したとあり、以後も明治後期まで東儀俊龍（私の祖父）、薗広元、薗広利らの諸先輩方が指導のために来阪したと書かれている。もし天王寺の舞が変化していたのならこの人達が注意して直した筈である。ということは我々の祖父、曽祖父を初め天王寺派の楽人は現在の天王寺流の舞を舞っていたに違いないと確信するようになった。そう思って舞を拝見すると不思議なことに違和感が次第に薄れて「これが秦氏の舞だ」と思われて来るのであった(3)」。

当初は、かつての薗廣茂氏と同様の感想を持った俊美氏でしたが、最終的に「どうも我々の舞が変化したらしい」という結論に達せられました。ただ、ここでの「変化」がなにを指すかについては慎重に考えなければならないと思われます。明治撰定譜ができ、三方合同で新しい宮廷雅楽を作ろうとされたときに、舞の手などには、多少の変化は生じたことは推測できます。そして、もちろん日本で最高の雅楽芸術家である中央の楽師たちは、その動きを精緻に仕上げ、正確に次世代へ伝達してきたはずです。しかし、舞楽という芸術にとって本質的なことは、舞の手のみならず、その身体表現によって、鑑賞者にどのような思念や精神性を伝え、また、どのような感情を惹起せしめるかということではないでしょうか。それには、舞楽が舞われる場と、その場を構成する精神的・宗教的コンテクストが大きな枠組みとなってくると思われます。

「秦姓の舞」（天王寺舞楽）の舞態とは

すでに見てきたように、天王寺舞楽は「秦姓の舞」と異名をとり、古来より、天王寺固有の舞ぶりがあるといわれてきました。現在にまで受け継がれている天王寺舞楽がどのような舞態で、なにを目指しているかを示してみたいと思います。右に挙げた東儀俊美氏は、同書で、聖霊会を鑑賞された後に、天王寺舞楽の舞ぶりを表現するべく『続教訓抄』の一文を引かれます。

「陵王等の走り物は、体をせめ、力をいれて木を折りおくがごとくに舞うべし。弱弱とはあるべからず。のぶるところはつよきものから、殊更しづかに、早きところは目もあてられぬぐらい火急に舞うべきなり」とあるが、天王寺の舞い振りは非常にこれに近いと言える。それに天王寺楽所は、聖徳太子の「仏教の普及に音楽を用いよ」の精神に則り、昔から民衆との距離が他の楽所より近かったのではなかろうか。それだけ民衆に判りやすい舞楽を心がけて来たのではないだろうか。(4)

天王寺楽人の末裔であり、雅楽の世界の中で長年にわたり鍛え抜かれてきた俊美氏の舞人としての直観によれば、強弱や緩急のメリハリが効いていること、また、仏教普及の精神に則り、民衆を引き付けるわかりやすい所作を取り入れていること、これらを天王寺流の特質として挙げられています。

さらに、雅亮会二代目楽頭であった小野功龍の見解で補足してみましょう。功龍は、その著書『仏教と雅楽』の随想「秦姓の舞」において、次のようにいっています。

今日宮内庁楽部に伝承される舞と天王寺流の舞とを比べると、その違いは、まず舞の「型」の違いと「舞振り」の違い、さらに加えて奏舞の違いにあるといえよう。先述したように、総じて宮内庁の舞はまことに折り目正しく、しかも洗練された繊細優雅な舞型と舞態は、観賞する上に至上のものといえる。これに対して天王寺流の舞態と舞型は、一見荒削りで粗放なもののように見えるが、それらによって創り出される舞の線の太さと勇壮さ、スケールの大きさが特徴として挙げられる。天王寺舞楽では壮大な堂塔伽藍に囲まれた野外庭上に設けられた広大な舞台に行われる。例えば「聖霊会舞楽法要」では伽藍北、六時礼讃堂との間の通称「亀の池」上に設けられた、縦十二メートル横九メートル高さ一メートルの広大な石舞台に数々の舞楽が演じられる

図29　天王寺舞楽を育んだ広大な石舞台

のであるが、その舞型や舞態はこの舞台に調和し、誠に相応しい効果を醸し出すのである。また中世以来聖徳太子の寺として庶民の信仰を集めてきた四天王寺に基づく様々な故実が舞に加えられ、それがまた独特の演出として舞楽を構成している。[5]

小野功龍はここで、四天王寺に基づくさまざまな故実とともに、「舞の線の太さと勇壮さ、スケールの大きさ」という要素を挙げています。そして、それは四天王寺の大きな石舞台を参詣者が遠巻きに鑑賞するという舞台環境がなさしめることであることを指摘しています。東儀俊美氏のいわれる、メリハリのよさという特質も、石舞台という舞台環境によって、他の楽所が通常の舞台で、野外奏舞する場合よりも、より強調されたものとなっていることを指していると思われます。

私は、この二人の見解に加えて、さらに根源的なものとして、大乗仏教的精神が天王寺舞楽の根底には脈々と流れているのではないかと思います。宮内庁楽部の奏舞は基本的には、御神楽儀を凝集点とする神事での奉納奏舞が理念型ですので、(6) アマテラス（天照大御神）はもとより、神祇や皇霊に対して、最大の緊張感と繊細さをもって、奉納するということに集約されます。周りの鑑賞者や民衆の視線というより神祇そのもののみにまっすぐ向き合っている舞です。「鑑賞する上に至上」な高度の芸術性はこの精神に由来していると考えます。聖霊会での舞楽も、神格的な聖徳太子の御霊《みたま》を供養するものでもあるのですが、同時に、石舞台上を仏国土と化して、舞楽でもって荘厳し、その壮麗さで多くの民衆を魅了して仏縁を結ばせ、その縁を深めるという大きな目的を持っています。つまり、より多くの民衆を仏道へ誘い、ともに仏道を歩み、悟りをめざそう、という大乗仏教の菩薩道の精神が、聖霊会を成り立たせている根本精神ではないかと思います。それはまた、蕃楽でもって仏教を荘厳しようとされた聖徳太子の本意でもあることでしょう。

まとめてみますと、天王寺舞楽、「秦姓の舞」の特質とは

①舞台環境に由来する、舞の線の太さ、勇壮さ、スケールの大きさ、及び効果的な強弱・緩急のメリハリ。
②大乗仏教の菩薩道精神に基づく、民衆にわかりやすく、魅力的で楽しませる所作。
③聖徳太子信仰、浄土信仰の中核としての四天王寺の存在に由来する、さまざまな故実。

の三点を重要な要素として挙げることができると思います。

ところで、東儀俊美氏が「秦姓の舞」の根底において看破された「民衆に判りやすい舞楽」の根底には、大乗仏教的な音楽観がどのように関連しているのでしょうか。「民衆に判りやすい」という要素には、単にダイナミックな舞態であるということだけではなく、例えば「採桑老」の「鼻かむ手」であるとか、「蘇莫者」の滑稽な走りの所作であるとか、民衆の娯楽的感性に直接的に訴えるものを含むと考えられます。つまり、散楽や伎楽が持つ大衆性を積極的に取り込んできたともいわれています。このような娯楽性は、仏世界を現出させ、仏縁を結ばせることとどう関わるのでしょうか、また、果たして法会の場において、本質的に許容されるものなのでしょうか。

私は、この疑問には、『傳記』の分析の際に言及した『大樹緊那羅王所問経』が示唆している方便としての仏教音楽観が、一つの答えを与えてくれると考えています。天王寺楽人は、自分たちが秦河勝の末裔であることを示す『傳記』の記述は知っていたでしょうし、その『傳記』に記載されているこの経典が示唆する事柄についての自覚はあったはずです。本書の最後に、この経典が示す、大乗仏教の菩薩道精神を徹底した思想に基づく音楽観についてお話しておきたいと思います。

天王寺舞楽の思想的根底――『大樹緊那羅王所問経』の構成

『大樹緊那羅王所問経《だいじゅきんならおうしょもんきょう》』（以下『所問経』と略記）』においては、音楽には法を込めることができ、その演奏を聴いた者は、音楽の力によって悟りに導かれる、という理念が示されています。すでに第三章で確認したように、大乗仏教初期に属する経典と考えられ、それゆえ、大乗仏教が含み持つ音楽思想についてのあらゆる理念の祖型（アーキタイプ）が提示されていて、『無量寿経』等の浄土経典に基づく極楽浄土の音楽観にとっても大きな影響を与えていると思われます。また、『所問経』は、平安時代後半の舞楽法要隆盛期において日本で確立された仏教音楽理念、すなわち、日本の雅楽は「真如法性」で充たされた「法の声」、「法音」であり、仏国土の天人・聖衆が奏でる音楽である、という観念の礎石となった経典であるといえます。

この経典の仏教思想的特徴は、般若経群の説く空思想と共鳴しつつ、大乗菩薩行のなんたるかを述べるところにあり、積極的な衆生救済を重んじて、いわゆる六波羅蜜《ろくはらみつ》（菩薩が備える六種の智慧）に加えて「方便波羅蜜（方便の智慧）」を力説し、空性《くうしょう》を悟った立場から発せられる音楽がその方便波羅蜜の一つでありうることを説いています。

菩《ぼ》薩《さつ》とは、サンスクリット語の「ボーディ・サットヴァ（bodhisattva）」の音写である「菩《ぼ》提薩埵《だいさった》」に由来し、「菩提（悟り）を求める薩埵（衆生）」という意味です。ここでいう「菩提」は、ブッダと同じ語形であるブッドゥに由来する言葉で、「目覚め」を意味し、「悟り」と訳することもできますが、原始仏教では、釈迦如来であるゴータマ・ブッダが成し遂げた「悟り」を特定して指す語として用いられていたようです。一世紀半ばに大乗仏教という新思潮を作っていった人たちは、この言葉に注目して、自分たちは、伝統的な出家者のような自分一人の涅槃をめざすのではなく、ゴータマ・ブッダの宗教的目覚めそのものを求める、すなわち「菩薩」なのであると宣言しました。

ちょうどそれまでに、伝統的な仏教部派において、ゴータマ・ブッダの過去生の物語（本生譚《ほんじょうたん》）が数多く作られていました。まさに、菩提へ向けて、すべての衆生を救う願を立て、何回も輪廻を繰り返しつつ善行を積み重ねるゴータマ・ブッダの過去生が「菩提薩埵（菩薩）」とされたわけですが、「この物語のなかで、主人公の菩薩は命がけの利他行を無限に繰り返した結果、今生で真理に目覚めてブッダとなったというわけです。ですから大乗仏教の菩薩たちは、ゴータマ・ブッダと同じように、菩提の完成をめざして限りない利他行を積み重ねていこうと誓ったのです」[7]。このような利他行の根底には、他者に対する深い慈悲とともに、いかに他者をも菩提へと向かわせるかという方便の智慧が必要となります。『所問経』は、菩薩が他者を導く、有効な方便の智慧（方便波羅蜜）として音楽を用いることについての諸思想を展開しています。まずその『所問経』の概要を簡単にご紹介しておきましょう。

経説の展開の発端は、王舎城耆闍崛山《おうしやじようぎしやくつせん》における、釈迦如来を中心とする大衆《だいしゆう》集会《しゆうえ》の席上で列席していた天冠菩薩《てんがんぼさつ》が、諸菩薩についての二十八の問いを発するところから始まります。この各々の問いに対して仏（釈迦如来）は答えていきますが、その時、音楽天である緊那羅の王である大樹緊那羅王（以下「緊那羅王」と略記）が、その住処である香山《こうせん》から多数の眷属《けんぞく》の音楽天を従えて、その集会に来訪します。緊那羅王は仏の前でみずから瑠璃琴を調べ、眷属の緊那羅たちも種々の楽器を演奏し、多くの讃歌を合唱します。その微妙な音声のために自然界の山川草木を含む三千大千世界《さんぜんだいせんせかい》すべてが揺動し、説法の席に居合わせた大衆たちは、不退転の菩薩のみを除いて、大迦葉《だいかしよう》（摩訶《まか》迦葉）をはじめとして、みなことごとく思わず座を立って踊り出し、みずから制止することができませんでした。その場にいた天冠菩薩は、大迦葉らに向かって、「あなた方は仏教の真理（四聖諦）を見て、解脱を得ていながら、小児のようなこの姿はなにゆえか」と問難し、かならず無上正真道（菩提）を起こして、そのような琴声に接しても、泰然不動である大乗不退転の菩薩たるべく努めよ、と諭します。

こののち、緊那羅王と天冠菩薩とのあいだで音声についての問答が交わされます。緊那羅王は、音声そのものが刹那《せつな》に滅するものであり、本質は虚空性《こくうしょう》であると答えます。緊那羅王が、これだけ音楽を自在に操るにもかかわらず、仏教の空性についての教理に通じていて、みずからの音声をも実体のないものと認識していることについて、天冠菩薩は感心します。

引き続き、仏、緊那羅王、天冠菩薩の三者によって、菩薩として最高の境位である「寶《ほう》住三昧《じゅうざんまい》」に関連した空観論についての問答がなされます。そこで仏は、空の思想を媒介とするならば、妓楽（世俗音楽）であっても、民衆教化に役立つ方便たりうることを具体的に述べられます。その際に緊那羅王の業績、すなわち緊那羅王が音楽を活用して無数の緊那羅衆や乾闥婆《けんだつば》衆《しゅう》を教導して菩提に住せしめたことにも言及されます。これらの者たちは、もともと音楽神であり、王の演奏がすばらしかったので、王への信頼と愛情が、王の説く教えへの信解へと転じて仏法への理解が深まったこと、さらにはこの王の音楽中には、仏法僧の三宝をはじめ、四十八の功徳が含まれているから、このような効果をもたらしたとされます。

その後、仏は緊那羅王の要請に応じて、諸々の仏菩薩とともに、香山へ赴き、七夜の供養を受けて歓待されます。この香山であらためて仏の説法が始まり、通常仏教で説かれる六種の修行法である六波羅蜜（布施《ふせ》・持戒《じかい》・忍辱《にんにく》・精進《しょうじん》・禅定《ぜんじょう》・智慧《ちえ》）に加えて「方便波羅蜜」が説かれ、それぞれのもとにある三十二種の法の細目が説かれます。

さらに、仏の来訪によって、悟りへ向かう心（菩提心）を起こした緊那羅王の八千の諸子からの問いに対して、仏は、その神通力によって、伎楽の演出する音の中から偈をもって問いを発し、同じく神通力によって生成された蓮華中の化仏《けぶつ》をして、これに答えさせます。この際の問答は、大乗仏教思想の根底となる空観論が中心テーマでありますが、常に音楽や偈（歌）を伴って行われたことに留意すべきです。ここでは、音楽は、言葉による法論を阻害するものではなく、むしろ補助促進するものとして考えられています。

最後に仏は、緊那羅王が未来において「功徳王光明如来《くどくおうこうみようにょらい》」という仏になることを予言し、さらに翻って緊那羅王の過去世における善根を説き、かつて宝聚如来のもとにおいて出家得道した、仏法守護の王であった尼泯陀羅《にみんだら》こそ、すなわちいまの緊那羅王であると語られます。加えて、仏に教えを請うた大樹緊那羅王の王子「無垢眼《むくげん》」に対して、仏は、彼の諸妓楽が「六十四種の菩提道を護る法の声」を出せるようにしようと約束します。ここでも、音楽に菩提を護る法を込めうることが前提されています。

香山での七夜の勧請を終え、仏は再び王舎城へ還り、さらにここで天冠菩薩や王舎城の阿闍世王《あじゃせおう》のために、菩薩の法器や修行を説きます。最後に仏はこの経を弟子の阿難に付属し（託し）、経の名を「大樹緊那羅王所問経」とすることを命じて、この経典が締めくくられます。

大乗仏教の音楽思想の原型

さて、まず留意しなければならないことは、この経典で説かれる緊那羅王の琴の音があらゆる人々を魅惑し、衆会における重鎮である大迦葉も、その音楽に魅せられ、威厳も忘れて「小児の舞うがごとく」、「みずから安んぜず、座より立ちて舞」った、とされます(8)。しかし、緊那羅王の奏でる音楽はこのような悪魔的な魅力を持っていますが、他方、緊那羅王の「法音」からは、宗教的な力を持った偈頌（宗教詞）も生じます。この力の根源は「仏の威神力及び大樹緊那羅王の宿善根力(9)」です。偈が「法音」に由来するものであるがゆえに、緊那羅王の楽音によって「八千の菩薩は、無生忍を得た(10)」とされるのです。すなわち、緊那羅王の音楽は、真理の理解へと導く宗教的な力を持っており、その偈は八千の菩薩に、一切の法が空《くう》であり、それ自体の固有の性質を持たないという道理を受け入れさせる力をも持っているとされます。

なぜ緊那羅王の楽音とそこから出る偈は法音となることができるのでしょうか。そもそも、如来には自然に伎楽を演奏せしめ、さらに偈によって説法することができる神通力が備わっているとされます。釈迦如来は、香山に招かれた際に、大樹緊那羅王の諸子たちが菩提心を起こしたことを喜ばれ次のような奇瑞を起こします。

「世尊は、緊那羅王の諸子の心に悟りをめざす思いが起こったことを知って、七多羅樹の高さの虚空に上昇して、大光明を放ち、その光があまねく三千大千世界を照らした。欲界の諸天にある伎楽、乾闥婆や緊那羅が持っている伎楽が、鼓せずして自ずから鳴り、微妙の音を出した。香山中にある樹木も、また皆ことごとく微妙の音楽を出した。（中略）時に世尊は、神通力をもってもろもろの伎楽によって智慧を含む偈を演出して、もろもろの疑念あるところを問わさせ、諸々の花台にいる菩薩に一つ一つの偈をもって、問われたことに答えさせた(11)」。

この経は、釈迦如来の入滅前の出来事を述べていますので、右の事象が生じたのは、この娑婆世界においてです。この娑婆世界においてであっても、仏が存在していた際には、その悟りに付随する「神通力」の圏域内においては、①楽器などを鳴らさずとも、自然に微妙の音楽を鳴らすことができる、②樹木からも微妙な音楽を鳴らさせることができる、③智慧を含む音楽や、偈を作出することができる、といった音楽に関わる仏の能力が語られています。これらの仏世界の音楽コンセプトは、すべて『無量寿経』や『阿弥陀経』における阿弥陀如来の極楽浄土における音楽のあり方に直接投影されています。娑婆世界とはかけ離れた清浄な極楽浄土は阿弥陀如来の功徳によって展開されているのですから、釈迦如来が娑婆世界で生ぜしめた音楽における奇瑞は生じえて当然といえるでしょう。

さて、緊那羅王の過去世は、釈迦が見たところによれば、宝聚如来という仏のもとで無上菩提心を発し、「是より後は、仏を見て、法を聞き、僧を供することから離れず、衆生を教化しようとして、すぐに悟り（無上正真道）に入ることをとらなかった[12]」とされます。緊那羅王は、みずからの悟りは後回しにしてでも、衆生教化を行じていくという菩薩行そのものを長きにわたって実践してきたのであり、その善根のゆえに、未来において成仏することを釈迦如来によって予言（授記）されています。緊那羅王は天人ではありますが、仏に準ずる菩薩であり[13]、それに相応する神通力を持っていたのであり、特にこの経典が強調する「方便波羅蜜」を音楽において具現した尊格であるといえます。波羅蜜とは大乗仏教の菩薩の実践修行であり、通常は六波羅蜜（布施、持戒、忍辱、精進、禅定、智慧[14]）といって六つの修行項目が挙げられます。これらはいずれも菩薩にふさわしい徳目を、行法を通じて磨いていくものですが、この経典では、これらに加えて、最後に衆生を教化する手段の巧みさである「方便波羅蜜」を付加して挙げています。

そのうえで、この経典は、一見仏道修行者が忌避すべき事柄であっても、民衆を導くための手段として敢えてそのことを行う振る舞いも方便波羅蜜の射程であることを例示しています。例えば、下劣な衆生を教化するために敢えて下劣な振る舞いをしたり、淫欲に執着する衆生を教化するために、淫女や妙女に姿を変えるといったような例までが挙げられています。もちろん、最終的には教化へ結びつけていく段階へ導かねばなりません。その中の音楽に関する具体例として「もろもろの楽器（簫《しょう》笛《じゃく》琴《きん》瑟《しつ》鼓《こ》貝《ばい》）に通じて常に第一の演奏者となって、民衆の中において歌舞して、戯れ笑わせてから、法音を出して民衆を悟りへ導く。もろもろの衆生が喜び楽しむ所に随って教化するためにこのような振る舞いをするのである(15)」という例が挙げられており、これはまさにこの経典中でも、緊那羅王が音楽によって実践した方便波羅蜜です。

このことは、天冠菩薩が仏に「大樹緊那羅王は、いかにして琴や妙なる歌声、諸々の伎楽の音でもって主上を教化するのでしょうか(16)」と聞く時に、さらに詳しく議論されています。仏によれば緊那羅王は「大方便智(17)」を持つとされます。緊那羅王は、その音楽によって、七十億の緊那羅衆に菩提を得させ、三十億の乾闥婆を無上道へと導き、それらの眷属八万四千を一切智に住まわせたという実績があるのです(18)。

さらに仏は次のようにもいいます。「緊那羅等、乾闥婆等、摩睺羅伽等は、音楽を好楽する。緊那羅王は、巧みに自ら琴を調えて、これらの者の好みに合う音楽を奏した。緊那羅衆、乾闥婆衆、摩睺羅伽衆はこのことによって王に対して強い愛楽を起して、彼を信頼理解して、敬意を増した。このように王は、まず彼らの愛敬を得て、信頼理解を獲得してから(19)」、この彼らが好んだ音の中より、仏法僧の重要性を説く声や菩提心を忘れない声など、「作入《さくにゅう》　一切功徳三昧声《いっさいくどくざんまいしょう》」を出したのです。大樹緊那羅王の琴歌の音は、「もろもろの伎楽の中にこの如き三昧の法声《ほうしょう》を出し、もろもろの衆生をして化を受けさしむ(20)」とします。

重要なことは、緊那羅王は、緊那羅たちが音楽を好楽していることを巧みに用いて、彼らの好みの音楽を奏することによって、彼らの愛敬と信解をまずは得て、その後、あらためて、悟りへ向けて集中せしむる三昧の法声を出し、彼らを真の悟りへと導いていることです。緊那羅王の楽音は「法音」を含んでおり、その音自体で一切智へと衆生を導くことができるわけですが、その前段階として、まず愛敬と信解を得るために彼らと「和」して音楽を奏でています。この「和」については、緊那羅王が彼らが好む（和する）音楽を奏でたとも、彼らと和して（一緒に）音楽を奏でたとも解釈しえますが、いずれにせよ、緊きるでしょう。

那羅たちが好む――それは必ずしも法声を含みませんが――音楽を奏でたということができるでしょう。

緊那羅王は菩薩として、仏に準じて「法音」を出す神通力を持っていたのだといえますが、音楽で法を説くにしても、言説で法を説くにしてもいずれにせよ、それらは方便です。緊那羅王は、天冠菩薩との問答において、衆生の音声《おんじょう》は、心身からではなく「思惟」から出るとする天冠菩薩の意見を踏まえたうえで、「虚空」がなければ音声は出ないと主張します。緊那羅王は、「一切の音声《おんじょう》は虚空からして出ることを知るがよい(21)」と説き、また続けて次のようにもいいます。「言説そのものが説いているのではない。言説の根底には音声があり、その音声こそが言説である(22)」。法を説く説法などの言説は、根本的には音声であり、その音声がより分節されたものであり、説法が、法を知る「思惟」から生じるならば、その思惟に基づく音声にも元来法を含意させることもできることになります。実際、経典の中に「世尊、緊那羅・乾闥婆・摩睺羅伽等の諸の楽音中に出す所の法音を成満せんと欲し、(中略)偈頌を説きて、以て其の義を顕《あらわ》にしようとされる(23)」との記述があり、法音を言語へとさらに分節したものが偈頌や言説であると見られています。

しかしながら、緊那羅王が、音声を伝達する虚空(空間)がなければ音声は成立しない旨を強調するのは、音声は聴き終わっては刹那のうちに滅し、虚空へと消滅するという空《くう》性《しよう》を持っているということを指摘せんがためです。つまり、音声も言説も、その実体は人間やすべてのものと同じで実体のない存在であり、そもそもこのことを悟っていなければなりません。ですので、法が込められているにしても、音声そのもの、言説そのものは実《じつ》がない（虚空であり、滅するもの）、ということです。そしてこのこと自体が、音声の持つ堅

図30　緊那羅（三十三間堂蔵、提供：妙法院）

実（真理）であるというのです。緊那羅王は次のようにいっています。「音声は住処なく、もし住処なければ、すなわち堅実なきを、すなわち名付けて実となす[24]」。

この部分だけ読むと、難解な哲学的空論のように見えますが、方便波羅蜜の視点から見ると、まさに音声や言説は方便そのものであって、それ自体が伝える事柄ではない、ということを徹底して認識していないと、方便に堕したままで終わってしまいますし、法を込めることすらできないでしょう。真理を方便によって伝えることについての蘊奥ある議論ですが、天王寺舞楽の舞態の根拠を明らかにする観点からは、音楽による方便波羅蜜の考え方を把握できれば足りますので、左に緊那羅王（**図30**）の真理観を述べた言説を掲げて、この議論についてはとどめておきたいと思います。

「元来、無生法忍（空性を悟った境位）は、説くことができないものであり、聴くこともできないものである。この義は、他者の語りから得るものではないからである。もちろん、この境位は声そのものでも、説かれたものそのものでもない。善男子よ、如来世尊には大威徳あるが、その威徳は得ることができない。得られないということを前提にして、得ることがあることを説いておられるのである[25]」。

菩薩道への感応

このように『所問経』は、法を受け容れてもらう基盤としての愛敬《あいぎょう》と信解《しんげ》を獲得するために、仏法とは直接関係のない世俗的な音楽をも、いわば方便の方便として用いることを肯定的に評価しています。また、方便波羅蜜を説き、諸々の衆生が喜び楽しむところにしたがって教化するためには、「諸々の楽器（簫笛琴瑟鼓貝）に通じて常に第一の演奏者となって、民衆の中において歌舞して、戯れ笑わせ、法音を出して民衆を悟りへ導く」ことも立派な菩薩行であるとして勧めています。

そのために衆生が好む芸能を披露するのですが、もちろん、それだけで終わっては仏教的になんの意味もありません。次の段階として、衆生を一切智に導く法声としての音楽が奏でられねばならないのであり、その衆生の伎楽に和した楽音で培った愛敬と信解に基づいて、より分節された言語による説法などによる教化が行われねばなりません。緊那羅王は法声を含んだ音を出すことができたので、説法などに変えてそのような楽音で衆生たちを一切智に導いたわけです。また逆にいえば、その目的のためなら、最初に奏でられる音楽は必ずしも法声を含んだものでなくてもよいことになります。

「言語音声化された教え」――「法を含む伎楽（仏教芸能）」――「必ずしも法をふくまないが民衆の愛敬と信頼を得ることができる妓楽（娯楽芸能）」といった三つの位相すべてを『所問経』は肯定することになります。例えば、大乗仏教においては少々滑稽であり、卑俗な音楽や芸能であっても、愛敬と信頼を得るための手段としては肯定的に捉えることができるのです。この点において、音楽や芸能によって、なんとしても多くの人を仏道へと誘い、ともに悟りへ赴かせしめんとする、大乗仏教の音楽・芸能に対する思想の極まりを見て取ることができます。

さて、聖霊会に代表される舞楽法要、そしてその時空で伝承されてきた天王寺舞楽は、まさにこの『所問経』が示唆する大乗仏教と音楽・芸能との関係性を具現化したものであるといえないでしょうか。聖霊会は、太子の御霊をお慰めする、という神事構造を入れ子としつつも、全体としてはまぎれもなく法会です。その究極的な目的は、そこに仏国土を現出させ、参詣者である民衆を聖徳太子や釈迦と結縁《けちえん》させ、仏道へ向かわしめることにあります。法要部分では毎回、衆僧が六時堂から出座して舞台へ登り、そこで声明を唱えるという作法がなされますが、それはみずから仏国土の聖衆を演じ、また声明という言語化された法音を参詣者に聴かせんがためです。本尊の供養だけであるならば、本尊に最も近い六時堂内で声明を唱えればよいわけです。また、仏国土の音楽として形成された雅楽はまさしく法音であり、舞楽とともに、民衆を仏の世界へ誘います。

ただ、仏世界を演出する石舞台は、現実の娑婆世界に隣接しており、不特定多数の者に向けて、そして場合によってはまだ道心（菩提心）のない者に向けての仏縁を結ばせるさらなる工夫が必要になります。しかし、石舞台上の舞楽は聖域とされ、聴衆から一定の距離が保たれます。また石舞台は巨大であり、一人舞の場合は、あたかも大きな台地の上にポツンと人と思しきものがたたずんでいるかのように見えます。ですので、この巨大な石舞台上の舞楽は、民衆が遠目に見ても、十分に冴え、説得力を持つものでなければなりません。それゆえ、それらはいきおいダイナミックな動きになります。また、民衆の敬愛と信頼を得るべく、時には人目を引く派手で、力強い動きの発信力を必要とし、時には滑稽な所作で笑いを誘う、そのような要素も湛えた舞楽でなくてはいけません。

天王寺舞楽の表現精神がこだわる「民衆にわかりやすい舞楽」は、『所問経』に説かれた、大乗仏教の究極的な菩薩道の音楽観に基づくものであって、いわば「菩薩道への感応」がその表現と伝承へ向けたエネルギーになっていると思います。私には、大乗仏教が成立して間もないころに『所問経』によって説かれた音楽・芸能についての方便波羅蜜の思想が、天王寺舞楽には脈々と流れているように思えてなりません。そして天王寺舞楽が、目立つ所作や動きのキレによってただ民衆受けを狙うだけの芸能ではなく、それらを菩薩道への感応に基づいた方便であると深く自覚したうえでの舞楽であることが、本書の序で掲げたように、東儀俊美先生の琴線に触れたのであろうと考えています。現代に生きる天王寺舞楽は、近代以降の雅楽が忘れかけている、日本の大乗仏教的舞楽の原点を示唆する重要な要素を保存しているといえるのではないでしょうか。[26]

注

第一章

（1）総合認定は、厳密には、「二人以上の者が一体となって芸能を高度に体現している場合や二人以上の者が共通の特色を有する工芸技術を高度に体得している場合において、これらの者が構成している団体の構成員」と規定されている。

（2）「糸魚川・能生の舞楽」は、糸魚川天津神社及び能生白山神社、「遠江森町の舞楽」は小国神社、天宮神社及び山名神社で受け継がれている、四天王寺から伝播したとされる同系統の舞楽を総合して指定されている。「越中の稚児舞」は、下村の加茂神社、宇奈月町の法福寺、婦中町の熊野神社でそれぞれ伝承されている稚児舞が総合されて指定されているが、方福寺のそれが石舞台で行われることから、四天王寺からの伝播であるとの伝承がある。賀茂神社のそれは京都の加茂祖神社（下鴨神社）からの伝来とされており、熊野神社のそれは賀茂神社から天正十五年頃に移されたものとされている。

（3）天王寺楽人の禁裏や四天王寺での活動について示す近世以前の文献は、度重なる戦乱での延焼によって、四天王寺にはほとんど残っておらず、江戸時代から遡ってそれらを詳らかに知ることはできない。しかし、江戸時代に、三方楽所の一員となってからは公にその活動が記録されるようになったこともあり、天王寺楽家の流れや歴代の楽人の名前、また禁裏や四天王寺での演奏活動のあり方を知ることができる。その最も詳細なものは『四天王寺楽人林家楽書類』といわれるもので、全百十九冊からなり、京都大学付属図書館に所蔵されている。記録を残したのは、天王寺楽家の「在天」の林家の代々の楽人である。「楽書類」と題されているが、主要な部分は雅楽演奏に関する記録類で、大阪の四天王寺に関わる記録が三十七冊、禁裏関係のものが二十五冊、江戸幕府関係の記録が十冊、大阪の住吉大社関係のものが三冊となっていて、演奏場所、曲目、演奏者が中心に記録されている。このうち『四天王寺舞楽之記』と題された十七冊の記録は、江戸時代の貞享元（一六八四）年から安政七（万延元・一八六〇）年までの百七十六年間の四天王寺で行われた舞楽法要での奏楽曲目、及び舞人や演奏者の名を示すとともに、四天王寺での特別な大法要の次第であるとか、天王寺楽所内での楽家間のやりとり、また四天王寺と天王寺楽所とのあいだの争訟などについての顚末など、江戸期の天王寺楽所のリアルな姿を呈示する記述が残されている。『四天王寺舞楽之記』には、これらの上演記録に加えて、『抜頭一件之留』全四冊、『天王寺々僧与争論留』全九冊のように、江戸期に天王寺楽所を揺るがせた事件について、冊子をあらためて書き留められた記録類も残されている。

『新撰楽道類集大全』も、非常に重要な文献である。著者の岡昌名《おかまさな》（一六八一〜一七五九）は、『林家楽書類』を綴り続けた林家と同じく、在天でありつつも禁裏へも参仕する家筋であった。もっぱら笛を持ち管として活躍し、左方の笛の頭、左方の楽頭を経て、宝暦四（一七五四）年七十四歳で、天王寺楽所の「楽頭」の地位に就いている（岡昌名の詳しい経歴については、出口実紀「天王寺楽人　岡昌名の活動について」、『大阪藝術大学大学院　藝術文化研究』第十七号収録を参照）。『新撰楽道類集大全』の大部分は昌名の三十代後半に成立しており、とりわけ、この書の「第二十八、祭要楽録第二」にあたる「摂州四天王寺年中行事」（享保十二〈一七二七〉年成立）と、この部分を増補した『三大法会手文』（著者不明、明和五〈一七六八〉年から安永二〈一七七三〉年のあいだに成立か）は、江戸時代の四天王寺の楽会のあり方、特に聖霊会の姿を知るうえで大変重要な書物である。

享保元（一七一六）年四月以降の吉宗時代に成立したと推定されている『四天王寺法事記』（著者不明）とともに、これら三つの文書を相互に補完すると、江戸期の聖霊会を、その息吹を感じるまでの精細な復元が可能である。令和四（二〇二二）年四月二十日の聖徳太子千四百御聖忌大法会の結願法要としてなされた聖霊会は、可能な限りこの江戸期の次第が復元されたが、それはもっぱらこれらの三書に依拠しつつなされた。

幕末の在京の天王寺楽人東儀文均が残した『楽所日記』（国立国会図書館蔵）も、天王寺楽人の生活を知るうえで非常に重要な記録である。弘化二（一八四五）年から明治五（一八七二）年六月までの日記（明治元年を欠く）と、文久二（一八六二）年八月から明治三（一八七〇）年十二月までの老分としての役録の全三十七冊が残されている。

（4）塙保己一編『続群書類従』第十九輯上（続群書類従完成会、一九二七年）四九六頁　に曲目の記載がある。「延舞　蘇利古。鳥。蝶。法会舞　萬歳楽。延喜―。央宮―。綾切。入調舞春鶯―。退宿―。太平―。皇仁庭。皇麞。崑崙。五常―。狛―。採桑―。新靺―。三臺。敷手。散手。貴徳。陵王。落蹲。陪臚。」

（5）西尾実校注『方丈記　徒然草』（岩波書店、一九五七年）二六七～二六八頁。

（6）宇治谷孟訳『現代語訳　日本書紀　下巻』（講談社学術文庫、一九八八年）一〇六頁。原文は「百済人味摩之帰化。曰。于呉得伎楽舞。則安置桜井而集少年令習伎楽舞。於是真野首弟子新漢済文二人。習之伝其舞。此今大市首辟田首祖也。」（新訂増補『国史大系　日本書紀　後篇』吉川弘文館、一九七一年）一五六頁。

（7）新川登亀男『日本古代の儀礼と表現』（吉川弘文館、一九九九年）三一四頁参照。

（8）林屋辰三郎編『古代中世藝術論』（岩波書店、一九七三年）八九頁。

（9）新川登亀男『日本古代の儀礼と表現』三一七頁参照。「大安寺伽藍縁起并流記資材帳」、「薬師寺旧流記資材帳」、「観世音寺資材帳」から伎楽の調度の施入が確認できる。

（10）筒井英俊校訂『東大寺要録』（図書刊行会、一九四四年）一二四頁、一三〇頁。

（11）林屋辰三郎編『古代中世藝術論』八八頁、八九頁。

（12）筒井英俊校訂『東大寺要録』四八頁参照。

（13）『伝暦』の作者及び成立時期については、かつては、延喜十七（九一七）年に藤原兼輔によって成立とする藤原猶雪説が通説になっていたが、数々の疑問が提出され、現在のところは平安中期頃成立、作者不明とされているようである。宮本要太郎『聖伝の構造に関する宗教学的研究——聖徳太子伝を中心に』(大学教育出版、二〇〇三年)九一頁、一七四頁参照。

(14) 原文は次の通り。
「又百済味摩之化来自曰。学于呉国得伎楽舞。置桜井村。而集少年令習伝(今諸寺伎楽舞是也)。太子奏。勅諸氏貢子弟壮士令習呉皷。又下天下撃皷習舞(是今財人之先)。太子従容謂左右曰。供養三宝用諸蕃楽。或不肯学習。或習而不佳。今永業習伝。則宜免課役。即令大臣奏免之。」(聖徳太子奉讃会監修『聖徳太子全集』第二巻太子伝(上)(臨川書店、初版一九四四年、復刻版発行一九八八年)一〇二頁。

(15) 荻美津夫『日本古代音楽史論』(吉川弘文館、一九七七年)二〇六~二〇七頁参照。

(16) 林屋辰三郎編『古代中世藝術論』八九頁。

(17) 宇治谷孟訳『現代語訳　日本書紀　下巻』二六四~二六五頁。

(18) 『日本書記』の欽明天皇二十二年是歳条、舒明天皇二年是歳条など。

(19) 新川登亀男『日本古代の儀礼と表現』三一五頁。

(20) 和宗総本山四天王寺編『聖徳太子と四天王寺』(法藏館、二〇二一年)二九頁。

(21) 黒坂勝美・国史大系編集会編『日本後記』(吉川弘文館、一九六一年)三五頁。

(22) 林屋辰三郎編『古代中世藝術論』八九頁。

(23) 同二六九頁参照。

(24) 義江彰夫『神仏習合』(岩波書店、一九九六年)一三七頁。

(25) 同一三九頁。

(26) 同一四四頁。

(27) 『改訂増補　国史大系　延喜式　前篇』(吉川弘文館、一九六一年)六八頁。

(28) 岡田重精『古代の斎忌(イミ)——日本人の基層信仰』(図書刊行会、一九八二年)一三六頁参照。

(29)『改訂増補　国史大系　延喜式　前篇』六九頁。

(30) 岡田重精『古代の斎忌（イミ）――日本人の基層信仰』一三六頁。

(31) 同一三六～一三七頁。

(32) 荻美津夫『平安朝音楽制度史』（吉川弘文館、一九九四年）一九四頁。

(33) 林屋辰三郎編『古代中世藝術論』二六九頁。

(34) 同二六九頁。

(35) 同二七三頁。

(36) 世界人権問題研究センター編『散所・声聞師・舞々の研究』（思文閣出版、二〇〇四年）三頁。

(37) 卑賤視を前提としない「本所に対する散所」という散所概念は、大方の研究者の容れるところとなっている。ただ、鎌倉後期以降に散所が卑賤視されるようになったと考える立場（脇田晴子「散所」『国史大事辞典』〈吉川弘文館一九八五年〉等）や、古代から卑賤視される散所は存在していたとする立場（丹生谷哲一『検非違使』〈平凡社ライブラリー版、二〇〇八〉等）についての議論が残されており、散所概念と差別の関係についてはまだ明確になっていない部分も多い。

(38) 林屋辰三郎編『古代中世藝術論』八九頁。

(39) なお、「寄進後三箇［度］絶了」の意味は詳らかではない。

(40) 塙保己一編『続群書類従』第十九輯上　五四五頁。

(41) 塙保己一編『群書類従』第十九輯（群書類従完成会、一九三三年）一五三頁。

(42)『教訓抄』の巻第四の伎楽の条の最後には、古記の伝承として、「摂津国天王寺」に伎楽「一具」が置かれたことを伝えている。

第二章

（1）山本ひろ子『中世神話』（岩波書店、一九九八年）四頁。

（2）同八頁。

（3）村田真一『宇佐八幡神話言説の研究――『八幡宇佐宮御託宣集を読む』』（法蔵館、二〇一六年）六五頁。

（4）宮本要太郎『聖伝の構造に関する　宗教学的研究――聖徳太子伝を中心に』（大学教育出版、二〇〇三年）一三七頁。

（5）牧野和夫編著『伝承文学資料集成Ⅰ　聖徳太子伝記』（三弥井書店、一九九九年）一頁。

（6）同。

（7）聖徳太子奉讃会監修『聖徳太子全集』第二巻太子傳（上）（臨川書書店、初版発行一九四四年復刻版一九八八年）二八五頁の原文に則っている。

（8）同四一三～四一五頁の原文に則っている。

（9）中世の聖徳太子伝は、『伝暦』に基づいて作成された四天王寺の「聖徳太子絵伝」と関連を持ちながら展開した。本書で引用した醍醐寺本『聖徳太子傳記』よりもより強く絵解き台本の性格をもっている『正（聖）法輪蔵』と題される文書群では、「味摩之が舞楽管絃を伝えた」となっている。絵解き場面には味摩之が描かれている以上、味摩之を登場させねばならなかったのであろうが、味摩之が伝えたのは伎楽であるという『書紀』の記述は変更されている。『傳記』では味摩之は登場しないが、管絃舞楽を伝えたのは味摩之ではない、ということにおいて筋を通している。これらの太子伝は文保年間書写の奥書を有するため、まとめて「文保本太子伝」と言われるが、そこには微妙な差異がある。満正寺本『聖法輪蔵』に基づいて『書紀』、『伝暦』の伎楽伝来説話を比較分析した論文として、阿部泰郎「中世太子伝の伎楽伝来説話――中世芸能の縁起叙述をめぐって」『芸能史研究』（第七八号、一九八二年　収録）がある。

（10）『大正新脩大蔵経』第九巻（大正新脩大蔵経刊行会、一九二五年）五六頁上段。

（11）『傳記』の記述は不正確なところがあり、挙げられている秦氏の子孫だけならば十三人になり、十五人に達しない。ただ、この表記の欠けている二人が『書紀』に挙げられている二人、あるいは『伝暦』に挙げられている他の諸氏の子弟であったのではと想像せしめ、『傳記』の記述が起こす先行書との摩擦の緩衝材となっているようにも思えなくもない。

（12）「宗惟系図」（東京大学史料編纂所所蔵）によれば、河勝のいとこに「内満」という人物が見られるが、この人物に「川満」を擬することができるかどうかはわからない。

（13）音楽を奏することによって功徳のあることを説く経典として、『法華経』「方便品」及び「妙音菩薩品」、『大樹緊那羅王所問経』を挙げることは、平安時代半ばに成立した真源の「順次往生講式」（一一一四年始修）の術意門においてもなされている。「順次往生講式」については、拙著『雅楽のコスモロジー』（法藏館、二〇一九年）一二二～一二九頁、及び田鍬智志『順次往生講式――平安後期・鎌倉期の管絃声歌つき講式の世界』（京都市立芸術大学日本伝統音楽研究センター、二〇二三年）参照。

（14）この流れについては、『雅楽のコスモロジー』の「七、浄土思想と雅楽」および「八、往生伝と往生講式――音楽成仏思想」を参照されたい。

（15）大正大蔵二十五巻一三九中。緊那羅王が仏を供養しようとして「琴歌頌」を奏でた際に、大迦葉を含め、「渚山樹木人民禽獣一切皆」が舞い、「みずから安んずる」ことができなかったことを挙示している。

（16）この経典のサンスクリット原典は失われているが、二つの漢訳があり、本書で中心的に扱う鳩摩羅什訳『大樹緊那羅王所問経』以外に、支婁迦讖訳『純眞陀羅所問如来三昧経』（三巻）がある。両者の内容はほぼ一致しており、同一原典に基づくものであると推測されている。すでに二世紀に支婁迦讖（一四七～一八六？）が翻訳していることから、この経典の成立は、龍樹が活躍する以前の、まさに大乗仏教初期に属するものであると考えられる。他方、『無量寿経』と『阿弥陀経』は、「西紀一四〇頃（あるいはそれよりも少しく以前）」（中村元『浄土三部経』〈岩波文庫、一九六四年〉二五一頁）に成立したと考えられており、浄土経の形成時期と『大樹緊那羅王所問経』はほぼ同時期で、大乗仏教の音楽思想について相互に影響を与え合っていると考えてよい。

(17) 上田設夫校注『梁塵秘抄全注釈』（新典社、二〇〇一年）二一〇頁。

(18) 日本古典文学大系七六『栄華物語　下』（岩波書店、一九六五年）七二頁参照。

(19) 『法華経』冒頭では、釈迦が霊鷲山で説法をはじめた際に、天上の花の「曼陀羅華、摩訶曼陀羅華、曼珠沙華、摩訶曼珠沙華」の花の雨が、釈迦や説法の場にいた出家者や神々、王族たちに降り注いだとされる。聖霊会の四隅にたてられる「曼珠沙華」はこの四花を示唆しているようにも思える。

(20) 『傳記』と対応する箇所を抜粋意訳すると次のとおり。「「同年（太子四十一歳の年）夏の頃、百済国より味摩師という楽人上下十八人、我が朝に渡ってきて、舞楽管絃などの曲を日本国に伝えた。かの伶人は天竺の東北に相当たり、呉国と申す国のものである。かの国に昔、妙音菩薩が現れて、一切の舞楽等の曲を天にお弘めになられたのであるが、かの伶人が相伝えて、天竺（インド）より震旦（中国）、百済などの国に渡り、これを弘められた。いま日本に初めて来たってこの曲を天下に弘めるべきよしを、（伶人たちが）朝廷に奏上したところ、太子は悦ばれ、この旨を次のように推古天皇に奏された。「今年はじめて百済国から伶人が来朝しました。かの管絃歌舞の曲などは、みなことごとく極楽世界の菩薩聖衆の愛でて楽しまれるところのものです。そうであるので、妙音菩薩は、昔十万種の妓楽をもって雲来音王仏を供養したてまつられましたが、これはいっさいの管絃の祖先であり、いま人間に伝えられています。それゆえに天竺震旦でもあまねくこの舞楽管絃の曲をもって第一の妙なる楽しみとします。いま陛下の御代に、これらの曲をわが朝に伝えて弘めようと思っております。」この太子の奏上を聞いて、天皇は大変に感興を催され、かの曲を伝えさせられた。そのとき太子は伶人を召して、大和国高市郡桜井村に秦河勝の子五人、孫三人、秦川満の子息四人、孫三人の以上十五人に修習させられた。太子は后とともに御覧になられた。

舞楽管絃の曲どもをことごとく習い留め置かれて、太子は、推古天皇に奏上された。「西天異国の舞楽妓楽の曲どももことごとくわが朝に習い留め終わりました。まことに十方仏土天上人間が愛でて楽しまれるところのものであり、出家在家同じくこの道に心を入れ、万人が聴くことを楽しみます。もし三宝を供養したてまつるに妓楽を調えなかったならば、功徳は至って少のうございます。これでは仏事とはいえませんし、法会ともいえません。そうであれば、釈尊説法のところにて大樹緊那羅王瑠璃の琴を抱えて未来成仏の曲を調べて、乾闥婆王は珠玉の笛をささげ、法性真如の音を鳴らす。ゆえに法華経には、簫・笛・琴・箜篌・琵琶・鐃・銅鉢でもって、もろもろの妙音をことごとく用いて供養する、と説かれています」。

このゆえに、太子は自ら次のようにおっしゃった。「私が建立したところの四天王寺には、永代にわたって三十二人の伶人を調え置いて、必ず毎年三宝を供養したてまつるべし」。こうして、太子が御在生の御時には、大法会を、ことに舞楽の儀式を執り行いになられた。これによって、いま、日本国中の諸寺諸山において、堂塔供養や大規模な仏事法会がなされる際には、みな舞楽管絃が執り行われているが、この事は、聖徳太子四十一歳よりわが朝日本国に初めて行われたのである。舞楽管絃は、まさしく法会を飾り、儀式の道理を伝える荘厳である」。

（21）『教訓抄』の記述によれば、万秋楽の「序」の部分は、婆羅門僧正が伝えたとされ、また、観音菩薩、地蔵菩薩が来迎の際、西を指して雲上から聴こえてきた楽曲であり、「極楽浄土天上世界ノ楽」に疑いないとされている。また「破」の部分は、金峯山で密教を学んだ日蔵上人が渡唐したさいに唱歌に渡して伝えたものであるとか、東大寺修二会を始めた実忠和尚が兜率天の内院へ参詣した際の菩薩聖衆の声を移された曲ともいわれている。「破」の部分は六回繰り返したようだが、それぞれの回数の際の奏法には色々と説やバリエーションがあり、「序」の部分を三部に分けたうえで、『観無量寿経』に記された、救済される衆生の九品の機根を、それぞれに象徴させて配当して演奏されていたようである。

これら『教訓抄』に記載されている種々の伝承は、中世説話や中世神話と同様に、シャッフル、交雑され、江戸期の『伝記』へと流れ込んでいるようである。特に、『伝記』の日蔵上人が兜率の陀羅尼を移して持ち帰ったというエピソードは当時読み物として広く流布していた『源平盛衰記』巻十五（黒田彰、松尾葦江校注『源平盛衰記』〈三弥井書店　一九九四年〉七三～七四頁参照）に同様の記述があり、これをほぼそのまま採用していると思われる。

第三章

（1）荻美津夫『平安朝音楽制度史』七八～七九頁。

（2）服部幸雄『宿神論』（岩波書店、二〇〇九年）五四頁。これらは、秦公種・兼信・兼弘・兼文・兼行・兼俊・公春・公正・兼則・信方といった者たちで、纏頭も賜っている。

（3）『古事談・続古事談　新日本古典文学大系四一』（岩波書店、二〇〇五年）八〇二頁。

（4）種々の文献からそのその芸態についての記述を挙げてみる。「左右交互奏音楽、種々雑技、散楽、透撞《とうしよう》（竿を用いた曲芸）、咒擲《しゆてき》（咒師による投擲芸か）、弄玉《ろうぎよく》」（『三代實録』貞観三〈八六一〉年六月二十八日条　童相撲記）、「弄玉及刀子（玉や小さな刀のジャグリング）」（『続日本紀』巻第六　仁明天皇記）、「一足（一本足の竹馬芸）・高足《こうそく》（高い竹馬芸）・輪鼓《りんこ》（鼓のように銅がくびれたコマを紐で空中に飛ばして操る芸）・獨楽（独楽操り）・咒師・侏儒舞《ひとひきまい》（こびとによる舞踏）」（『江家次第』相撲節会儀）、「左猿楽四十人、咒師・蟾舞（カエルを模した舞）・荒輪鼓・弄環・高足・一足（一本足の竹馬芸）」（『兵範記』保元三年六月二十八日条）。

（5）そもそも、神話の時代から日本の王朝には「解頤」をよしとする傾向があった。日本の神話的中核には滑稽な所作や物まねを本質とする「俳優《わざおぎ》」が存在する。例えば、『古事記』によれば、アマテラスの天の岩屋戸に隠れた際の、アメノウズメノミコトの踊りによって、高天原が鳴りとどろくばかりに、八百万の神々がどっといっせいに笑ったとされているが、アメノウズメの歌舞をともなうこの滑稽わざは、神道の世界では、神楽の原型とされるとともに、『書紀』では「巧みに俳優をなした」と表現されており、『古語拾遺』でも「俳優」という表現が用いられている。

また、『書紀』(巻第二神代下)の有名な山彦・海彦の神話では、海幸彦は弟の「俳優」となるといって許しを乞うたとされている。『書紀』の「一書(第四)」には、その「俳優者」の様態を挙げていて、「足をあげて踏み鳴らし、その時(溺れかけた時)の苦しそうな真似をした(学其溺苦状)」とされている。平安時代では、儀礼的な宮廷神楽に引き続いて、貴顕の眼前で、しばしば陪従による滑稽物まねがなされていたようだが、これらのことを踏まえると、「俳優」としての滑稽物まね芸は、神話の世界の神々のふるまいを再現して、その宇宙観と連繫する、ある種の神聖な営みでもあったともいえる。また、それによって引き起こされる笑いは、その場に居る者の魂を賦活化する呪力を持っているということを、平安時代の貴族たちは認識していたのではないか。

(6) 能勢朝次『能楽源流考』(岩波書店、一九三八年)一二三頁参照。

(7) 重田みち「『本朝文粋』所収「辨散楽」の基礎的研究——本文校訂・解釈及びその藝能論的考察」、京都造形芸術大学編『京都造形芸術大学紀要』第二十一号所収(二〇一七年刊行)五二頁参照。

(8) 能勢朝次『能楽源流考』一二二頁参照。「辨散楽」では、散楽が宮廷で演じられることの正当性について村上天皇と秦氏安の問答がなされる。村上天皇は「古の君主に献じた散楽、今日の民間の散楽の芸態を見聞すると、『周礼』春宮にいう天子の正式な楽とは違っているようだが」と疑念を呈する。これに対して秦氏安は、散楽は「とても天子の庭の正式な楽とはいえません」と断ったうえで、「しかしながら、古代の聖王の治世も及ばないほど、国じゅうの民が楽遊や技芸を無邪気に楽しんでいるのですから、それもよいではありませんか」と答え、宮中での陪従散楽の軽業芸も珍妙なものだが、正月の生真面目すぎる男踏歌の歌も融通がきかなすぎるのではないでしょうか、と散楽に寛容な意見を具申する。

(9) 世阿弥・竹本幹夫訳注『風姿花伝・三道』(角川ソフィア文庫、二〇〇九年)一六〇~一六一頁参照。

(10) 同一六三頁。

(11) この大酒神社は、『延喜式』神名帳にも記載されており、祭神については一座で、「大酒神社元名 大辟神《おおさけしん》」と記載されている。元来「大辟神」と表記されていたと思われる「大酒神」については、広隆寺の縁起である『広隆寺来由記』(山城州葛野郡楓野大堰郷広隆寺来由記、明応八〈一四九九年〉年成立)では、秦の始皇帝の祖神とされ、日本に渡来した功満王(秦始皇帝の後裔、秦氏遠祖)が勧請したと記載している。坂越の大避神社をはじめ、播磨のもろもろのオオサケ神社は神名帳には見えず、山城国のオオサケ神を勧請したものであると考えられる根拠となっている。

(12) この書で、禅竹は猿楽の「翁」を、「虚無ノ妙身(虚無ともいうべき仏の精妙な法身)」(表章・加藤周一校注『世阿弥 禅竹』〈岩波書店、一九七四年〉四〇三頁)あるいは「父母未生以前、本来ノ面目(両親が生まれる前からある自分の本来のあり方)」(同上、四〇三頁)と捉え、人間の覚知を超えた宇宙の根源の示現であるとする、非常に哲学的な思想を開陳している。その宇宙の根源的なものが展開して時空へ投影されたものを、星宿でもって象徴させて、「翁ハ是日月星宿、人ノ心ニ宿リ給エリ(翁は、日月星宿であり、それが人の心に宿ったものである)」(同上、四一五頁)と延べ、翁を「宿神」とも名指しする。このような思想を前提に、禅竹は『風姿花伝』の記述をなぞりながら、秦河勝の誕生譚、流離譚を記したうえで、翁は王であり、秦河勝は始皇帝（王）の再誕とされるのだから「カノ秦ノ河勝ハ、翁ノ化現疑ヒナシ。（かの河勝は、翁の化現であることは疑いない）」（同上、四〇五～四〇六頁）と結論づけている。

（13）山本ひろ子『摩多羅神　我らいかなる縁ありて』（春秋社、二〇二二年）六七頁。

（14）服部氏自身もいわれるように、猿楽芸能民は、「宿神」を「秦河勝といい、大避大明神といい、春日大明神・住吉大明神といい、そして翁だといって、摩多羅神の名をいわなかった」（服部幸雄『宿神論――日本芸能民信仰の研究』五九頁）。確かに、天台宗系寺院の常行三昧堂の後戸に摩多羅神が奉斎されることが多く、また、そこでしばしば翁の原型となった咒師芸能が行われていたことから、翁面と摩多羅神が結びついて強く観念されることは――特に「摩多羅神」との箱書きがある翁面を所有する談山神社では――十分ありうる。しかし、同時に摩多羅神の奉斎様態は多様であり、なによりも玄旨帰命壇という神秘儀礼の本尊という強烈な個性をもっていたがゆえに、より抽象的な「宿神」へと吸収されることを「「いやいや」と人形振りであらがいを示す」（山本ひろ子『摩多羅神　我らいかなる縁ありて』八一頁）ベクトルが働いていることも否めないとも考えられる。

（15）すでに触れたように、天王寺楽人の祖秦河勝が建立した広隆寺（太秦寺）の境内社（桂宮院の鎮守社）として、大酒神社が存在していた。この大酒神社には、「牛祭」という摩多羅神（摩吒羅神）を祀る祭があり、それは現在広隆寺に受け継がれているが、もともとは、広隆寺にあった常行三昧堂の後戸に安置されていた摩多羅神に関わる祭祀であり、秦河勝そのものとの連想は乏しかったと考えられている。また、現在の牛祭の「五大尊行列」は、「必ずしも摩多羅神とその眷属を表象したものではなかった」（川村湊『闇の摩多羅神』〈河出書房新社、二〇〇七年新装版〉二十九頁）とする説もある。

江戸時代の天王寺楽人は、広隆寺における秦河勝の年忌（大花講）に奏楽で参列することもあったので、牛祭や摩多羅神の存在は知っていたと思われるが、『楽所日記』などによれば、これらの機会とは別に、河勝の法要を営んでいたようなので、摩多羅神との習合を考えていたわけではないと思われる。

(16)『赤穂市文化財調査報告書七二　坂越の船祭り総合調査報告書』（赤穂市教育委員会、二〇一〇年）三五三頁記載の第九文書「道楽につき一礼」に基づき著者意訳。

(17) この表現については、その前段で、大避神社の祭神については「大酒大明神」と明確に挙げているので、秦河勝が郷所（坂越）で大酒大明神を祀った神社とも、郷所において大酒大明神として秦河勝を祀った神社とも解釈できる。

(18) 該当箇所を以下に現代語訳。「日円僧正がいうには、讃岐国の伶人修理亮《しゅりのすけ》道昌という者がいた。元徳二（一三三〇）年八月中旬の頃、登京の志があって、陸路にて播州に着いた。この者は、わが宗（法華宗）に帰依して、常々要法寺の貫首日蓮上人に親近して、法義をよく聞いていた。これゆえに、十如自我偈《じゅうにょじがげ》を受持した。播州の今市に縁戚の家があって、一宿した。あまりの徒然さに自我偈を誦していた時に、一人の小児がどこからともなくきて告げた。わたしは久しく仏教の法味に飢えていたが、いまあなたが読誦する御経を聴聞して、法喜禅悦の妙に飽満した。この報謝に、あなたに秘曲を授けます。私はこれ秦川勝（河勝）の魂霊である。私ののちの名は大荒といいます。といい終わって消えた。明くる日にはたして名曲を得た。いまの世までもいう「修理の秘曲」というのは、川勝が授け与えたものである。この曲の名は楽家に秘して、口外にしなかった」。

ここで河勝の「魂霊」は、「小児」の姿で現れており、『風姿花伝』の河勝出生譚において貴人の夢中で小児の姿で現れ自分が始皇帝の再誕であることを告げた姿と重なり合う。また。河勝の魂霊であると正体を明かした後、のちに「大荒」と呼ばれていることを述べるあたりは、『風姿花伝』における坂越への河勝流離譚と神変譚を前提にしているように思われる。さらに、伶人に秘曲を授けることについては、天王寺楽人の祖としての音曲神としての姿を示唆しているように考えられる。

(19) 表章・加藤周一校注『世阿弥　禅竹』四〇五頁。

(20) 芝祐泰『雅楽通解　楽史篇』(国立音楽大学出版部、一九六七年)一六一〜一六二頁参照。

(21) 荻美津夫『平安朝音楽制度史』二四七頁。

(22) 『今昔物語』巻第二十八 第三十五「右近馬場殿上人種合」の段と『御堂関白記』寛仁二年二月十九日条に拠って記述。

(23) 林屋辰三郎編『古代中世藝術論』一〇二頁。原文は「其間、好茂ハラチヲヘテ、人ノ馬ヲ取テニゲニケリ。御堂ノ仰セニハ、「金青鬼ハ物カクレヤハスル、タシカニマイレ」トメシケレドモ、イカガ思ケン、トヒニマイラデ、天王寺ニキテ、『採桑老』ヲバ彼寺ニ伝留タリケルナリ」となっている。

(24) 「堀河院の勅によって採桑老を多近方に伝える。この舞が天王寺に伝わったのは、寛仁年中の草合舞楽において、多好用・政方親子が(関白藤原道長の)御勘気を蒙り、(宮中から追放されて)天王寺に住んだことがあった。政方は後に京に帰ったが、父の好用は終生彼地(天王寺)に住み、公貞の父(公信)に採桑老を伝えた」(正宗敦夫編集・校訂『楽家録二』オンデマンド版〈現代思潮新社、二〇〇七年〉五六五頁に基づいて著者が現代語訳)。

(25) 大和岩雄『秦氏の研究』(大和書房、一九九三年)四七二頁。

(26) 『延喜式』雅楽寮式には、伎楽の楽戸郷の原注に「在大和国城下郡杜屋《もりや》」とその場所が記載されている。他方、岡寺にあった建保三(一二一五)年紀年の梵鐘銘には「大和国城下郡森屋郷新楽寺」との刻字が残っていて、城下郡森屋に「新楽寺」が存在していたことが示唆されている。二つの秦(新)楽寺の関係については、移築説と分裂(並列)説があるが、伎楽の演者を供給する楽戸郷に、秦楽寺の起源があったことは、多村秦庄の秦氏に芸能民が多かったことを推測させる傍証になると思われる。

(27) 林屋辰三郎『中世芸能史の研究』（岩波書店、一九六〇年）四四七頁。
(28) 大和岩雄『秦氏の研究』四八〇頁。
(29) 東儀俊美、芝祐靖編『楽家類聚』（東京書籍、二〇〇六年）一五九～一六〇頁（林広一《ひろかず》氏の項）、一六三～一六四頁（東儀俊美氏の項）、一八八頁（東儀兼彦氏の項）、二〇七頁（東儀雅季氏の項）参照。
(30) 日本の説話上の類型として、大己貴《おおなむち》と少彦名《すくなひこな》、牛若丸と弁慶のように大小のコンビで一つの偉大な事業をなしとげるという型が存在する。太子と河勝もこの類型に入れることができるかと思われるが、「十六才の太子を助けて活躍するのが河勝ということになると、大が河勝、小が太子と考えられそうだが、実は逆で、太子という仏法興隆のために偉大なる存在を助けるのが河勝で、したがって小が河勝ということになる」（三村昌義「芸能神河勝――その侏儒的要素」『三田国文』第四号収録〈慶應義塾大学国文学研究室編、一九八五年〉八頁）。

第四章

(1) ここで兼好の言う「黄鐘調」の音高がいかなるものであるのかについては、古来議論があった。なぜ「黄鐘」が規準となるのか、というと中国の歴史を始めた黄帝が、竹の笛の長さによって、音の基準を定め、五つの音階（宮《きゅう》 商《しょう》 角《かく》徴《ち》羽《う》）と十二律（オクターブの間の十二の音）を決めた際に、その基準になる音を、「黄鐘《こうしょう》」と定めたという伝承があるからである。ところが、日本に中国の音名が入ってから、音名の表記が変ってしまう。その際、「レ」に近い音である唐俗律の「黄鐘《こうしょう》」の音程の音は日本では「壱越《いちこつ》」と呼ばれるようになった。そして、複雑なことに中国で「林鐘《りんしょう》」と呼ばれた、「ラ」に近い音が日本では「黄鐘《おうしき》」と呼ばれることになった。文献だけ読むと、唐俗律のいう「黄鐘」と、日本の楽律の「黄鐘」は同じ文字なので、雅楽に詳しくない人は、両者が同じものだと錯誤しかねない。この錯綜が、江戸時代の学者間に論争を引き起こす。有名な古文辞学者の荻生徂徠は『楽律考』を著し、『徒然草』の上記の部分を引き合いに出し、黄鐘《おうしき》は中国古代の黄鐘《こうしょう》に他ならないので、天王寺の鐘が雅楽の基準音になる、と主張している。すると、大坂の富永仲基も楽律に関する論考を著し（仲基が夭折したため未刊に終わった）、古代中国の楽書を徹底研究して、「こうしょう」＝「おうしき」とする徂徠の謬見《びゅうけん》を見事に剔抉《てっけつ》した。

現代では、声明や音楽の専門家においては、概ね『徒然草』第二二〇段の「黄鐘調」は「おうしきちょう」と訓ずるべきではなく、「こうしょうちょう」と読み、唐古律の「黄鐘」の音律（現在の神仙）、または唐俗楽の「黄鐘」の音律（現在の壱越）と考えるべきであると考えられている（天納傳中『天台声明――天納傳中著作集』〈法藏館、二〇〇〇年〉一七〇～一七一頁参照。及び、明土真也「音高の記号性と『徒然草』第二二〇段の解釈」『音楽学』第五八巻第一号〈日本音楽学会編、二〇一二年〉四～五頁参照）。しかし、兼好自身は、直前の第二一九段の中で、「黄鐘調」の文字に、現代の「黄鐘《おうしき》」の音高の意味を持たせているので、荻生徂徠と同じように考えていた可能性は排除できない。それゆえ、ここでは「おうしき」と読むことにする。

だが、本来四天王寺の鐘の音高は「こうしょう」であったことを裏付けるような測定事実も現れている。現代も四天王寺に、六時堂の向かい側に「黄鐘楼《おうしょうろう》」というお堂があり、大きな鐘が架かっており、これがその鐘だといわれている。ただ、古くからの鐘は第二次世界大戦の戦火で毀壊し、昭和二十四年に以前の鐘に倣って復興されたものが現在の鐘である。四天王寺の各種広報誌には、一一〇ヘルツすなわち、現在の黄鐘《おうしき》だと書かれているが、最近四天王寺が改めて計測したところ三〇〇ヘルツあたり、すなわち、どうやら現在の壱越、つまり唐俗律の「黄鐘《こうしょう》」に近かったとのことである。他の古鐘も必ずしも現在の黄鐘の音高ではないものが多い。妙心寺の梵鐘は、文武二（六九八）年作成のもので、現在の神仙の音高であるが、唐古律でいえば「黄鐘」にあたる。寛保三年作成になる永観堂の梵鐘の音高は壱越であり、唐俗律の「黄鐘」にあたる。

（2）現代語訳については、次の論文を参考にした。明土真也「音高の記号性と『徒然草』第二二〇段の解釈」『音楽学』第五八巻第一号収録、一～一四頁。

(3) 菊川兼男「中世淡路の舞楽料田と楽人集団――淡路人形芝居発祥地に関連して」、中野栄夫編『護国寺誌』(護国寺、一九九六年)収録、参照。

(4) 川岸宏教「四天王寺の舞楽とその伝播」、『新修大阪市史 第二巻』(大阪市編、一九八八年)収録、三〇七~三一〇頁参照。

(5)「浅野忠允氏旧蔵厳島文書」中に記録がある。『広島県史 古代中世資料編Ⅲ』(広島県、一九七八年)一四七二~一四七六頁。

(6) 原田佳子『厳島の祭礼と芸能の研究』(芙蓉書房出版、二〇一〇年)一二六頁。

(7)『広島県史 古代中世資料編Ⅱ』(広島県、一九七六年)一一九六~一一九七頁。

(8)『同 Ⅲ』(同、一九七八年)一四八〇~一四八一頁。

(9)『同 Ⅲ』(同)一一四八頁。

(10)『広島県史 古代中世資料編Ⅱ』四一〇頁

(11) 厳島野坂文書一七四八「天王寺楽人東儀兼秋外二名連署書状」。『広島県史 古代中世資料編Ⅱ』一二三七頁。この三名は、いずれも正親町天皇によって、初めて京都へ召された天王寺楽人たちである。

(12) 厳島野坂文書一七八三「天王寺楽人薗廣遠外二名連署書状」。同一二六五頁。その他、野坂文書一八一五(同、一二八六頁)及び一八一六(同、一二八六~一二八七頁)にも同趣旨の事情が記載されている。

(13) 菊川兼男「中世淡路の舞楽料田と楽人集団――淡路人形芝居発祥地に関連して」、中野栄夫編『護国寺誌』(護国寺、一九九六年)収録、六二頁。

(14) 同、七〇頁。

(15) 辻善之助編『大乗院寺社雑事記 第七巻』(三教書院、一九三三年)二八八頁。

(16) 中野幡能「宇佐宮楽所の成立とその変遷」『大分県立芸術短期大学研究紀要』第四巻(一九六

五年）収録、四一～四三頁。
（17）遠藤徹「天野舞楽の史的展開」、遠藤徹編『天野社舞楽曼荼羅供』（岩田書院、二〇一一年）収録、二四頁。
（18）同、三六頁。
（19）同、四二頁。
（20）山田淳平「近世三方楽所の成立過程」、日本伝統音楽研究センター編『日本伝統音楽研究　第十三号』（京都市立芸術大学日本伝統音楽センター、二〇一六年）収録、二〇三頁。

第五章

（1）後土御門天皇ののちの後柏原天皇、後奈良天皇、正親町天皇はいずれも即位礼の資金にもままならず、有力戦国大名家からの献金によって辛うじて挙行している。より大きな費用を要する大嘗祭はもちろん、譲位後の院の設えに費用がかかることから、後土御門天皇から後奈良天皇までは、生前に譲位することなく亡くなっている。「諸家が協働して公事を支える、その過程を通じて協働性が繰り返し確認される、という仕組みとしての朝廷が、実質的に解体したことは明らかである」（河内洋輔・新田一郎『天皇の歴史四　天皇と中世の武家』〈講談社、二〇一八年〉三〇八頁）とされる。「廷臣を必要としなくなった天皇制」は、公家の在国化を招き、ひいては京都方伶人の京不在を引き起こした。ただ、表向きの公事は停滞したが、奥向きの行事は戦国時代にも比較的きちんと遂行されていたと考えられている（同上、三〇九頁）。内侍所御神楽儀は、残った少数の公家・伶人で行われていたのであろうが、篳篥の安倍家の断絶で、正親町天皇はいよいよ天王寺楽人の登用を考えることになったのではなかろうか。
（2）山田淳平「近世三方楽所の成立過程」、日本伝統音楽研究センター編『日本伝統音楽研究』第一三号収録、二〇五頁。本文中の南都楽人の京都での奏楽の記録についてのデータも、山田氏のこの研究による。

（3）『狛氏新録』については寺内直子氏の文献解題を含む詳細な研究がある。寺内直子「狛近家（近寛）撰『狛氏新録』の成立について：新井白石と正徳度朝鮮通信使との関係から探る」神戸大学国際文化学研究科　日本学コース編・発行『日本文化論年報』第二十六号（二〇二三年）収録。

（4）芝祐泰『雅楽通解　楽史篇』二七一頁。

（5）同一五六頁。

（6）同二七一頁。

（7）『続群書類従　補遺三　お湯殿の上の日記（六）』（続群書類従刊行会、一九三三年）二九三頁。

（8）山田淳平「近世三方楽所の成立過程」、日本伝統音楽研究センター編『日本伝統音楽研究』第一三号収録、二〇三頁。

（9）「永禄九年之記」（春日大社史料〈東京大学史料編纂所架蔵写真帳、春日大社原蔵〉）永禄九年十一月二十七日条。

（10）保井芳太郎氏所蔵文書三一六「筒井順慶書状」（『大和古文書聚英』奈良県図書館協会、一九四二年）。

（11）西山松之助『家元の研究　西山松之助著作集第一巻』（吉川弘文館、一九八二年）一六二頁。

（12）南谷美保「安土桃山時代の雅楽楽人について――三方楽所の成立をめぐる一考察」『四天王寺国際仏教大学短期大学部紀要』第三号（四天王寺国際仏教大学　一九九〇年）七頁参照。

（13）中本真人『なぜ神楽は応仁の乱を乗り越えられたのか』（新典社、二〇二一年）一三三頁。

（14）同八七頁。

（15）安倍季兼の取り立てののち、京都方楽人多忠季の三男が、勅命で南都方楽人から篳篥を相伝されて、安倍姓で新たに取り立てられ、安倍季房として、京都方安倍氏の嫡流を継承することになった後は、安倍姓東儀と季房の安倍氏嫡流でもって御神楽の篳篥は交互に担当されるようになっていく。

(16)「天正年中聚楽亭両度行幸日次記」(『続群書類従第四輯上　帝王部・補任部』続群書類聚完成会、一九二六)。

(17)『義演准后日記』慶長三年八月二十二日条、及び『中臣祐範記』慶長三年八月二十一日条。

(18)『舜旧記』(史料纂集、続群書類従完成会　一九七〇~一九九九)慶長十五年八月十九日条。

(19)山田淳平「近世三方楽所の成立過程」、日本伝統音楽研究センター編『日本伝統音楽研究』第一三号収録、一九六頁。

(20)西山松之助『家元の研究　西山松之助著作集第一巻』一六二頁。一六三~一六四頁。なお、西山の分析については、山田淳平が論文「近世三方楽所の成立過程」において一部修正している(前掲山田論文、一九五頁)。

(21)慶長六年の「天王寺僧中起請文」に「寺僧楽人其他役人大形立退、天王寺退転之処」と記載されている。棚橋利光篇『四天王寺史料』収録(清文堂出版、一九九三年)一〇七頁。

(22)山田淳平「近世三方楽所の成立過程」、日本伝統音楽研究センター編『日本伝統音楽研究』第一三号収録、一九四頁。

(23)『瞬旧記』(史料纂集、続群書類従完成会　一九七〇~一九九九)寛永六年潤二月二十五日条。

(24)芝祐泰『雅楽通解　楽史篇』一八七頁。

(25)同二〇一頁。

(26)舞御覧において蘇利古が五人舞で舞われたのは、『林家楽書類』「禁裏東武並寺社舞楽記」で確認できるのは、正保三年・四年、慶安二年、承応三年、元禄八年、宝永二年、明和四年、安永三年・四年、天明五年・八年、寛政四年・十二年、享和二年、文化五年の十五回。他の機会十二回(小御所での舞御覧一回を含む)は四人で舞われている。

(27)『古事類苑』楽舞部(六三五頁)第十楽人。

(28) 小川朝子「楽人」、横田冬彦編『芸能・文化の世界』(吉川弘文館、二〇〇〇年)収録、二二頁。
(29) 南谷美保氏の調査によれば「四十三人」であったとされる(南谷美保「安土桃山時代の雅楽楽人について――三方楽所の成立をめぐる一考察――」)。「御扶持米」受領者でありながら、「楽書領知行配当」を受けていなかった者もあり、また、その逆も場合もあった。
(30) 中本真人『なぜ神楽は応仁の乱を乗り越えられたのか』一〇六頁。
(31) 同一五八頁。
(32) 小川朝子「楽人」、横田冬彦編『芸能・文化の世界』収録、三八頁。

第六章

(1) 南谷美保編『四天王寺舞楽之記　下巻』(清文堂出版、一九九三年)、三六五頁の「江戸時代の四天王寺における舞楽法要および舞楽曲目一覧」参照。
(2) 「古ヘハ伶人惣出仕、今ハ当寺在住ノ輩ニ、在京ノ輩五六人ヲ相加フ計リ也、故ヘニ楽屋モ片楽屋〈左方〉ヲ用ユ、舞モ亦タ大略ナリ也」(筆者書き下し)と書き残されている。棚橋利光編『四天王寺史料』(清文堂出版、一九九三)、三〇五頁。
(3) 現在雅亮会が用いている「路楽」は、小野樟蔭の作曲になるものと伝承され、雅楽の六調子のいかなる調子で音取及び止手を吹いても適合する、工夫された楽曲である。
(4) 木戸敏郎氏は、例えば四人舞は、「一人を四倍の密度で表現したもので、空間的に密度を高めるための方法である」(木戸敏郎『若き古代』〈春秋社、二〇〇六年〉、一一二頁)と考える。この考え方は基本的に賛同できるもので、蘇利古が呪術的な舞であるとするならば、五人で舞うことは、その呪術的なエネルギーを密度の濃いものにするためのものとなる。
(5) 現代では、舞台上に南北に左右二列で八部衆が四人ずつ並び、舞台上も手渡しで供物を運んでいるが、江戸時代は、最初の一膳を菩薩人(左右それぞれ一名)が運び、残りは八部衆(左右それぞれ四名)が、一人ずつ供物を受け取っては舞台を渡り、舞台下で待機している舞童子に渡し、舞台脇の石橋を渡って舞台南側に戻っていたようである。

（6）棚橋利光編『四天王寺史料』二六四頁。

（7）天王寺楽所の「陪臚」は一臈・三臈が右の鳥甲を被って右方楽舎から、二臈・四臈が左の鳥甲を被って左方楽舎から進発する。すなわち、左右両属の舞で、奏楽も左右両楽舎で発楽する。聖霊会の舞楽の数をしばしば「十二番半《じゅうにつがいはん》」という言い方をするが、左右の番舞の十二組（二十四曲）に加えて、左右両属のこの陪臚一曲を「半」と表現している。登場する際には、一臈と二臈、三臈と四臈がそれぞれペアで左右から同時に舞台に上がって舞台端を周回し、いったん舞台を降りたのち、再び登台して輪の内外と向きを変えて舞台端を周回する「大輪・小輪」といわれる天王寺舞楽独特の所作を行う。江戸期の聖霊会では毎年必ず入調の最後に舞われた重要な演目である。

第七章

（1）棚橋利光編『四天王寺史料』一五七頁。

（2）同四一頁。

（3）この問題の詳細な研究として、南谷美保「「京不見御笛」当役をめぐる争い――江戸時代の天王寺楽所における笛の家」『四天王寺国際仏教大学紀要』第四二号、（四天王寺国際仏教大学、二〇〇六年七月）がある。

（4）もっぱら『四天王寺舞楽之記　上巻』（清文堂出版、一九九三年）の宝永五年の京不見御笛に関わる記録（一一四〜一一五頁）、及び宝永六年の「京不見御笛之義ニ付三月廿一日岡家ヨリ一方中ヶ間江口上書出ル留」（同上、一二〇〜一二二頁）に基づいて解説したい。前者の中において、在天王寺の笛吹きは、山井家に対抗して矜持を持って「秦氏の笛吹」と自称する。

（5）南谷美保編『四天王寺舞楽之記　上巻』一二五頁の記事。

（6）同一八六頁の記事。

（7）同一九三頁の記事。

（8）棚橋利光編『四天王寺史料』三二〇頁参照（「採桑老抜頭舞人出時、使掃部持松明」）、また、二六七頁には、「抜頭　楽左方吹之」との記載がある。

（9）南谷美保「「抜頭一件」をめぐる考察――三方楽所に対する公的権力の介入の一例として」、『四天王寺大学紀要』（第五十号、二〇一〇年）収録、二六四頁。

（10）芸能史研究会編『日本庶民文化史集成　第一巻　神楽・舞楽』（三一書房、一九七四年）六七八頁。

（11）『林家楽書類』第三十一冊「禁裏東武並寺社舞楽之記」享和元年八月二十六日条「御用前一方ヨリ彼是申立候趣　其上管方打物等殊ノ外急速不出来ニ付御尋ノ儀」があったと記されている。

（12）芸能史研究会編『日本庶民文化史料集成　第一巻　神楽・舞楽』六八二頁。

（13）なお、この伝授状は現存する。「諸所所蔵嚴島文書」第十号（『広島県史』古代中世資料編Ⅲ、一四八〇～八一）。これに先立つ文明三（一四七一）年の「太秦廣喜舞曲伝授状」によると、野坂安種に、林廣喜からも抜頭を含む十二曲が厳島へ相伝されている。「厳島野坂文書」一六八五号（『広島県史』古代中世資料編Ⅱ）一一九六～一一九七頁。

（14）南谷美保「「抜頭一件」をめぐる考察――三方楽所に対する公的権力の介入の一例として」『四天王寺大学紀要』収録、二七二頁。

（15）山田淳平「近世における奏楽統制」（『日本伝統音楽研究』第一六号、二〇一九年）収録、一四八～一七〇頁参照。

（16）このように見てくると、天王寺楽所の内部はまとまりがなく、抗争を繰り返していたかのように見えるが、三方楽所成立以来禁裏楽人となったことの強い矜持を共有しており、特に四天王寺からの支配介入には団結して争論を行っている。宝暦八（一七五八）年に、寺領地を出て幕府の御料地に住んでいた在天の天王寺楽人を「天王寺附楽人」と見なして、引き続き宗門人別帳を提出せよとした四天王寺の主張に対して、自分たちは「禁裏附ノ儀」であるから提出しない、と反発したことに始まった争論は、自分たちの身分を懸けた天王寺楽所全体と四天王寺との紛争に発展した。天王寺楽所全体は結束して、宝暦八年四月八日以降は、「仲ヶ間、寺僧、争論ニ付今日ヨリ寺役不参」となり、前代未聞の奏楽参仕のボイコットへと発展した。天王寺楽人は禁裏附楽人であり、四辻家を差し置いて四天王寺が支配することはないことが確認され、和解に至ることになった宝暦十二年までの約四年間にわたって、聖霊会を含むすべての四天王寺への天王寺楽所の参仕が取りやめられた（「天王寺々僧與争論之留第一冊〜第八冊」参照〈南谷美保編『天王寺楽所史料』、清文堂出版、一九九五年〉）。

(17)『住吉松葉大記』（鈴木松太郎発行〈非売品〉、一九三四年）七一三頁参照。

(18)『日本庶民文化史史料集成』第二巻（三一書房、一九七四年）に収録されている。また、『続群書類従』第二輯下にも「住吉太神宮諸神事之次第記録」の題目で収録。『住吉松葉大記』「寺院部」の記録からも三月八日の一切経会が舞楽四箇法要で行われていたことを確認できる。

(19)『住吉松葉大記』五六六頁参照。

(20) 九月十二日の相撲会前日の試楽の参加者に「南都楽二人」との記載がある。

(21)『住吉松葉大記』七一〇頁参照。

(22) 天王寺楽所雅亮会編『雅亮会百年史　増補改訂版（創立百二十年を越えて）』（天王寺楽所雅亮会、二〇〇八年）二八〜二九頁。

(23) 林屋辰三郎編『古代中世藝術論』八七〜八八頁。「天王寺・住吉ニ有『獅子』笛吹。ソレハコトノホカノ相違ノ物也。乱声モ別物、楽吹様モ、太鼓打様モ替リタリ。中々本「獅子」ヨリ面白侍也」と記載されている。

第八章

(1) 多久顕、多忠壽、辻近陳、山井景順《かげあや》、安倍季員《すえかず》、多久幸の六名。

(2)塚原康子『明治国家と雅楽　伝統の近代化　国楽の創成』（有志社、二〇〇九年）七九～八〇頁。

(3)この時期に上京したのは、多久腆《ひきあつ》、多忠克、多忠廉《ただきよ》、多久随《ひさより》、多忠賀《ただます》。「明治三年以後の東上者がすべて京方の多家の楽人で占められているのは、多家が楽人の中で唯一、神楽歌と和琴の伝承に与っていたためであろう」（同五〇頁）。

(4)宮内庁書陵部『御沙汰留』明治三年二号において、明治三年の雅楽局の組織構想が提示されているが、神楽を広く「熟達ノ輩並執心ノ者」に解放して、大曲・秘曲はすべて朝廷に返上させ、楽所には、神楽・大歌・東遊・倭歌、催馬楽、朗詠、琵琶、楽箏、和琴を錬磨すべきことが特筆されている。なお、雅楽局発足時の組織と人事配置については、同五二～五七頁に詳しい。

(5)東儀文均の『楽所日記』に転載されている神祇官通達に、当時の政府が「雅楽」をどのように考えていたかを示すこの文言がある。

(6)塚原康子『明治国家と雅楽　伝統の近代化　国楽の創成』一一頁。

(7)明治維新後に倍化した宮廷行事の整備過程での主な変化の内容は、①宮中行事からの仏教的要素の排除、②新儀祭典（神武天皇祭、先帝祭、紀元節など）の創出、③畿内各社の祭りからの仏教的要素の排除、④祭祀に直結しない節会、楽会などの選択的改廃、⑤西洋起源の行事の新設（天長節など）に分類できる。

(8)四天王寺編『四天王寺　聖霊会特集号』（四天王寺、一九四一年）六五頁。

(9)堀川久民は、旧徳大寺家諸大夫で、明治の雅楽制度改革によって、初めて民間から楽師になった。久民は明治七年に東上して欧州楽伝習に加わり、明治十一年に帰京している。その子の師克、久之も父親と行動を共にしている。久民は、明治十二年時はすでに退官していたが、のちに息子たちと北野天満宮を中心に活発に演奏活動を行った。堀内喜午郎は京都府の士族出身者で、明治九年に下等伶員になっている。明治十二年の聖霊会では冒頭の御幸で篳篥を吹き、法要舞楽の萬歳楽を舞いつつも、迦陵頻、胡蝶などの童舞も舞っている。

（10）四天王寺編『四天王寺　聖霊会特集号』六六頁。

（11）この点については、拙論「西本願寺における法要雅楽導入とその展開」（『本願寺史料研究所報』第六三号収録）を参照。

（12）以上、東儀文均『楽所日記』二十六巻〜二十八巻の記録より確認できる。

（13）四天王寺編『四天王寺　聖霊会特集号』六七頁。

（14）「亦有自然萬種伎楽。又其楽声無非法音。清揚哀亮微妙和雅。十方世界音声之中最為第一。（また自然の万種の伎楽あり。またその楽の声、法音にあらざることなし。清揚哀亮にして微妙和雅なり。十方世界の音声の中で最も第一となす）」の部分（『大正新脩大蔵経』第十二巻「仏説無量寿経」二七一頁上段）。

（15）天王寺楽所雅亮会編『雅亮会百年史　増補改訂版（創立百二十年を越えて）』（天王寺楽所雅亮会、二〇〇八年）二三〜二四頁。

（16）同二四頁。

（17）同二二頁。

（18）薗廣道は、既述のように岡昌福とともに、明治十二年以降の聖霊会復興の支援に尽力した、天王寺流の舞楽の名手である。東儀分家が薗姓を与えられた在天楽人の血脈に連なり、明治三年には小伶人として任官し、京都勤務であったようだが、権中伶人に昇進した後明治十一年に退官したと推測されている。

（19）四天王寺編『四天王寺　聖霊会特集号』九〇頁。

（20）本文で取り上げた旧伶人の亡き後にも、多くの天王寺楽家出身の楽人の指導を得た。
明治三十五年十二に二十五日の雅亮会臨時総会において会則改正がなされたが、それに関して、『雅亮会百年史』は次のように説明している。「主な変更点はまず会員の項目において、従来の名誉会員と正会員に加えて客員会員の制度を設けた。この制度は、岡昌福や薗廣道等亡き後、宮内省雅楽部に奉職する旧天王寺系の伶人の中で、勤務の傍ら繁く下阪し雅亮会に指導協力の労を惜しまなかった人々があり、そうした人々への敬意と謝意を込めて採られた措置であった。雅亮会に残された客員会員の名簿には東儀俊龍、多忠龍、薗廣元、薗廣利等、の名前が書きとどめられている」(『雅亮会百年史　増補改訂版』三〇頁)。

また、明治四十二年~四十三年の頃には、宮内省伶人を迎えての講習が繁く行われる。東儀俊龍、多忠龍(大正六年には技術顧問就任)、薗廣利、廣元父子の名前が記録されている。

明治三十九(一九〇六)年には宮内省伶官であった大村恕三郎が雅亮会入会。その後終生雅亮会名誉会員として演奏活動を続ける。

第九章

(1) 四天王寺編『四天王寺　聖霊会特集号』九〇頁。
(2) 天王寺楽所雅亮会編『雅亮会百年史　増補改訂版(創立百二十年を越えて)』三〇頁。
(3) 東儀俊美『雅楽逍遥』(書肆フローラ　二〇一二年)一一六~一一七頁。
(4) 同一一七~一一八頁。
(5) 小野功龍『仏教と雅楽』(法藏館、二〇一一年)三五四頁。
(6) 元宮内庁式部職楽部首席楽長の岩波滋氏は、首席楽長時代に、御神楽儀で演奏する際の精神性に触れ、「もしも宮内庁楽部に、よその演奏団体と違う何かがあるとすれば、それは、この人間でないお客様(著者注:神)のために長時間、歌い弾き舞うことを、年に幾度か重ねてゆく経験がものを言っているのでしょう」と述べ、日本の芸能の起源は神様を慰める芸であって「人間を楽しませるためではなかった」と語る(季刊誌『皇室』編集部編『雅楽の正統』(扶桑社、二〇〇八年)五二~五三頁)。
(7) 丘山新『菩薩の願い』(日本放送出版協会、二〇〇七年)一〇三頁。
(8) その事情について大迦葉は次のようにいう。「今此大樹緊那羅王。鼓作琴楽妙歌和順。諸簫笛音鼓動我心。如旋嵐風吹諸樹身。不能自持。(今此の大樹緊那羅王が、琴楽を鼓作し、妙歌和順し、諸の簫笛の音、わが心を鼓動すること、旋嵐風の諸の樹身を吹きて自ら持すること能はざるが如し。)」(大一五:三七一上)。『大正新脩大蔵経』からの引用については以下において(大 巻数:頁数 段)で示す。訳文については、『国訳一切経 経集部六』(大東出版社、一九三二年)収録の常磐大定訳「大樹緊那羅王所問経」によった。

(9) 大一五:三七一 中。

(10) 大一五:三七一 下。

(11) 「爾時世尊。知緊那羅王諸子之心所欲楽已。上昇虚空高七多羅樹。放大光明。是光遍照於此三千大千世界。欲界諸天所有伎楽。乾闥婆緊那羅等所有伎楽。不鼓自鳴出微妙音。香山王中所有樹木。亦皆悉出微妙楽音。(中略)於時世尊以神通力。令諸伎楽演出智偈問諸所疑。令諸花台所有菩薩。以一一偈。答其所問。(爾の時に、世尊、緊那羅王の諸子の心に欲楽する所を知り已りて、虚空に上昇したまふこと七多羅樹にして、大光明を放ち、是の光遍く此の三千大千世界を照す。欲界諸天の所有の伎楽、乾闥婆・緊那羅等所有の伎楽、鼓せずして自ら鳴り、微妙の音を出す。香山王中の所有の樹木も、亦皆悉く微妙の音楽を出す。(中略)時に世尊、神通力を以て諸の伎楽をして智偈を演出して、諸の所疑を問はしめ、諸の花台の所有の菩薩をして、一々の偈を以て其の所問に答へしめたまふ。)」(大一五:三七八 中)。

(12) 「自是之後。不離見仏聞法供僧。教化衆生。而不速疾取於無上正真之道。(是より後、仏を見、法を聞き、僧を供するを離れず、衆生を教化せんとて速疾に無上正真の道を取らず)」(大一五:三八三 下)。

(13) 仏像美術の世界では天部と菩薩は截然と区別されるが、仏教教説そのものにおいては天部も輪廻の中にあり、悟りを目指す存在であり、菩薩たることができる。『所問経』においては、釈迦如来は、大樹緊那羅王がその演奏において三昧の法声を出して衆生を教化できることに関して、

「菩薩摩訶薩は、是の如き希有の法を成就す」（『国訳一切経　経集部六』、二六頁）と言って、大樹緊那羅王を菩薩として認め、未来成仏を約束し「功徳王光明如来」と号するよう指示する（同書、五八頁）。『国訳一切経』においてこの経典の解題・現代語訳をした常盤大定も、この経典は「放逸の姿を取る緊那羅王を以て大乗菩薩の理想人格としている」と指摘している（同書、三頁）。

（14）『大樹緊那羅王所問経』では、檀波羅蜜（布施）、尸波羅蜜（持戒）、忍波羅蜜（忍辱）、進波羅蜜（精進）、禅波羅蜜（禅定）、般若波羅蜜という表記で語られ、それぞれにおいて三十二種の具体的な実践方法例が挙げられている。

（15）「或現簫笛琴瑟鼓貝常為第一。於是衆中歌舞戯笑。皆出法音現衆伎術。随諸衆生所喜楽者。為教化故而示現之。（或は簫笛琴瑟鼓貝を現じて常に第一となり、是の衆の中に於て歌舞戯笑し、皆法音を出して衆の伎術を現ず。諸の衆生の喜楽する所に随ひて教化せんが為の故に之を示現す。）」（大一五：三七七 下）。

（16）「是大樹緊那羅王。如何以琴及妙歌声。諸伎楽音教化衆生。（是の大樹緊那羅王は、如何にして琴及妙歌の声、諸の伎楽の音を以て、衆生を教化するや）」（大一五：三七四 中）。

（17）大一五：三七四 上。

（18）「以此琴楽諸簫笛音及妙歌音。調伏七十億緊那羅衆令住菩提。三十億乾闥婆。於無上道而得調伏。其内眷属八万四千住一切智。（此の琴楽諸の簫笛の音及び妙歌の音を以て、七十億の緊那羅衆を調伏して菩提に住せしめ、三十億の乾闥婆を、無上道に於て調伏するを得、その内の眷属八万四千、一切智に住させた）」（大一五：三七四 上）

（19）「緊那羅等。乾闥婆等。摩睺羅伽等。好楽音楽。是大樹緊那羅王。善自調琴和衆伎楽。是緊那羅衆。乾闥婆衆。摩睺羅伽。起大愛楽信解増敬。得是愛敬信解増敬已。（緊那羅等、乾闥婆等、摩睺羅伽等は、音楽を好楽す。是の大樹緊那羅王は、善く自ら琴を調でて衆の伎楽に和す。是の緊那羅衆、乾闥婆衆、摩睺羅伽衆は大愛楽を起して信解増敬す。是の愛敬を得て、信解増敬し已

りて、)」(大一五:三七四 中)

(20) 大一五:三七四 下。

(21) 「善男子。是故当知一切音声従虚空出。(善男子よ、是の故に当に知るべし、一切の音声は虚空よりして出ることを)」(大一五:三七二 上)。

(22) 「當知言説為無所説。又以音聲名為言説。(当に知るべし。言説は無所説と為し、また音声を以て名づけて言説と為すを)」(大一五:三七二 上)。

(23) 「爾時世尊。為欲成満緊那羅乾闥婆摩睺羅伽等。諸楽音中所出法音。(中略)而説偈頌以顕其義。(爾の時に世尊、緊那羅・乾闥婆・摩睺羅伽等の諸の楽音中に出す所の法音を成満せんと欲し、(中略)偈頌を説きて、以て其の義を顕はしたまふ)」(大一五:三八六 中)。

(24) 「然是音声本無住処。若無住処則無堅実。則名為実。(是の音声は本、住処なく、若し住処なければ、即ち堅実なきを、則ち名付けて実となす)。」(大一五:三七二 上)。

(25) 「一切言説即是音声。為語他故起是音声。是無生法忍無有能説無有能聴。何以故是義不可得故。而是法忍非声非説。善男子。如来世尊有大威徳。同不可得義。同不可得義説於有得。(一切の言説は、即ち是れ音声にして、他に語るが為の故に、是の音声を起すのみ。是の無生法忍は、能く説くところあるなく、能く聴くことあるなし。何を以ての故に。是の義は不可得の故に。しかも是の法忍は、声に非ず、説に非ず。善男子よ、如来世尊に大威徳ありて、不可得の義に同じ、不可得の義もて、有得を説きたまふ)」(大一五:三七二 上中)。

(26) 現代の天王寺舞楽及び聖霊会の理解にとって参考になる文献として、小野功龍『仏教と雅楽』、南谷美保『聖霊会の舞楽(増補版)』(東方出版、二〇二一年〈初版二〇〇八年〉)、寺内直子『雅楽を聴く――響きの庭への誘い』(岩波書店、二〇一一年)、寺内直子『雅楽の〈近代〉と〈現代〉――継承・普及・創造の軌跡』(岩波書店、二〇一〇年)、徳山雅宥『浪速の舞楽』(自照社、二〇〇〇年)がある。

天王寺舞楽年表

年号（西暦）	出来事	典拠
推古二十年（六一二）	百済の人・味摩之が伎楽を伝えた。	『日本書紀』
	聖徳太子が「三宝」を供養するのに「蕃楽」でもってなせ、との指示をする。	『聖徳太子伝暦』
	聖徳太子は、秦河勝の子孫を中心に四天王寺に楽団を置く。	『聖徳太子傳記』
天武二年（六七三）	新羅の使者の金承元を難波で種々の歌舞で饗応する（四天王寺の楽団が参仕か）。	『日本書紀』
延暦二十三年（八〇四）	摂津の国司の奉献として、恒武天皇の前で四天王寺の楽人が奏楽する。	『日本後記』
寛仁二年（一〇一八）	多好用（好茂）が「種合」で失態をして天王寺へ逃亡。その後、秦公信に「採桑老」を教えたと伝わる。	『教訓抄』
元永元年（一一一八）	宇治平等院一切経会で、天王寺楽人秦公定（公貞）が「採桑老」を舞い、纏頭を受ける。	『中右記』
元永二年（一一一九）	舞御覧で秦君定（公貞）が「採桑老」を舞う。この際、大内の楽人が「採桑老」の番舞として「林歌」を舞うことを拒否する申し立てをする。	『長秋記』

天養元年（一一四四）	大内楽人狛行貞が天王寺に居住し、同座行列していることゆえに追放される。	『楽所補任』
正治二年（一二〇〇）	淡路国賀集八幡宮寺の一切経供養法会で天王寺楽人が奉納歌舞を行う。	「預所大法師某起請一切経会置文案」（五国寺文書）
安貞二年（一二二八）	この年の「聖霊会」では二十五曲を奏舞。	『吉野吉水院楽書』
宝治二年（一二四八）	天王寺楽人薗六郎八郎が勝尾寺に天王寺舞楽を伝える。	「勝尾寺毎年出来大小事等目録」
応仁元年（一四六七）	応仁の乱が起こり、この頃より戦国時代にかけて、多くの京都方の楽家が断絶する。	
文明二年（一四七〇）	淡路国に定住していた「天王寺舞師」に楽料田下賜の記録。	「作事算用状」（護国寺文書）
文明三年（一四七一）	天王寺楽人林廣喜が厳島神社の野坂安種に十二曲の舞楽を相伝する。	「太秦廣喜舞曲伝授状」
文明十六年（一四八四）	この年以降、高野山天野社で舞楽曼荼羅供が断続的に行われるが、天王寺楽人が招かれて奏楽奏舞。のちには三方楽所が協同で参仕。	『紀伊続風土記』『高野春秋』

永正六年（一五〇九）	天王寺楽人岡昌歳が厳島神社の野坂才菊に八曲の天王寺舞楽を相伝する。この頃より天王寺楽人の厳島神社への指導が頻繁になる。	「太秦昌歳舞曲伝授状」
天文十三年（一五四四）	宇佐八幡宮の放生会に天王寺楽人が招かれて奏楽。	到津文書四〇四
天正五年（一五七七）〜天正七年（一五七九）	正親町天皇による天王寺楽人の召出し（天正の楽道取り立て）。	『言継卿記』等
天正十四年（一五八六）	東御所安鎮舞楽に三方楽所の楽人が協働して参仕。これ以降三方の楽人による舞楽奏楽が恒常化。	『お湯殿の上の日記』
慶長三年（一五九八）	三方の楽人によって、東山大仏堂供養が大規模な舞楽法要のスタイルで行われる。	『義演准后日記』等
寛文五年（一六六五）	三方楽所の制度が確立。	『徳川実紀』等
貞享二年（一六八五）	四天王寺宝物としての「京不見御笛」の存在が確認される。	『四天王寺年中法事記』
宝永三年（一七〇六）	住吉大社の神主、津守国教が天王寺楽人に「住吉楽人」への指導を依頼する。	『新撰楽道類集大全』
宝永六年（一七〇九）	京不見御笛を廻っての紛擾に日光御門主が裁定を下す。	『林家楽書類』

寛保元年（一七四一）	天王寺楽人の助力によって住吉大社の一切経会が再興される。	『林家楽書類』
寛延二年（一七四九）	播磨の大避神社社人に天王寺楽人が雅楽を指導。	「「道楽につき一礼」文書」（大避神社蔵）
宝暦八年（一七五八）～ 宝暦十二年（一七六二）	四天王寺の処遇に抗議して、天王寺楽所一統が聖霊会を含む「寺役不参」を行う。	『林家楽書類』
寛政八年（一七九六）	厳島神社の野坂元貞が天王寺楽人岡昌稠に「抜頭」を復伝。	『藝州嚴島図絵』
享和元年（一八〇一）	小御所前庭の舞楽御覧で右方抜頭披露されるも不出来に終わる。 抜頭の伝承について不心得な申し立てをしたかどで岡昌稠が免官される。	『林家楽書類』 「抜頭一件之留」
文政十三年（一八三〇）	この年の聖霊会において薗廣勝が「蘇莫者」を再建する。	『林家楽書類』
明治三年（一八七〇）	二月二十二日に従来の天王寺楽所による最後の聖霊会が行われた。東京に雅楽局が設置され天王寺楽人の多くが上京。	『楽所日記』
明治十二年（一八七九）	旧楽家の伶人を中心に九年ぶりに聖霊会が再興される。	

明治十六年（一八八三）	民間人も交えて二回目の復興聖霊会が催される。	
明治十七年（一八八四）	雅亮会が設立され、民間人を中心とする聖霊会が執行。	
明治二十三年（一八九〇）	大阪木津の願泉寺に雅亮会稽古場を移転。	
明治二十六年（一八九三）	小野樟蔭が雅亮会初代会長に就任する。小野樟蔭はこの年に薗廣道から「秦性の舞」の伝授状を授かる。	
昭和十五年（一九四〇）	厳島神社の皇紀二六〇〇年奉祝舞楽に雅亮会が参加。	
昭和二十八年（一九五三）	「天王寺舞楽」が無形文化財に指定。	
昭和五十一年（一九七六）	「聖霊会の舞楽」が国の重要無形民俗文化財に指定。	
令和元年（二〇一九）	雅亮会が四天王寺から「天王寺楽所」の名称使用の許可を得る。	
令和四年（二〇二二）	聖徳太子一四〇〇年御聖忌記念大法要の結願法要として江戸期の古儀に復した八時間半に及ぶ聖霊会を勤修。	

あとがき

本書での天王寺楽所の歴史の詳しい記述は、小野樟蔭に「秦姓の舞」が集約されて無事にその舞態が伝承されたところで終えられています。実際、そこからも着実に雅亮会において天王寺舞楽の伝承が続けられ、本年で雅亮会は創立百四十周年を迎えることになりました。小野樟蔭ののちの雅亮会については、いずれかの機会で詳述したいですが、この場で簡単に触れておきたいと思います。

小野樟蔭が初代会長になった明治二十六年以降も、ほぼ毎年聖霊会は執行されていきます。しかし、大正期になると四天王寺の都合により途絶えがちになり、六回しか執行されませんでした。昭和期に入っても途切れがちでしたが、昭和十五年の四天王寺宝塔落慶舞楽法要・聖霊会は、まさに雅亮会の総力を挙げた大法要でした。明治以降の天王寺舞楽のほぼすべての演目が五日間わたって連日繰り広げられ、戦前の雅亮会の力量の頂点を示す出来事でした。

昭和十八年には小野樟蔭が逝去します。また、第二次世界大戦の戦局は悪化の一途をたどり、多くの雅亮会会員が命を落とし、昭和二十年の大阪大空襲によって四天王寺もろとも事務所の願泉寺も全焼しました。

大戦後、雅亮会の中心になったのが樟蔭の子である小野攝龍《せつりゅう》でした。復員した攝龍が、焼け跡のバラックに筵《むしろ》を敷いて、八人の若手に舞楽の指導をし、昭和二十一年には戦後初の聖霊会を行いました。ここから戦後の雅亮会は始まったといわれています。昭和三十一年には雅亮会内に雅楽練習所（現、雅楽伝習所）が開設され、一般に広く練習生を募り、後継者の確保に注力することになりました。昭和四十一年から、会員の技量向上と天王寺舞楽を広く知ってもらうために、法会神事の場での奏楽とは別に、ホールでの主催公演会を開始し、現在では、昨年（令和五年）フェスティバルホールで行われた公演会で五十一回目を数えるまでに継続されています。昭和四十三年には国立劇場大劇場の雅楽公演会に初登場して、聖霊会を再現し、昭和五十一年には全米で一箇月にわたる初の海外公演を行い、カーネギーホールの舞台を踏む栄にも浴しました。雅亮会は数々の賞も受賞し、攝龍は初代楽頭に就任して、大阪文化賞を受賞しました。

その後は、攝龍の子である功龍が二代目の楽頭となり、これまでの活動をさらに発展させるとともに、数々の海外公演を行い、広く海外に天王寺舞楽を広めました。私が天王寺舞楽に深く関わり始めたのは、私の父である功龍が雅亮会の指導的な地位に就いた平成五年頃です。

最初は、管楽器、舞楽にかかわらず、無我夢中で研鑽を積みました。特に舞楽については、先輩から舞の手を習って、そのつどの行事を間違いなくこなすことで精一杯で「天王寺舞楽」とはいったいなにかと考えるいとまもありませんでした。宮内庁式部職楽部や他の雅楽団体と舞の手や舞態が少々違うということは認識していましたが、さして気に留めませんでした。ところが、本書冒頭で紹介した東儀俊美先生の四天王寺への手紙を読んでから、天王寺舞楽の背景には雅楽の本質に関わるなにかが潜んでいる、と感じるようになりました。一昔前は、宮内庁式部職楽部の雅楽こそが雅楽であり、他の民間団体の雅楽はまがいものである、というような、極端に楽部の雅楽を絶対視する考え方をされる雅楽人も少なくありませんでした。そのような立場からすれば、雅亮会の舞楽の特徴は、地方的なクセに過ぎず、本書でも引用した若き日の薗廣道先生の見解のように「悪固まりに固まっている」舞楽に過ぎないものであったでしょう。しかし、楽部の舞楽を極めた俊美先生御自身が、楽部の雅楽と異なるなにか大切なものを天王寺舞楽に感得され、また、天王寺舞楽には明治時代に変容した舞楽以前の気風が残されていることを表白されたのです。

もちろん、われわれにとって励みになることではありましたが、それ以上に、天王寺舞楽を伝承する者として、俊美先生の感性が捉えたものを、明確に認識しなければならない、という課題を深く感じました。それだけ雅楽の歴史にとって重要な文化的資源であるならば、そのような認識を深めて、正確にその本質を伝えていかねばならない、という責務を感じたのです。

その後、いろいろな視点から天王寺舞楽の研究を進め、その本質とはなにかということを言語化することに努めるようになりました。予想どおり、天王寺舞楽の背後には、非常に豊かな世界が広がっていました。聖徳太子と味摩之、秦河勝にまで遡る歴史、天王寺楽人の芸能民としての振る舞い、散楽や大衆芸能との接点などさまざまな興味深い事象が立ち現れてきました。それらについては、折りに触れて語ったり執筆したりしてきましたが、ご縁あってまとめさせていただいたのが本書です。

なかでも、本書で新しく明確にされたことは、天王寺舞楽は、現在の標準となっている宮内庁楽部の舞楽とは異なって、江戸期以前の神仏習合時代における仏教的雅楽の伝統をかなり忠実に守っているということと、それが基づいている大乗仏教思想における音楽観です。

明治の神仏分離以降、皇室祭祀からは仏教的要素は排除され、楽部の雅楽は神道に純化することとなりました。楽部の先生方は、こぞって、御神楽儀がはらむ宗教性と精神性を楽部雅楽の根幹と捉えておられます。元宮内庁首席楽長の岩波滋先生は『雅楽の正統』

（扶桑社、二〇〇八年）の中で次のようにいわれています。「御神楽儀における本当に芸を見せる相手は客席の反対側の見えない存在、神霊である」（五三頁）。「もしも宮内庁楽部に、よその演奏団体と違う何かがあるとすれば、それは、この人間でないお客様のために長時間、歌い弾き舞うことを、年に幾度か重ねていく経験が、ものを言っているのでしょう」（五二頁）。

天王寺舞楽も、聖徳太子の神霊（聖霊）や仏に捧げられるものではありますが、大乗仏教が本来、民衆とともにあり、民衆に仏縁を結ばせることを本旨とするものなので、太子の仏教流通《るずう》の願いとともにある天王寺舞楽はおのずと少々異なるベクトルをもはらむことになるわけです。そして、本書では、その思想が基づく経典は、現代ではあまり顧みられませんが、平安時代に大きな影響力を持っていた『大樹緊那羅王所問経』であることにたどり着きました。

もちろん天王寺舞楽が、明治以降の雅楽の変容をまったく蒙っていないというわけではありません。雅亮会の雅楽楽曲の演奏は、基本的に明治撰定譜に依拠していますし、住吉大社や厳島神社でも舞楽奉納はいたしますが、御神楽儀のような神事に特化した芸能を演ずる機会はありません。もとより天王寺楽所は御神楽儀を行うことはありませんでしたが、神道儀礼が仏教との接点を排除した明治以降、天王寺舞楽とそれら神事の祭祀芸能との隔たりはより大きくなったといえます。

そして、なによりも天王寺舞楽の伝承は、民間人の手に委ねられることになりました。それまでは扶持をもらい官位を持ち、世襲でいわば職業的に伝承されていたのですが、天王寺舞楽はそういう環境を失いました。

雅亮会のメンバーは、まずは生計を立てる仕事を確保したうえで、残された時間とエネルギーを天王寺舞楽の伝承に注ぎます。もちろん、演奏だけではなく、運営や事務仕事にも分担してあたります。そして、それらに対して十分な報酬があるわけでもありません。このことは一見、舞楽伝承にとってデメリットのようにも思えます。しかし、お金のためでも、家名のためでも、社会的地位のためでもない営みですので、かえって、自分たちの伝承事業に対する不断の内省をもたらしてくれます。現代においては、天王寺舞楽は、その純粋な文化財的価値に確信を持つに至った者が継承する、聖徳太子や諸々の如来とともに仏教と民衆を繋ぐ芸能であり、事業なのです。

このたび、諸々のご縁が熟して本書を上梓することができました。写真掲載については荻野薫氏、三木雅之氏、東儀道子氏をはじめ多くの方のご協力を賜りました。とりわけ編集の労をとってくださった法藏館編集長戸城三千代さんに心より感謝を申し上げます。また、天王寺舞楽を大切に伝承してきて下さった天王寺方楽家に繋がる皆様にも深甚なる敬意を表したいと思います。そして、最後に司馬遼太郎氏の著作『十六の話』（中公文庫、一九九七年）の一節を掲げさせていただき、雅亮会の先輩諸師への御恩報謝の思いを示したいと思います。

明治維新は巨大な革命だった。大名や社寺といった封建領主からいっさいの土地をとりあげてしまったのだが、このために四天王寺も信者の寄進以外の収入がなくなった。自然、舞人や楽人を抱えてゆけなくなった。かれらは東京の宮内省（現宮内庁）の楽部に吸収された。ともかくも、四天王寺から舞楽という大きな芸術が消滅してしまったのだ。

この消滅についてさびしく思ったのは、政治家や官吏、あるいは学者ではなかった。町のひとびとだった。彼らは自らの経費と努力によってこのおよそ現代とかかわりのない古代の舞いや音楽を学ぶことによって再興し、継承しようとした。明治維新がおこって十六年目のことで、かれらは自分たちの団体に、

「雅亮会」

という名称をつけ、継承と保存につとめた。それが百余年のいまもつづけられており、その技倆はむしろ往年をしのぐかと思えるほどである。会員のひとびとの職業はさま

ざまで、みな自分で学び、自分の経費で運営している。いまでは現代の作曲家による
いくつかの新しい演目ももっており、外国でも公演している。むろん金もうけという
ことは、いっさい目的とせず、経費はすべて会員自身が負担している。私はよく、
「大阪の伝統的な市民精神というのはどういうことですか」
ときかれることがある。
「政府に頼らず、みずからの手でやることです」
と、私はすこし調味料を利かせて自慢する。その例として、この雅亮会をあげる。四天王寺舞楽は千年、この寺の封建的経済力で保存されてきた。あとの百年は、市民
——大阪人がよくいう町人——の手で保存してきた。（二三六～二三七頁）

雅亮会創立百四十年の年に

小野真龍

令和六年三月

本書は科研研究「アートマネジメント研究における伝統芸能キュレーター養成プログラムの構築」
（23H01014）（研究代表者：志村聖子、研究分担者：小野真龍ほか）に基づくものである。

索　引

あ行――

足利義教……155
安倍姓東儀……115,121,170,171,254
安倍季音……115
安倍季員……259
安倍季兼……115,117,254
安倍季尚……86,111
安倍季房……254
安倍季正……112-115
安摩……98,99,139,150,196,197,203
アマテラス（天照大御神）……33,110,216,245
天野社……108,109,253,267
『阿弥陀経』……225,242
阿弥陀仏（阿弥陀如来）……94,98,99,108,199,225
綾切……22,150,237
綾小路有良……186
綾小路家……126
安城楽……135
池田子龍……208
一曲（参向一曲）……99,101,102,144-149,151,199,200,202
厳島神社……47,96-106,109,122,173,267-269,275
一切経会……101,109,177,179,258,259,266,267,269
五辻安仲……186
石清水八幡楽人……181
石清水放生会……188
宇佐八幡宮……107,108,268
梅園惟朝……176
雲雷音王仏……54,55
『叡岳要記』……68
『栄花物語』……61
夷舁き……107
遠楽……189
『延喜式』……24,34-36,246,249
延喜楽……20,101,104,107,147,179,202,203
遠藤徹……253
振鉾……20,101,102,129,138,145,179,197,199,200,202
円満井座……74,76,83,84,87,88
王舎城耆闍崛山……220
欧州楽……190,260
往生……37,59
『往生要集』……58
応仁の乱……98,99,106,109-111,114,115,118,126,267
大内楽所……18,31,36-39,42,43,45,46,70,84,93,111,181
大神惟季……181
大神宗方……98
大避神社（坂越）……76-78,80-82,89,246,248,269
大酒神社……76,81,82,246-248
大直日歌……185,188

多梅雅……………………………… 199
多氏（多家）…… 43,45,70,84-89,112,186,
260
多自然麿（多臣自然麿）……………88,89
多資忠………………………………… 85
多忠克…………………… 193,197,199,260
多忠廉……………………………… 260
多忠季……………………………… 254
多忠龍…………………………… 209,262
多忠知…………………………… 197,199
多忠壽……………………………… 259
多忠賀……………………………… 260
多近方……………………… 45,85,93,249
多近久………………………………… 97
多節文……………………………… 193
多久顕……………………………… 259
多久暎……………………………… 260
多久資………………………………… 98
多久時………………………………… 87
多久行………………………… 43,87,94
多久幸…………………………… 193,259
多久随……………………………… 260
多安千代………………………… 193,197
多行久………………………………………
多好武……………………………… 193
多好茂（好用）………… 85,86,89,249,266
太安万侶………………………………… 88
岡氏（岡家）……84,163,165-169,171,173,
174,182,208
岡倫秀………………………… 157-160
岡昌方……………………… 164,165,167
岡昌清……………………………… 172
岡昌稠……………… 102,103,173-175,269
岡昌純……………………………… 164
岡昌隆…………………………… 164,165
岡昌忠……………………………… 117
岡昌次…………………… 192,197-199,201
岡昌歳…………………… 99,103,173,268
岡昌俊…………………………… 113,162
岡昌福…………192,196-204,209,210,261
岡昌名……………… 80,83,168,178,179,236
岡昌業……………………………… 173
岡昌晴………………………… 172-174
岡昌倫…………………………… 165,182
岡昌好……………………………… 161
岡昌芳……………………………… 175
岡田重精………………………… 238,239
小川朝子………………………… 255,256
荻生徂徠………………………… 250,251
荻美津夫……………… 68,238,239,244,249
織田信長………………………… 19,114,118
小野玄龍………………… 194,198,199,201
小野功龍……………… 211,214,215,262,265
小野樟蔭（経龍）…… 103,192-194,196-198,
201-204,256,270,271
小野攝龍……………………………… 272
御扶持人……………………………… 124
『お湯殿の上の日記』……………… 113,254
御楽始……………………………… 185

か行——

『懐中譜』……………………………… 181
廻盃楽……………………………… 139
賀王恩……………………………… 143
雅楽局……184,186-190,195,196,203,209,
260,269

『雅楽のコスモロジー』…………… 184,241
雅楽寮…………… 22,24,26,30,71,89,96,249
楽家……… 37,76,84–87,89,112,121,124,162,
163,187,192,193,209,235,236,248,261,
267,269
『楽家録』………… 86,87,93,111,112,182,249
楽戸…………………… 30,40,43,71,87,88,249
『楽所補任』……………………………… 32,267
『楽所日記』… 19,133,157,159,160,203,237,
247,259,260,269
楽頭……… 31,101,108,135,144–146,148,149,
163,166,214,236,272
楽部（宮内庁式部職楽部）…… 8–11,13,14,
158,170,184,190,201,207–211,214,216,
261,262,273–275,277
神楽歌（神楽、御神楽）… 10,69–72,75,84,
87–89, 114–116, 124, 126, 185–190, 216,
245,253,254,260,262,274,275
賀集八幡宮寺…………………… 106,107,267
春日祭………………………………………… 188
春日若宮おん祭……………… 15,17,170,188
伽陀付物…………………………………… 138
勝尾寺…………………………………… 96,267
賀殿………………………………… 102,196,203
賀茂祭………………………………………… 188
掃部………………………………… 135,170,257
神八井耳命…………………………………… 89
雅亮会（天王寺楽所雅亮会）…… 7,9,44,99,
103, 104, 176, 179–181, 191–210, 214,
256,261,270–273,275–278
『雅亮会百年史（増補改訂版）』… 179,211,
260,261
迦陵頻（鳥）……… 20,104,117,141,179,260
甘州………………… 98,99,101,105,150,203
願泉寺（木津）… 104,194,198,201,202,270
願文………………………………………… 140
伎楽（推古朝に伝来した特定の外来芸能
の意）…… 10,19,21–29,42,47,53–55,64,
65,67,87,90,91,157,181,190,217,237–
240,249,266
伎楽（妓楽）（仏教音楽、仏世界の音楽
一般の意）51–54,57,58,60,61,199,222,
224,226,231,232,243,261,263,264
妓楽（世俗音楽ないし娯楽芸能の意）
…………………………………221,223,232
桔簡（吉簡）……………………………… 43,71
吉志舞………………………………………… 183
喜田貞吉……………………………………… 78,79
貴徳……………………… 20,101,150,171,237
木下陽堂…………………………………… 208
『教訓抄』…… 22,24,27–29,42,63,65,86,158,
177,181,239,243,244,266
緊那羅…… 52,57,60,61,65,220–231,241,243,
262–265
欽明天皇…………………………… 28,74,238
「禁裏東武並寺社舞楽之記」（林家楽書
類の一部）………………… 122,255,257
国栖奏………………………………………… 188
救世観音…………………………………… 49,50
久米舞……………………………………… 183,188
饗宴雅楽………………………………… 9,10,190
行道（大行道）…… 97,101,102,129,130,132,
135,137,144,145,147,168
京都出張雅楽課………… 187,188,191,195
京不見御笛（京不見御笛当役）… 138,139,
152–169,171,196,203,257,268

玉輿…………129–131,134–137,141,147,151
御遊……………………………………37,126
空性（空）………219,221,222,224,228,230
窪光張…………………………………… 193
鶏婁鼓………………………………… 135,145
ケガレ………………………………… 33–35,40
剣氣褌脱…………………………………71
玄旨帰命壇…………………………… 80,247
還城楽…………43,44,97,101,151,170–172
源信…………………………………… 58–60
乾闥婆……… 52,57,65,221,224,227,228,243,
263–265
厳如上人…………………………………… 196
香山…………… 60,61,220,222–224,262,263
虚空（虚空性）… 221,224,228,229,246,262,
263,265
極楽往生…………………………………37,59
極楽浄土…………55,59,62,66,218,225,243
極楽世界………………………………51,54,242
『極楽六時讃』……………………………60
五常楽……………………………20,97,98,237
後白河法皇…………………………………60,97
胡蝶（蝶）………… 20,117,141,179,237,260
胡徳楽…………………………43,44,101,104
後土御門天皇………………………………115,253
後花園天皇（後花園院）……… 125,155,156
戸部（小部）氏………………………… 181,182
高麗楽……………………11,27,38,39,153,157
狛氏…………………………38,43,45,70,177
『狛氏新録』……………………………112,254
狛近真…………………………………………177
狛近寛（近家）……………………………112
狛行貞…………………………………………32,36
狛桙…………… 20,97,101,104,150,202,237
金春禅竹………………………………78,83,246

さ行——

西園寺家……………………………………125
採桑老…… 31,39,45,84–87,89,93,94,98,217,
237,249,258,266
猿楽……… 43,71,72,74,78,79,83,90,244,246,
247
猿楽師………………………… 73,74,78,82,84
讃……………………………………………147
散楽………… 43,67,70–74,217,244–246,274
散楽戸…………………………………………71
散楽師…………………………………………71
「散楽得業生」…………………………72,73
散華……………………………… 142–144,147
散更…………………………………………71
散手…………… 20,98,99,101,150,196,237
散所………………………40–43,45–47,239
散所楽人………………………31,33,39–43,46
三方楽所………8,16,18,46,81,102,109,110,
116–124,126,127,163,171,172,175,183,
184,187,189,190,235,258,267,268
四箇法要（舞楽四箇法要）… 128,138,141,
144,147,177,258
敷手……………………………………20,237
地下楽人………………………………37,126
獅子……… 23,135,136,141,144,153,157–159,
161,177,181,182,259
四天王寺…… 7–9,11,14–16,18–20,28–31,37,
39–41, 47, 50, 53, 57, 62, 63, 65, 73, 75, 83,
94–97, 101, 106, 115, 118, 119, 122, 124,
128, 129, 131–134, 137–139, 142, 153–

156, 164–167, 170–172, 188, 192, 193, 197, 198, 205, 211, 215, 217, 235, 236, 240, 243, 251, 258, 259, 266–278
『四天王寺』（機関誌）……… 8, 192, 198, 208
『四天王寺楽人林家楽書類』…………… 235
『四天王寺史料』…………………… 255–257
『四天王寺造営目録』…………………… 118
『四天王寺年中法事記』………… 154, 236
「四天王寺坊領幷諸役人配分帳」……… 119
「四天王寺舞楽之記」（舞楽記）…… 66, 163, 178, 235, 256, 257
芝祐泰……………………………… 249, 254, 255
芝祐靖………………………………… 182, 250
釈迦（釈迦如来、仏祖）……… 54, 61, 62, 79, 128, 132, 219, 220, 224, 225, 232, 242, 263
錫杖………………………………… 142, 150
『釈提桓因問経』………………………… 57
舎利（一舎利、二舎利）…… 129–135, 137, 139, 140, 150, 151, 164
宿神……………………… 78, 79, 80, 246, 247
『宿神論』…………………… 79, 244, 247
十天楽……………………… 101, 102, 140
春庭花……………………………… 159
『上宮聖徳太子伝補闕記』（『補闕記』）
……………………………………………… 49
聖徳太子…… 7, 10, 15, 19, 20, 49, 50, 51, 55, 56, 63, 64, 73–75, 87, 90, 91, 93, 94, 129, 130, 134, 138, 139, 141, 144, 153, 155, 158, 160, 163, 190, 195, 204, 205, 213, 215–217, 232, 236, 240, 243, 266, 270, 274–276
『聖徳太子傳記』〈中世〉……… 48, 50, 51, 53, 55–57, 59, 62–65, 67, 90–92, 132, 217, 218, 240–242, 266
『聖徳太子伝記』〈近世〉…… 64, 65, 66, 244
『聖徳太子伝暦』（『伝暦』）… 25–27, 48–50, 53, 55–58, 63–65, 67, 68, 91, 237, 240, 241, 266
聖武天皇…………………………………… 24
聖霊院（太子殿）………… 134, 135, 151, 192
聖霊会…… 7–9, 11, 13, 15, 19, 20, 46, 47, 50, 53, 59, 61–64, 66, 91, 94, 101, 104, 115, 119, 122, 125, 128–134, 138, 139, 141, 143, 144, 147, 148, 150–153, 156, 157, 159–171, 181–183, 188, 191–206, 209–211, 213, 214, 216, 232, 236, 242, 257, 258, 260, 261, 267, 269–272, 275
浄土三部経……………………… 60, 62, 242
触穢……………………………… 30, 33–40, 46
神祇……………………………… 38, 40, 216
『新撰楽道類集大全』… 19, 83, 134, 135, 138, 155–157, 178, 236, 268
神仏分離……… 10, 102, 103, 184, 188, 190, 274
神武天皇………………………… 84, 186, 260
秦楽寺………………………… 69, 87, 88, 249
親鸞…………………………… 195, 197, 199
推古天皇……… 21, 25, 56, 71, 96, 242, 243, 266
綏靖天皇…………………………………… 84
住吉楽人………………… 113, 177–179, 268
住吉大社…… 157, 167, 176–182, 235, 268, 275
住吉大社卯之葉神事………… 176, 180, 181
住吉大社観月祭…………………… 176, 181
『住吉大神宮諸神事次第』（『次第』）
…………………………………… 177, 258
『住吉松葉大記』（『大記』）… 176–178, 259
相撲節会（相撲会）…… 43, 71, 177, 179, 244, 259

世阿弥（秦元清）………………… 74-78, 82
『摂州四天王寺年中行事』…… 141, 143, 153, 236
千僧供養…………………………… 97, 101
総礼伽陀…………………………… 137, 138
『続教訓抄』……………………………… 213
『続古事談』………………………… 43, 45, 70
『続本朝往生伝』………………………… 69
蘇合香…………………………………… 125
薗氏（薗家）………… 84, 160, 171, 203, 209
薗式部…………………………………… 100
薗四郎……………………………………… 94
薗廣勝………………………… 160, 183, 269
薗廣茂………………………… 208-210, 212
薗廣幾…………………………………… 172
薗廣遠…………………… 100, 114, 117, 252
薗廣利…………………… 198, 209, 211, 262
薗廣業…………………………… 199, 201
薗廣道………… 192, 197-204, 209, 261, 270
薗廣元…………………… 198, 208-211, 261
薗廣頼…………………………………… 112
薗六郎八郎………………………… 96, 267
蘇莫者…43, 153, 158-161, 183, 184, 196, 201, 203, 204, 217, 269
蘇利古…… 20, 98, 101, 104, 105, 122, 129, 138-140, 152-154, 157, 158, 161, 203, 204, 237, 255, 256

た行——

大花講（秦講）……………………… 90, 247
大迦葉（摩訶迦葉）… 60, 220, 221, 223, 242, 262
『台記』……………………………………… 69
『體源抄』…………………………………… 70
帝釈天………………………………………… 57
大樹緊那羅王（緊那羅王、香山大樹緊那羅王）…… 57, 58, 60, 61, 65, 220-230, 241, 243, 262-264
『大樹緊那羅王所問経』（『所問経』）… 57, 217, 218, 223, 241, 242, 263, 275
『大乗院寺社雑事記』…………………… 107
大乗仏教…… 60, 62, 216-223, 225, 232-234, 242, 274, 275
『大智度論』………………………………… 60
太平楽…… 20, 98, 99, 101, 104, 150, 151, 196, 201-203, 237
大法会雅楽…………………………… 9, 10, 190
平清盛………………………………… 47, 96-98
台覧舞楽…………………………… 180, 181
高天原………………………………… 33, 245
鼉太鼓……………………… 132, 138, 206
只拍子……………………………… 169, 172
田舞………………………………………… 183
小子部氏……………………………………… 89
地久……………………………… 98, 202, 203
地久祭…………………………… 102, 103, 105
『中世芸能史の研究』…………………… 41, 88
中世神話……………………… 48-50, 75, 244
『中右記』………………………… 31, 41, 266
長慶子……………………………… 150, 151
鳥向楽……………………… 101, 102, 144, 145
『長秋記』………………………………… 38, 266
番舞……………… 20, 32, 38, 39, 43, 170, 266
塚原康子……………………………… 184, 260
辻高範………………………… 193, 197, 199
辻高衡……………………………………… 193

辻近陳……193,197,259
辻行高……31
土御門天皇……110
津守家……176,177,181
津守国教……178,268
津守国基……176
津守経国……177
『徒然草』……20,47,92,94,95,250,251
寺内直子……254,265
天正の楽道取り立て 110,112,114,121,124,254,268
天王寺楽家… 76,84,87,90,163,197,235,261
天王寺楽所……16,18,19,44,46,47,81,85,99,100,101,103–106,109,118,119,122,152,158, 160–164, 166–172, 174, 176, 179,181–183,205,213,236,258,269–271,275
天王寺楽人……7,13,29–32,36–43,45,46,48,51,55,56,63,67,68,73,80–87,89–96,98–100,102,103,106,107,109,110,112–114,116, 121, 123–125, 132, 133, 152, 160–163,165,167,169,171,172,177–179,195,196,201,203,204,211,214,217,235–237,247,248,252,253,258,259,266–269,274
『天王寺誌』……154
天冠菩薩……221,223,226,228
唐楽……10,38,39,153,169,186
東儀氏（東儀家）……84,100,115,163,165,169–171
東儀因幡守……100
東儀兼秋……100,117
東儀兼里……80
東儀兼長……121
東儀兼伯……167
東儀兼彦……250
東儀兼護……117
東儀兼行……114,115
東儀季兼（東儀兼家・安倍季兼）……115,117,254
東儀季直……84
『東儀季直記』……84
東儀季熈……194
東儀季治……121
東儀季政……172
東儀季益……165
東儀膨清……197,198
東儀俊鷹……7,192
東儀俊龍……198,209–211,262
東儀俊美……7,9,190,210,213,215,217,234,250,262,273
東儀文静……203
東儀文美……197
東儀文均…… 133,157,159,160,236,259,260,261
東儀文陳……192,198,202–204
東儀雅季……250
東儀如貫……172
東大寺大仏開眼供養会……10,24,71,141
登天楽……147,179,202,203
桃李花……102,147,179,202,203
『言国卿記』……111
『言継卿記』……111,112,114
徳川家康……120
『徳川実紀』……122
徳川綱吉……165,166
徳山雅宥……265
都錫杖……142

鳥羽天皇（上皇）……………………………47
富永仲基…………………………………251
豊臣秀吉……………………………117,118
豊臣秀頼……………………………118,119
豊原時元……………………………………31

な行――

内侍所御神楽（儀）…… 114-116,185,253
中本真人……………………………254,256
納曾利（納蘇利）…85,86,101,104,150,171,179,200,202
南都楽所（南都方）……… 16,18,42,46,102,111-113,116,118,124,169,170,180,193
南都楽人……38,111,113,117,126,177,235,253,254
仁王門……………………130,131,135,136
西本願寺…………………193-196,198,201
『日本紀略』……………………………………68
『日本書紀』（『書紀』）……21,23,25-27,33,48-50,53,55,56,64,65,91,237,240,241,245,266
日光輪王寺…………………………………166
入調（入調舞楽、入調部）…… 20,66,129,133,139,150,151,160,170,196,197,200,237,257
鐃鈸……………………………………………130
人長………………………………11,69,70,115
涅槃会……94,95,128-130,132,133,140,147
野坂房顕（才菊）……99,100,103,173,174,268
野坂元貞……………………… 102,103,269
野坂元行…………………………………… 100
野坂安種……………………………98,99,267
能勢朝次…………………………………… 245

は行――

祝詞…………………………130,136,137
唄（唄匿）…………………………142,143
陪臚…… 20,150,151,180,197,201,202,203,237,257
白柱……………………………………………147
秦氏（秦忌寸）… 29,30,39,40,42,55-57,63,65,67-70,72-77,83-85,87-89,163,165-167,241,246,249,256
秦姓の舞（秦氏の舞）…･ 183,198,203,204,208,212-214,216,217,270,271
秦雷……………………………………………68
秦氏安（宿禰氏安）………… 72,73,83,245
秦大兄……………………………………………68
秦兼方……………………………………………70
秦兼久……………………………………………70
秦兼弘……………………………………70,244
秦兼行……………………………………70,244
秦河勝（川勝）…… 15,50,52,55,56,67-69,74-84,87,89-91,218,241,243,246-248,250,266,274
秦川満…………………………52,55,56,243
秦公信……………45,85,86,89,244,249,266
秦公貞（公定・君定）…… 31,39,41,45,85,93,249,266
秦公廣（薗公廣）…………………………87,94
秦清国……………………………………………69
秦身高……………………………………………69
八部衆…………………134,135,137,141,256
八仙…………………………20,39,150,202,203
服部幸雄……………………79,80,244,247

抜頭…· 97,98,99,101-103,105,107,113,150,
169-175,258,269
「抜頭一件之留」(林家楽書類)………236
早甘州……………………………………105
林氏(林家)……84,114,162,163,169-172,
175,235,236
『林家楽書類』(『四天王寺楽人林家楽
書類』)… 19,122,178,235,236,257,268,
269
林広一……………………………………250
林廣猶……………………………………172
林廣基……………………………………80
林廣康(廣康)…………………100,117,171
林廣喜……………………………98,258,267
林屋辰三郎………… 30,33,37,39-41,43,88
般遮翼……………………………………57,58
東本願寺…………………………196,197
『風姿花伝』……… 74-77,79,82,92,246,248
富士太鼓…………………………………177
藤原道綱…………………………………115
藤原道長……………………………59,85,249
藤原雅材…………………………………73
藤原宗忠…………………………………31
藤原師時…………………………………
藤原頼経…………………………………125
藤原頼長…………………………………69
藤原頼通…………………………………59
藤原猶雪…………………………………237
諷誦文……………………………………140
舞台前庭儀………………15,133,136,137
鞚鼓…………………………………135,145
豊親秋……………………………………112
豊(豊原)頼秋…………………………112
「辨散楽」…………………………………72,245
法音…56-59,62,218,223,224,226-228,231-
233,260,264,265
豊国社……………………………116,117,120
白濱………………………………………202
方便波羅蜜…… 219,220,222,225,226,230,
231,233
鳳輦…· 129-131,134-137,141,147,151,154
法華会…………………………53,62,63,132
『法華経』………52,54,57,58,62,65,132,140,
241-243
菩薩……55,61,219-221,223-225,228,256,
262,263
菩薩(曲名)……………………………117
菩薩(配役)……………… 135,136,141,144
菩薩道……………………216-218,231,233
堀内喜午郎………………………193,260
堀河天皇……………………………85,249
堀川久民…………………………193,260
堀川久之…………………………193,260
堀川師克…………………193,199,260
梵音…………………………………8,142,147

ま行――

舞御覧… 32,38,39,46,111,116,117,122,124,
165,169-173,185,195,255,266
摩睺羅伽…………………227,228,264,265
摩多羅神…………………79,80,247,248
萬歳楽…… 17,20,101,104,147,179,200,237,
260
万秋楽………………………………64-66,243
曼荼羅供……………………………109,267
御神楽…… 10,11,71,115,116,124,126,185,

186, 190, 254
路楽……135, 144, 256
道行……130, 135, 144, 148
南谷美保……175, 254, 256–258, 265
源師時……31
味摩之…21, 25, 27, 53, 55, 57, 64, 65, 67, 90, 237, 238, 240, 242, 266, 274
御幸（御幸橋）…129, 133, 135, 136, 145, 163, 260
妙音……52, 58, 243, 263
妙音菩薩……51, 54, 55, 62, 63, 65, 67, 241, 242
明如上人……193–196, 198
弥勒（弥勒菩薩）……64
『無量寿経』……199, 218, 225, 242
明治維新……16, 103, 160, 179, 183, 184, 191, 192, 196, 203, 260, 277
『明治国家と雅楽　伝統の近代化 国楽の創成』……184, 260
明治撰定譜……105, 189, 212, 275
『明宿集』……78–80, 83
物忌み……33, 34
紅葉山……120, 121
紅葉山楽人……112, 121, 171, 185, 186
森正壽……196, 197, 200, 201, 204
森正心……196, 197, 201

や行——

柳田国男……78, 79
夜多羅拍子（八多良拍子）…105, 169, 170, 172
『山科家礼記』……111
山科言継……112
山田淳平……253–255, 258
大和岩雄……249, 250
倭舞（和舞）……16, 185, 188
山井家……112, 113, 126, 162, 163, 165–169, 171, 172, 257
山井景順……259
山井景和……162
山井景隆……162, 167, 168
山井景綱……162, 169
山井景豊……113
山井景福……113, 162, 163, 166
山井景典……158, 160, 169
山井景治……113
山井景村……162, 163, 165–168
山井景元（林廣直）……162, 163, 166
山村正連……85
山本ひろ子……48, 240, 247
楊梅家……115
祐光寺……196, 198
央宮楽……20, 147, 237
楊枝の御影…132, 137, 138, 150, 151, 153, 154
煬帝……71
吉田兼好……20, 47, 92–94, 250, 251
『吉野吉水院楽書』……19, 46, 267
四辻氏（四辻家）……102, 113, 125, 126, 127, 167, 172–175, 184, 185, 187, 259
四辻公音……126
四辻公賀……186
四辻実仲……126
四辻季経……126
四辻季春……126
四辻季保……125, 126

ら行――

乱声（集会乱声、新楽乱声、高麗乱声、小乱声、中門ノ乱声）…134,135,138,259
陵王（蘭陵王）……20,98,99,101,104,150,179,196,200,203,213,237
『令集解』……71
龍樹……60,241
『梁塵秘抄口伝集』……97
林歌……32,98,150,200,266
林邑　林邑楽……11,27
六時堂（六時礼讃堂）……93,129,132,136-145,147-151,193,214,232,251
六波羅蜜……219,222,225

わ行――

和琴……105,126,127,186,187,260
移徙……130,134
童舞……20,157,193,197,260

小野　真龍（おの　しんりゅう）

1965年、小野妹子の八男多嘉麿が開基であり、雅亮会の事務所が置かれる大阪木津の願泉寺に生まれる。幼少より四天王寺「聖霊会の舞楽」の童舞の舞人を務め、天王寺楽人の道へ。京都大学文学研究科博士課程（宗教学）を修了。宗教哲学の研究で京都大学博士（文学）となり、1993年より天王寺舞楽を伝承する雅亮会の会員。
現在は、浄土真宗本願寺派願泉寺住職、天王寺楽所雅亮会理事長（一般社団法人雅亮会代表理事）、一般社団法人雅楽協会代表理事、関西大学客員教授（2024年3月まで）。関西大学大学院、龍谷大学大学院で、雅楽の背景をなす日本思想や、仏教音楽論、宗教儀礼論を講じている。 主な著書に『ハイデッガー研究』（京都大学学術出版社：日本宗教学会受賞）、『雅楽のコスモロジー　日本宗教式楽の精神史』（法藏館）がある。

天王寺舞楽《てんのうじぶがく》

二〇二四年四月二二日　初版第一刷発行

著　者　小野真龍
発行者　西村明高
発行所　株式会社 法藏館
京都市下京区正面通烏丸東入
郵便番号　六〇〇-八一五三
電話　〇七五-三四三-〇〇三〇（編集）
〇七五-三四三-五六五六（営業）

装幀　濱崎実幸
印刷・製本　中村印刷株式会社

© S. Ono 2024 *Printed in Japan*
ISBN 978-4-8318-6286-0 C1015
乱丁・落丁の場合はお取り替え致します

雅楽のコスモロジー　日本宗教式楽の精神史　小野真龍著　二、二〇〇円

仏教と雅楽　小野功龍著　三、五〇〇円

仏教の声の技　悟りの身体性　大内　典著　三、五〇〇円

仏教儀礼の音曲とことば　中世の〈声〉を聴く　柴佳世乃著　九、〇〇〇円

増補　天空の玉座　中国古代帝国の朝政と儀礼【法蔵館文庫】　渡辺信一郎著　一、二〇〇円

声明辞典　聲明大系　特別付録　横道萬里雄・片岡義道監修　五、〇〇〇円

法藏館　（価格税別）